KB272070

독일어 작문과 독해의 이해

독일어 작문과 독해의 이해 —

Das Verständnis über das Lesen und Schreiben der deutschen Sprache

Das Verständnis über das Lesen und Schreiben der deutschen Sprache

장병희

문예림

지은이의 말

"독일어 문법의 이해와 응용"의 출판 후 몇 해가 흘렀다. 그 동안 여러 가지 일들을 경험하며 한국 사회에 적응을 하고, 또한 독자들로부터도 많은 격려와 감사의 인사를 받았다. "독일어 문법의 이해와 응용"의 독자들은 대부분 유학 준비생이거나 어학 과정 학생들로서 진지하게 독일어를 공부하는 분들이었고, 이들로부터 독일어 작문과 독해에 도움이 될 책을 써 달라는 요청을 받곤 했다. 하지만 현실적인 문제들을 제쳐두고 얼마나 많은 시간이 소모될지 모르는 막연한 작업에 착수하는 것은 쉽지 않은 일이었다. 그렇지만 지금, 적지 않은 시간을 투자하며 일종의 사명감으로 이 책을 완성한 이유는 그 동안 독자들로부터 받은 많은 감사와 응원에 보답하고자 했기 때문이다. 나아가 독일어 교재가 많지 않은 현실에서, 특히 작문과 독해 분야의 교재는 더더욱 부족한 상태에서, 독일어 학습자들에게 도움이 될 수 있는 작문과 독해 교재의 집필은 독어독문학 전공학도로서의 오랜 의무이자 과제였기 때문이다. 이제 이 책의 집필을 마침으로써, 오랜 마음의 짐을 내려놓는다.

이 책 또한 전작인 "독일어 문법의 이해와 응용"과 마찬가지로 진지하게 독일어를 공부하는 이들에게 작은 도움이 될 수 있기를 바라며, "독일어 문법의 이해와 응용"의 서문에 쓴 구절을 다시 한 번 인용함으로써 지은이의 말을 맺고자 한다: "현실적인 측면에서, 독일어를 공부하는 사람은 소수이지만 그들에겐 어떤 절박함이 느껴진다. 그 절박함과 진실성에 이 책을 바친다."

기꺼이 교정 작업을 맡아준 강부원 씨와 윤지상 군에게 깊은 감사의 마음을 표한다.

서울과 안성에서
장 병 희

도 움 말

언어의 활용은 능동적이고 창조적인 작업이다. 작문은 이 생산적인 작업의 정점에 위치한다. 언어 학습의 네 가지 영역, 즉 읽기, 듣기, 말하기, 쓰기에서 일반적으로 가장 익숙해지기 힘든 부분은 쓰기이다. 읽기, 듣기, 말하기는 시간이 지나면 어느 정도 해결이 되지만, 쓰기는 시간이 지난다고 해서 나아지지 않는다. 언어를 사용한다는 것은 언어를 능동적으로 재생산하는 작업이며 이는 작문에 기초한다는 사실에 유의하자.

이 책은 관사 변화, 형용사 어미변화, 동사 어미변화 정도의 기초적인 문법 지식을 가진 독일어 학습자들을 대상으로 쓰였다. 그렇지만 중요한 문법 사항들인 관계 대명사, 수동태, 분사, 접속법, 문장 전환 등등은 작문 과정에서 상세하게 다루어진다. 이 책은 기초적인 수준의 작문에 그치지 않고 여러 가지 서식을 비롯하여 수필, 문학 작품, 학술적 텍스트 등 광범위한 분야를 다루고 있으므로, 독일어 지식을 심화시키고 교양 있는 독일어 표현을 습득하고자 하는 이들에게도 유용한 책이 될 것이라 생각한다.

이 책은 기본적으로 두 가지 특성을 지닌다. 첫 번째 특성은 제시된 한국어 지문이 일관성 있는 논리적인 텍스트, 즉 여러 개의 문장으로 구성되어 있다는 점이다. 속담이나 격언 등의 짧은 문장 또는 하나의 문장이 번역의 대상으로 제시되는 경우, 작문의 향상에는 큰 도움이 되지 않는다. 모국어에서든 독일어에서든 작문이란 최소한의 형식을 갖추어 개인의 사고를 표현하는 작업이다. 특히 작문에는 문장들 사이의 논리적 인과관계의 표현이 중요한데, 이는 단문을 통해 학습될 수 있는 부분이 아니다. 따라서 이 책에서는 하나의 주제를 다루는 완결된 텍스트를 작문의 대상으로 선정함으로써, 독일어 문장의 구성 원리에 대한 이해뿐만 아니라 형식과 논리성을 갖춘 실용적인 기술 방법의 학습도 가능하게 된다.

이 책의 또 다른 특성은 독일어 단어의 제시 및 풀이 정도로 작문에 대한 설명을 마치는 것이 아니라, 거의 모든 문장 하나하나에 대해 작문에 대한 요령을 제시하거나 필요한 문법 사항을 설명한다는 점이다. 각각의 문장에 대한 작문 요령은 '도움말' 부분에서 다루어지는데, 모든 지문에 첨부되어 있는 '도움말'은 이 책의 가장 독창적인 부분인 동시에 가장 핵심적인 부분이다.

이 책의 개별적인 단원들은 '한국어 지문, 단어 해설, 도움말, 독일어 번역문, 문법 해설'로 구성되어 있다. 작문에 필요한 단어들은 '단어 해설' 부분에서 소개된다. '도움말'에서는 독일어 작문의 요령이나 도움이 되는 사항 및 필요한 문법과 용례가 다루어진다. 중요한 문법이 등장하는 경우 독일어 번역문 뒤에 따로 '문법 해설' 부분을 두어 해당 문법을 상세하게 설명한다.

작문을 할 경우, 우선 한국어 지문을 처음부터 끝까지 한 번 읽어 보자. 텍스트의 전체적인 맥락에 대한 이해 없이 바로 작문에 임할 경우, 나중에 이미 완료된 부분의 단어 선택이나 문장 구성을 종종 수정해야 할 경우가 생기기 때문이다. 전체적인 내용을 파악했다면, 한 문장씩 독일어로의 번역을 시도하자. 이 때 단어 해설, 도움말 및 문법 해설이 많은 도움이 될 것이다. 한 문장 또는 모든 문장의 작문이 완성되었을 경우, 독일어 번역문과 비교하며 작문 상의 오류를 수정해 나가자.
제1장에서 제8장까지는 평이한 수준의 문장들로 구성되어 있으며, 제9장부터 제13장까지는 전문적인 언어 사용 영역인 수필, 문학, 논설 등의 내용으로 구성되어 있다.

작문이 조금 버거운 이들은 이 책을 독해 교재로 사용할 수 있다. 이 경우 우선 독일어 지문을 읽고 해석한 후, 첫 부분에 제시된 한국어 원문과 대조해 보자. 필요한 경우 단어 해설, 도움말, 문법 해설을 참고한다면 독해에 큰 어려움은 없을 것이다. 다만 독해를 할 경우 우선은 단어 해설이나 도움말에 의존하지 말고, 모르는 부분이 있더라도 지문 전체를 처음부터 끝까지 읽기 바란다. 다시 읽을 때에는 독해가 훨씬 수월해지며 모르는 단어의 의미도 유추할 수 있게 된다. 처음부터 하나하나 단어를 찾고 도움말을 참조한다면 읽는 속도도 느려질 뿐 아니라 독해나 독서 자체가 지루해지며 텍스트 전체의 이해도도 떨어지게 된다. 단어 해설과 도움말은 두 번째 또는 그 이후의 독해부터 참고하도록 하자. 독해를 마친 이들은 이 책을 다시 한 번 작문 교재로 사용할 수 있기를 바란다.

이 책에서는 독일어 시험에 자주 출제되는 중요한 문법의 대부분을 상세하게 설명한다. 그리고 '차례'에는 '문법 해설'이라는 목차를 별도로 추가하였는데, 여기에는 이 책에서 다루어진 문법 사항들과 그 위치들이 표시되어 있으며 문법 용어 또한 원어로 병기되어 있다. 이 부분을 참고하면 별도의 교재 없이 독일어 문법을 학습하거나 확인할 수 있으므로, 시험을 앞 둔 이들에게는 작은 도움이 될 수 있을 것이다. 문법 설명은 "독일어 문법의 이해와 응용"에서 많은 부분을 차용하고 있음을 밝혀 둔다.

아무쪼록 "독일어 작문과 독해의 이해"가 여러분의 독일어 능력 향상에 조금이나마 도움이 될 수 있기를 진심으로 기원한다.

❏ 이 책의 내용이나 형식에 대해 비판적인 견해를 가진 독자들의 의견을 기꺼이 수렴하도록 하겠습니다. 다음의 E-mail 주소로 연락 주십시오: histraum@naver.com

차 례
(Inhaltsverzeichnis)

문법해설

부록 : 독일어 관용어 모음

부록 : 독일어 불규칙 동사 변화표

약어 및 용어 해설

N = Nominativ, 1격

G = Genitiv, 2격

D = Dativ, 3격

A = Akkusativ, 4격

m. = maskulin, 남성

f. = feminin, 여성

n. = neutral, 중성

Sg. = Singular, 단수

Pl./pl. = Plural, 복수

jd. = jemand, 1격, 누군가, 사람을 통칭하는 표현

js. = jemandes, 2격, 누군가의

jm. = jemandem, 3격의 사람 목적어

jn. = jemanden, 4격의 사람 목적어

$sich^3$ = 3격의 재귀 대명사

$sich^4$ = 4격의 재귀 대명사

et. = etwas, 어떤 것, 사람 이외의 사물, 대상, 주제 등을 통칭하는 표현

$et.^2$ = $etwas^2$ = 2격의 사물 목적어

$et.^3$ = $etwas^3$ = 3격의 사물 목적어

$et.^4$ = $etwas^4$ = 4격의 사물 목적어

Infinitiv: 동사원형, 원형동사, 부정사

z. B. = zum Beispiel, 예

usw. = und so weiter, 등등

( ) = 독일어 문장 안에 괄호가 독립적으로 사용될 경우, 괄호 안의 내용은 생략될 수
있다. z. B. Ich frage ihn (danach), wo die Universität ist.

독일어 작문의 이해

이번 장에서는 독일과 독일어에 대한 간략한 정보 및 일상적인 회화의 상황을 소개하고
이를 독일어로 작문함으로써, 독일어 문장의 기본적인 구성 원리를 알아보도록 하자.

1. 슈퍼마켓에서

① A: 우리는 충분히 맥주를 갖고 있느냐?

② B: 아니, 우리는 더 이상 마실 것이 없어. 맥주 한 박스, 레드와인 한 병, 사과 주스 두 병을 사자!

③ A: 우리는 그 밖에 어떤 것을 더 필요로 하느냐?

④ B: 아니, 나는 우리가 지금 충분히 갖고 있다고 생각해.

⑤ A: 아마도 아이들은 학용품이 좀 필요할 거야.

⑥ B: 그래, 맞아! 한스는 볼펜 하나와 노트 두 권, 그리고 잉에는 연필 한 다스와 그림 책 한 권이 필요해.

⑦ A: 여기에서 우리는 그 물건들을 사지 못해.

⑧ B: 그래, 네가 맞아. 백화점에서 구입하자!

단어

① genug: 충분히 / Bier: n. 맥주

② Getränk: n. 마실 것, 음료 / kaufen: 사다, 구입하다 / Kasten: m. 상자, 박스 (pl. Kästen) / Flasche: f. 병 / Rotwein: m. 레드와인; Weißwein: m. 화이트와인 / Apfelsaft: m. 사과주스

③ brauchen: -을 필요로 하다 / sonst: 그 밖에 / noch: 더, 아직 / etwas: 어떤 것, 약간, 조금

④ glauben: 믿다, 생각하다

⑤ vielleicht: 아마도 / Kind: n. 아이, 어린이 / Schreibwaren: pl. 학용품

⑥ richtig: 올바른 / Kugelschreiber: m. 볼펜 / Heft: n. 공책 / Dutzend: n. 12개, 다스, 타 / Bleistift: m. 연필 / Bilderbuch: n. 그림책

⑦ kaufen: 사다, 구입하다 / Sache: f. 물건, 일, 사건

⑧ recht: 옳은, 올바른; recht haben: 맞다, 옳다 / Kaufhaus: n. 백화점

도움말 ━━━━━━━━━━━━━━━━━━━━━━━━━━━━━━━━━━━━━━

이 책에서는, 독일어 작문이 용이할 수 있도록 한국어 지문을 작성하였기에 번역체의 문장도 발견할 수 있다. 모든 한국어 문장을 그대로 독일어로 옮길 수는 없기 때문에, 우선 독일어 문법을 적용할 수 있도록 한국어 문장을 수정하는 것도 작문의 중요한 과정이다. 이런 이유에서, 다소 어색한 표현의 한국어 문장이 등장하더라도 독자 여러분의 이해를 부탁한다.

① 독일어 작문의 최초 단계는 주어와 동사를 찾는 일이다. 타동사라면 목적어도 함께 찾아야 한다. 타동사는 목적어와 함께 사용되는 동사를 의미한다. (z. B. Ich *besuche* meinen Freund.) 'sein' 동사를 사용해야 하는 상황이라면 술어까지 찾아야 한다. 술어란 'sein' 동사를 보충하는 명사나 형용사를 의미한다. (z. B. Ich bin *Student*. Sie ist *schön*.)

문장의 주어와 동사는 '우리는 갖고 있다'이며, '갖고 있다'는 타동사이고 목적어는 '맥주'이다. 따라서 'Wir haben Bier'라는 문장이 구성되고, 의문문은 주어와 동사의 위치가 바뀌므로 'Haben wir Bier?'라는 문장이 형성된다. '맥주'는 형태가 없는 물질명사이므로 관사를 사용하지 않는다.

'genug'은 어미변화 없이 형용사나 부사로 사용되며, 명사의 앞과 뒤 어느 곳에 사용되어도 무방하다. (z. B. Ich habe genug Geld. = Ich habe Geld genug.)

② 명사를 부정하는 방법에는 두 가지가 있다. 정관사를 사용한 명사의 부정은 'nicht'를 사용하며, 부정관사를 사용하는 명사 또는 관사를 사용하지 않는 명사의 부정은 'kein'을 사용한다. 'Getränk'는 관사를 사용하지 않는 물질명사이므로 'kein'을 사용하여 부정한다. '부정어 + mehr'는 '더 이상 -않는'이라는 의미이다.

'동사원형 wir - !'라는 표현은 '-하자'라는 청유형의 표현이다. (z. B. Gehen wir ins Kino!)

③ 'sonst noch etwas'는 회화에서 자주 사용되는 표현으로 '그 밖에 더 어떤 것, 그 밖에 어떤 것을 더'라는 의미이다.

④ 문장의 주어와 동사는 '나는 생각한다'이다.

'glauben'은 '-을 생각하다'라는 의미의 타동사이며, '-을'에 해당하는 목적어를 필요로 한다. 본문에서 목적어는 '우리가 지금 충분히 갖고 있다'라는 문장이다. 주어와

동사가 들어간 문장이 목적어일 경우, 접속사 'dass'를 사용하여 목적어 문장 즉 목
적어절을 만들 수 있다. 'dass' 문장에서 동사는 후치, 즉 마지막에 위치한다. 따라서
'dass wir jetzt gunug haben.'이라는 목적절이 형성된다. 회화체에서는 종종 접속
사 'dass'를 생략하기도 하는데, 이 경우 문장은 정치, 즉 원래 어순이 된다. 참고로
'dass 문장'이 'glauben' 동사와 함께 사용될 경우 우리말로는 '-라고'로 해석되지만,
문법적으로는 'glauben'이라는 타동사의 목적어임을 기억하자.

⑤ 독일어 문장의 처음, 즉 문두에는 주어 이외에도 대부분의 문장 구성 성분들이 위치
할 수 있다. 이 경우 문장은 도치, 즉 동사 + 주어의 형태가 된다. (z. B. Heute habe
ich Geburtstag.)

'etwas'는 '어떤 것'이라는 부정대명사로도 사용되며, '약간, 조금'이라는 의미의 형
용사적, 부사적 용법으로 사용되기도 한다. 형용사적 의미로 사용되는 경우에도 어
미변화 하지는 않는다. 'etwas'는 널리 사용되는 단어이므로 사전을 찾아 그 용법을
반드시 기억하도록 하자.

⑥ 'ein Dutzend'는 12개를 의미하는 단위명사이다.

⑦ '그 물건들'에서 '그'라는 표현이 사용된 것은 앞에 나온 물건들을 지시하기 때문이
다. 따라서 독일어에서도 정관사를 사용하여 앞에 나온 물건들을 지시해야 한다.
정관사와 함께 사용된 목적어를 부정할 경우, 부정어 'nicht'는 목적어의 바로 앞과
뒤 어디에나 올 수 있다. 'nicht'가 목적어 바로 앞에 오는 경우는 해당 목적어를 특
히 강조해서 부정하는 경우이다.

⑧ 'recht haben'은 '맞다, 옳다'라는 표현이다. 'recht'는 형용사이므로 원칙적으로 'sein'
동사와 결합해야 하지만, 관용적으로 'haben' 동사와 함께 사용된다. 독일어의 관용
어를 소개할 때는 문법적인 이유에서 동사가 마지막에 위치한다. (z. B. sich um et.
bemühen: -을 위해 노력하다) 암기할 때는 동사를 처음 위치에 두고 외우는 것도
좋은 방법이다. (z. B. bemühen sich um et.)

참고로 'sich um et. bemühen'처럼 '동사원형과 부가적 요소들'로 이루어진 표현을
문법적으로는 '원형 부정사'라고 부른다. 독일어 문장에서 원형 부정사 구문의 동사
원형은 마지막에 위치하므로 관용어를 소개할 때도 (이러한 문법적인 이유에서) 동
사원형을 마지막에 위치시킨다: Im Wald allein *wandern* ist sehr angenehm(숲속
에서 홀로 거니는 것은 아주 편안하다).

1. Im Supermarkt

① A: Haben wir genug Bier?

② B: Nein, wir haben kein Getränk mehr. Kaufen wir einen Kasten Bier, eine Flasche Rotwein und zwei Flaschen Apfelsaft!

③ A: Brauchen wir sonst noch etwas?

④ B: Nein, ich glaube, wir haben jetzt genug.

⑤ A: Vielleicht brauchen die Kinder etwas Schreibwaren.

⑥ B: Ja, richtig! Hans braucht einen Kugelschreiber und zwei Hefte, und Inge braucht ein Dutzend Bleistifte und ein Bilderbuch.

⑦ A: Hier kaufen wir die Sachen nicht.

⑧ B: Ja, du hast recht. Kaufen wir im Kaufhaus!

2. 날씨

① A: 화창한 주말은 없군요.

② B: 나는 여기 날씨가 (사람을) 지치게 한다고 생각해요. 무엇보다도 빠른 변화들이.

③ A: 나도 날씨가 변덕이 심하다는 걸 부정하고 싶지는 않아요. 하지만 사람들은 그것에 익숙해 질 수 있죠.

④ B: 그럴지도. 하지만 여름에 일정하게 유지되는 기온들이 없다는 것이 나에게는 이상하게 보여요. 잦은 변화가 건강에 부담스럽게 작용하지 않나요?

⑤ A: 예전에 나는 그것을 전혀 인식하지 못했어요. 나이가 들며 나는 그것을 느껴요.

⑥ B: 사람들은 그것에 반해 무엇을 할 수 있죠?

⑦ A: 그럴 때에 나는 커피를 마셔요. 그것은 나에게 항상 활력을 주죠.

단어

① Wetter: n. 날씨 / es gibt jn./et.⁴ : -이 있다 / schön: 아름다운, 좋은, 화창한 / Wochenende: n. 주말

② et.⁴ 형용사 finden: -이 -하다고 생각하다 / anstrengen: 힘들게 하다, 지치게 하다; anstrengend: 힘들게 하는, 지치게 하는 / vor allem: 무엇보다도; vor allen: 누구보다도 / schnell: 빠른 / Übergang: m. 변화, 경과, 넘어감, 건널목

③ wollen: -하고자 하다 / leugnen: 부정하다 / wechselhaft: 자주 변하는, 변화가 심한 / können: -할 수 있다 / sich an et.⁴ gewöhnen: -에 익숙해지다

④ mögen: 좋아하다, -일지도 모른다 / jm. auffallen: -의 눈에 띄다, -에게 이상하게 보이다 / im Sommer: 여름에 / gleich bleibend: 일정하게 유지되는 / Temperatur: f. 온도, 기온 / auf et.⁴ wirken: -에 작용하다 / häufig: 빈번한, 잦은 / Wechsel: m. 변화, 교환, 교체 / belastend: 부담을 주는, 부담스러운 / Gesundheit: f. 건강

⑤ früher: 과거에, 이전에, 옛날에 / überhaupt(=gar) nicht: 결코 - 않은 / bemerken: 인지하다, 깨닫다 / mit: -와 함께 / zunehmen: 증가하다 / Alter: n. 나이 / spüren: 감지하다, 느끼다

⑥ was: 의문 대명사. 무엇이, 무엇을 / dagegen: 그것에 반하여, 거기에 반해 / tun: 하다

⑦ trinken: 마시다 / dann: 그럴 때에는, 그 경우에는, 그 다음에 / Kaffee: m. 커피 / jn. beleben:

-에게 활력, 생기를 주다

도움말

① 'es gibt jn./et.⁴ '는 '-이 있다'라는 표현이며, 4격이 우리말로는 주어처럼 해석된다. 그렇지만 이 표현에서 주어는 'es'이므로 4격이 복수명사일지라도 동사는 항상 'gibt' 이다: Es gibt viele Ausländer in Deutschland(독일에는 많은 외국인들이 있다). 'Wochenende'는 추상명사이므로 관사를 사용하지 않는다. 관사를 사용하지 않는 명사의 부정은 'kein'을 사용한다.

② 'et.⁴ 형용사 finden'은 '-이 -하다고 생각하다'라는 표현이다: Ich finde das Bild schön(나는 그 그림이 아름답다고 생각한다).

명사의 의미를 제한하는 부사는 명사 뒤에 사용된다: das Wetter hier(여기 날씨); der Mann da(저기 저 남자); das Haus da vorne(저기 앞에 있는 집)

현재분사는 '동사원형+d'의 형태로서 '-하는'이라는 의미의 형용사로 사용될 수 있다. 'anstrengen'은 '힘들게 하다, 지치게 하다'라는 의미를 갖는 동사인데, 현재분사 형태인 'anstrengend'로 전환되면 '힘들게 하는, 지치게 하는'이라는 의미의 형용사 가 된다.

'all, viel, ander' 등의 형용사들이 정관사 복수 어미변화하면 사람을 의미하고, 정관 사 중성 어미변화하면 사물을 의미한다. 따라서 'alle, viele, andere'는 '모든 사람들, 많은 사람들, 다른 사람들'을 의미하며 'alles, vieles, anderes'는 '모든 것, 많은 것, 다른 것'을 의미한다. 따라서 'vor allen'은 '모든 사람들 앞에서' 즉 '누구보다도'라는 의미로 사용되며, 'vor allem'은 '모든 것 앞에서' 즉 '무엇보다도'라는 의미로 사용된다. ('allen'은 정관사 복수 3격 어미변화, 'allem'은 정관사 중성 3격 어미변화 한 상 태이다.)

이전에 언급되거나, 의미가 한정(제한)되거나, 당사자들이 모두 알고 있는 명사(대 상)에는 정관사를 사용한다. 처음 등장하거나 지시되지 않은 명사(대상)에는 부정관 사를 사용한다: Er hat ein neues Auto. Das Auto ist teuer.

추상명사 및 물질명사는 원칙적으로 관사를 사용하지 않는다. 추상명사나 물질명사 가 수식어로 인해 의미가 한정(제한)되면 정관사를 사용한다: *das* Wasser in der

Flasche. '빠른 변화들'은 '여기 날씨'로 한정(제한)되어 있으므로 정관사를 사용한다.

③ 문장의 주어와 동사는 '나는 부정하고 싶지 않다'이다.

화법조동사 'wollen'은 '-하고자 한다'라는 의미를 지니며, 화법 조동사는 일반적으로 문장의 의미를 표현하는 본동사를 필요로 한다. 화법 조동사와 함께 사용되는 본동사는 원형의 형태로 문장 끝에 위치한다.

'leugnen'은 '-을 부정하다'라는 의미의 타동사이므로 목적어가 필요한데, 목적어는 '날씨가 변덕이 심하다'라는 문장이다. 주어와 동사를 포함하는 문장이 목적어일 경우 접속사 'dass'를 사용하여 표현할 수 있다고 앞에서 설명했다. 'dass 문장'은 일반적으로 '-라는 것, -라는 사실'이라고 해석될 수 있다.

'können'은 화법 조동사로서 '-할 수 있다'라는 의미를 지닌다.

'sich an et.⁴ gewöhnen'은 '-에 익숙해지다'라는 의미의 관용어이다. 그런데 주어진 문장에서 전치사 'an'의 목적어(보충어)는 '그것'으로서, 단순한 대상(명사)이 아니라 '날씨가 변덕이 심하다'라는 문장을 지시한다. 전치사의 목적어로는 명사만이 올 수 있는데, 명사가 아닌 동사구나 문장이 목적어가 될 경우 'da+전치사'의 형태를 사용한다. 전치사가 모음으로 시작할 경우 발음상 'da'와 '전치사' 사이에 간음 'r'을 사용한다.

한 문장 안에서 전치사의 목적어가 동사구나 문장인 경우에도 'da+전치사'의 형태를 사용한다: Ich gewöhne mich *daran, dass* ich morgens früh aufstehe(나는 아침에 일찍 일어나는 것에 익숙하다); Ich bemühe mich *darum*, ein Stipendium *zu* bekommen(나는 장학금을 받기 위해 노력한다). 동사구가 전치사의 목적어일 경우, 동사의 형태는 'zu Infinitiv(동사원형)'가 되어야 한다.

④ 회화에서 '(Es) kann sein.'이나 '(Es) mag sein.'이라는 표현은 '그럴 수도 있다, 그럴지도 모른다'라는 추측이나 가능성을 의미한다.

주어진 문장에서 주어는 '-것이'이며 동사는 '이상하게 보인다'이다. 주어가 문장인 경우에도 접속사 'dass'를 이용하여 표현할 수 있으며, 이 경우 'dass 문장'은 주어 역할을 하는 문장, 즉 주절이 된다. 목적절의 경우와는 달리 주절의 경우 접속사 'dass'는 결코 생략될 수 없다. 주어와 동사를 작문하면 'Dass - , fällt auf.'가 된다. 그런데 독일어에서는 문장의 주어가 긴 경우, 일반적으로 가주어 'es'를 문두에 사용하고 진주어는 문장 끝에 위치시킨다. 따라서 'Es fällt auf, dass - .'라는 문장이 형성된다.

주절 즉 'dass 문장'에는 'es gibt jn./et.⁴ '라는 표현을 사용할 수 있으며 동사는 후치, 즉 마지막에 위치한다.

'gleich bleiben'은 '변하지 않다, 일정하게 유지되다'라는 의미의 동사이다. 위에서 설명한 것처럼 '동사원형+d'는 현재분사로서 형용사의 역할을 한다. 따라서 'gleich bleibend'는 '변하지 않는, 일정하게 유지되는'이라는 의미의 형용사로 사용되며, 명사를 수식할 경우 당연히 형용사 어미 변화해야 한다.

관사를 사용하지 않은 복수명사를 부정할 경우에는 'kein'을 사용한다.

'잦은 변화'는 앞에서 언급되었고, 또한 대화의 당사자들이 이미 알고 있는 내용이므로 정관사를 사용한다.

'belasten'은 '부담을 주다'라는 동사인데, 현재분사로 사용되면 '부담을 주는, 부담스러운'이라는 의미가 된다.

부정어 'nicht'는 원칙적으로 부정하고자 하는 말 바로 앞에 위치한다. 주어진 문장은 '건강에 작용하지 않다'가 아니라 '부담스럽게 작용하지 않다'라는 의미이므로 부정어 'nicht'는 '부담스럽게'라는 말 앞에 와야 한다.

⑤ 독일어의 동사는 '현재-과거-과거분사'의 세 가지 형태로 구성되어 있으며, 현재와 과거형은 주어의 인칭과 수(단수, 복수)에 따라 어미 변화한다. 현재와 과거에서 동사의 어미변화 형태는 반드시 기억하도록 하자.

'das'나 'es'는 앞 문장이나 앞에 나온 사실, 또는 앞에 언급된 대상을 지시할 때 사용된다.

'나이가 들며'라는 표현을 그대로 번역하기는 어렵지만, 독일어로는 '증가하는 나이와 함께'라는 표현을 사용할 수 있다. 'zunehmen'은 '증가하다'라는 의미의 동사인데, 현재분사로 사용되면 '증가하는'이라는 형용사적 의미를 지니게 된다. 여기에서 '나이'는 어떤 특정한 나이를 지칭하는 것이 아니므로 정관사를 사용하지 않는다. 따라서 'mit zunehmendem Alter'라는 표현이 형성된다.

⑥ 의문사는 문두에 위치하며, 주어 이외의 문장 성분이 문두에 위치할 경우 문장은 도치(동사+주어)된다. 화법 조동사와 함께 사용되는 본동사는 문장 끝에 위치한다.

⑦ 'dann'은 '그 다음에'라는 의미로 많이 알려져 있지만, '그럴 때에는, 그 경우에는'이라는 의미로도 자주 사용된다.

'커피'는 형태가 없는 물질명사이므로 관사를 사용하지 않는다.

'그것'은 바로 앞에 나온 '커피'를 가리킨다. 이 경우 정관사 형태의 지시 대명사를 사용할 수 있다. 정관사가 단독으로 문두에 사용되면, (대부분) 바로 앞 문장의 마지막에 언급된 명사를 지시한다. 따라서 이렇게 사용되는 정관사를 문법적으로는 '지시 대명사'라고 지칭한다.

'jn. beleben'은 '-에게 활력을 주다'라는 표현인데, 우리말 해석과는 달리 4격 목적
어를 사용한다는 사실에 유의하자.

2. Das Wetter

① A: Es gibt kein schönes Wochenende.

② B: Ich finde das Wetter hier anstrengend.
Vor allem die schnellen Übergänge.

③ A: Ich will nicht leugnen, dass das Wetter wechselhaft ist.
Aber man kann sich daran gewöhnen.

④ B: Mag sein. Aber es fällt mir auf, dass es im Sommer keine gleich
bleibenden Temperaturen gibt. Wirkt der häufige Wechsel nicht
belastend auf die Gesundheit?

⑤ A: Früher bemerkte ich das überhaupt nicht.
Mit zunehmendem Alter spüre ich es auch.

⑥ B: Und was kann man dagegen tun?

⑦ A: Ich trinke dann Kaffee. Der belebt mich immer.

3. 독일

> ① 외국어로서 독일어를 배우는 모든 이는 한번쯤 독일의 지식인, 학자, 예술가들이 성
>   취한 업적들을 생각한다.
> ② 작품 "파우스트"가 우리에게 이미 알려져 있는 괴테는 위대한 인물이다.
> ③ "빌헬름 텔"을 쓴 쉴러는 또한 세상에서 유명한 작가이다.
> ④ 우리가 즐겨 듣고 연주하는 모차르트와 베토벤은 유명한 음악가들이다.
> ⑤ 18세기에 살았던 칸트는 가장 중요한 철학자들의 하나이다.

단어

① jeder: Sg. 모든 이, 누구나, 각자 / Fremdsprache: f. 외국어; Deutsch als Fremdsprache: 외국
어로서 독일어 / einmal: 한 번 / an jn./et.⁴ denken: -를(을) 생각하다 / Leistung: f. 업적, 성과
/ deutsch: 독일의, 독일어의, 독일 사람의 / Gelehrte: 학자, 지식인 / Wissenschaftler: m. pl.
학자, 과학자 / Künstler: m. pl. 예술가 / vollbringen: 실행하다, 완성하다, 성취하다

② Werk: n. 작품 / bekannt: 알려진 / groß: 큰, 위대한 / Persönlichkeit: f. 인격, 개성, 인물

③ schreiben: 쓰다, 집필하다 / berühmt: 유명한 / Dichter: m. 작가, 시인 / Welt: f. 세상

④ gern: 즐겨, 기꺼이 / spielen: 연주하다 / Musiker: m. pl. 음악가

⑤ im 18. Jahrhundert: 18세기에 / leben: 살다, 살아 있다 / bedeutend: 중요한, 유명한 /
Philosoph: m. 철학자

도움말

① 이 문장의 필수적 구성 성분은 주어, 동사, 목적어이다. 즉 '모든 이는 업적들을 생각
한다'이다. 독일어 동사 'denken'은 한국어와 달리 바로 목적어가 올 수 없으며 항상
전치사 'an'과 결합하여 사용된다. 따라서 'Jeder denkt an die Leistungen.'이라는

문장이 형성된다. 'Leistungen'은 수식어에 의해 의미가 한정되므로 정관사를 사용한다.

주어진 문장에서 필수적 구성 성분 이외의 요소들은 주어와 목적어를 수식하고 있다. 그렇지만 주어와 목적어를 수식하는 문장 성분은 형용사가 아니라 또 다른 주어와 목적어를 포함하는 문장이다. 문장이 명사를 수식하는 경우에는 관계 문장을 사용해야 한다. 다시 말해 관계 문장은 문장으로서 명사를 수식하는 형용사의 역할을 한다. 관계 대명사와 관계 문장은 독일어의 문법 가운데에서도 특히 중요한 부분이다. 따라서 아래의 '문법해설' 부분에서 별도로 관계 대명사와 관계 문장을 자세하게 설명하고자 한다. 우선 '문법해설'을 읽고 관계 대명사와 관계 문장의 용법을 정확하게 이해한 후, 다시 본문으로 돌아와 작문에 임하도록 하자.

'외국어로서 독일어를 배우는 모든 이'는 관계 문장을 사용하여 다음과 같이 표현할 수 있다: 모든 이, 그는(관계 대명사, 남성 1격) 외국어로서 독일어를 배운다. → Jeder, *der* Deutsch als Fremdsprache lernt. 'jeder'는 항상 단수 명사로 취급된다. '업적들, 그것들을(관계 대명사, 복수 4격) 독일의 지식인, 학자, 예술가들이 성취했다'라는 관계 문장은, 우리말로 '독일의 지식인, 학자, 예술가들이 성취한 업적들'이라고 해석될 수 있다: die Leistungen, *die* deutsche Gelehrte, Wissenschaftler und Künstler vollbrachten. 여기에서 'Gelehrte, Wissenschaftler, Künstler'는 모두 복수형으로 사용되었다.

② '작품 파우스트가 우리에게 이미 알려져 있는'이라는 문장 성분은 '괴테'라는 명사를 수식하는 형용사의 역할을 한다. 문장이 명사를 수식하는 경우 관계 문장을 사용해야 하는데, 주어진 문장은 주어, 동사, 술어로 구성되어 완전한 문장을 형성하므로 빠진 문장 성분이 없다. 이 경우 관계 대명사 2격의 사용을 고려할 수 있다. '괴테, 그의(관계 대명사, 남성 2격) 작품 파우스트가 우리에게 이미 알려져 있다'로 관계 문장을 형성할 경우, 우리말로는 '작품 파우스트가 우리에게 이미 알려져 있는 괴테'라고 해석될 수 있다: Goethe, *dessen* Werk Faust uns schon bekannt ist.

③ '빌헬름 텔을 쓴 쉴러'는 '쉴러, 그는(관계 대명사, 남성 1격) 빌헬름 텔을 썼다'라는 관계 문장으로 표현될 수 있다: Schiller, *der* Wilhelm Tell schrieb.

④ '모차르트와 베토벤, 그들을(관계 대명사, 복수 4격) 우리가 즐겨 듣고 연주한다'라는 관계 문장을 사용할 수 있다: Mozart und Beethoven, *die* wir gern hören und spielen.

⑤ '칸트, 그는(관계 대명사, 남성 1격) 18세기에 살았다'라는 관계 문장을 사용할 수 있

다: Kant, *der* im 18. Jahrhundert lebte.

'(몇) 세기에'라는 표현은 서수를 사용한다. 서수는 숫자 뒤에 'Punkt(점)'를 사용하며 '(몇) 번째'라는 의미를 지닌다.

대부분의 형용사는 어미 '-st'와 결합하여 '가장 -한'이라는 최상급의 의미를 지니게 된다: der fleißigste Student in der Klasse (반에서 가장 부지런한 학생)

'가장 중요한 철학자들의 하나'에서 '하나'는 '한 철학자'를 의미한다. 따라서 2격을 사용하여 다음과 같이 표현할 수 있다: ein Philosoph der bedeutendsten Philosophen

처음에 사용된 'Philosoph'는 생략하여도 의미 파악에 지장이 없으므로 생략할 수 있다. (독일어에서는 반복되는 단어를 대부분 생략하며, 생략하지 않는 것이 오히려 이상한 표현이 될 수 있다.) 이 경우 'ein'이라는 부정관사만 남게 되는데, 부정관사가 독립적으로 사용될 경우에는 정관사 어미변화를 해야 한다. 생략된 'Philosoph'는 남성 명사 1격으로 사용되었으므로 정관사 어미는 '-er'이다. 따라서 'ein'은 'einer'라는 독립적인 형태로 전환된다: einer der bedeutendsten Philosophen

3. Deutschland

① Jeder, der Deutsch als Fremdsprache lernt, denkt einmal an die Leistungen, die deutsche Gelehrte, Wissenschaftler und Künstler vollbrachten.

② Goethe, dessen Werk *Faust* uns schon bekannt ist, ist eine große Persönlichkeit.

③ Schiller, der *Wilhelm Tell* schrieb, ist auch ein berühmter Dichter in der Welt.

④ Mozart und Beethoven, die wir gern hören und spielen, sind berühmte Musiker.

⑤ Kant, der im 18. Jahrhundert lebte, ist einer der bedeutendsten Philosophen.

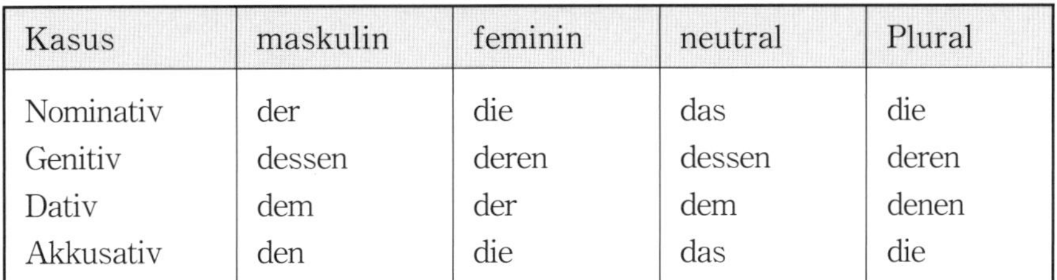

Kasus	maskulin	feminin	neutral	Plural
Nominativ	der	die	das	die
Genitiv	dessen	deren	dessen	deren
Dativ	dem	der	dem	denen
Akkusativ	den	die	das	die

위의 도표는 관계 대명사 'der'형의 형태이다. 관계 대명사 'der'형 이외에 관계 대명사 'welcher'형이 존재한다. 관계 대명사 'welcher'형도 의미와 용법이 'der'형과 동일하며 정관

사 어미변화 한다. ‘welcher’형은 2격이 존재하지 않으므로 2격은 ‘der’형으로 대체한다. 대부분의 경우 관계 대명사 ‘der’형을 사용한다.

❧ 관계 대명사 ‘der’형이 이끄는 관계 문장은 형용사처럼 명사를 수식하는 역할을 하는데, 형용사와 다른 점은 수식하는 명사 뒤에 위치하며 완전한 문장의 형태를 지닌다는 것이다. 관계 문장이 수식하는 명사를 ‘선행사’라고 부른다. 일단 관계 대명사 ‘der’형은 문장의 형태로 뒤에서 선행사를 수식한다고 알아두자. 앞으로 설명하는 용법은 관계 대명사 ‘welcher’형에도 동일하게 적용된다.

1) 관계 대명사 1격

Der Mann spricht gut Deutsch. Der Mann ist mein Nachbar. – “그 남자는 독일어를 잘 한다. 그 남자는 나의 이웃이다.” 우리가 평소에 작문을 하거나 이야기를 할 때 어린 아이와 말하지 않는 이상 이런 식의 간단한 표현은 사용하지 않을 것이다. 아마도 대부분 ‘독일어를 잘 하는 그 남자는 나의 이웃이다’라고 표현할 것이다. 이는 예문보다 문장 구성이 간결하고 문체적으로 세련된 축약적인 표현이기 때문이다. 독일어에서도 마찬가지로 하나의 문장 안에 다양한 의미를 간결하게 표현하는 것이 좋은 문체이다. 관계 대명사와 관계 문장을 사용하는 이유는 바로 여기에 있다. 우리가 표현하고자 것은 ‘독일어를 잘 하는 그 남자는 나의 이웃이다’라는 문장이다. 일단 ‘독일어를 잘 하는 그 남자’를 표현할 수 있다면 나머지는 간단하다. 우선 관계 문장의 형성 원칙에 관하여 알아보자.

① 관계 문장에서 관계 대명사는 문두에, 동사는 문장 끝에 위치한다.
② 관계 문장 자체의 문장 구조는 완전해야 한다.
③ 관계 대명사의 격은 관계 문장 안에서의 역할에 따라 결정된다.
④ 관계 대명사의 성과 수는 선행사와 일치해야 한다.

우리가 표현하고자 하는 것은 ‘독일어를 잘 하는 그 남자’이다.
Der Mann, ( ) gut Deutsch spricht. – 관계 대명사의 역할은 명사 뒤에서 명사를 수식하는 것이다. 따라서 관계 대명사는 명사 바로 뒤에 위치하며 괄호 안에는 관계 대명사가 들어가야 한다. 관계문의 동사는 후치되어 있다. 관계 문장의 문장 구조는 완벽해야 하는데 이 문장에서 빠져 있는 문장 성분은 주어이다. 따라서 관계 대명사의 격은 1격이고, 관계 문장이 수식하는 선행사는 ‘der Mann’, 즉 남성이므로 관계 대명사는 남성 1격이 된다. 위의 도표에서 보듯이 관계 대명사 남성 1격은 ‘der’이다. 따라서 ‘Der Mann, **der** gut Deutsch spricht’라는 문장이 형성된다. 관계 대명사 'der'는 'der Mann'의 성과 수를 그대로 이어 받았으므로 양자는 동일한 관계이다. 관계 문장만 해석해보면 '그 남자는 독일어를 잘 한다'가 된다. 그렇지만 관계 대명사는 뒤에서 선행사를 수식하므로 선행사와 함께 해석하면 '독일어를 잘 하는 그 남자'가 된다. 이 경우 관계 대명사는 해석되지 않음을 알 수 있다. 이제 '나의 이웃이다'라는 문장만 결합하면 완벽한 문장이 된다: Der Mann, **der** gut Deutsch spricht, ist mein Nachbar.

Die Frau geht nach Hause. Die Frau kennt mich. – 이 두 문장을 관계 문장으로 연결시키려면 우선 '집으로 가는 여자'를 관계 문장으로 표현해야 한다.
Die Frau, ( ) nach Hause geht. – 관계문의 동사는 후치했다. 관계문의 문장 구조는 완전해야하는데 주어가 빠져 있다. 관계 대명사의 성과 수는 선행사와 일치해야 하는데 선행사는 여성이다. 따라서 관계 대명사는 여성 1격이 되어야 한다. 위의 도표에서 여성 1격을 찾아보자. 이제 'Die Frau, **die** nach Hause geht'라는 문장이 형성된다. 관계 대명사 'die'는 선행사의 성과 수를 그대로 이어 받았으므로 'die Frau'와 동등한 관계이고, 관계 문장 자체는 '그 여자는 집으로 간다'라고 해석된다. 그렇지만 관계 문장은 뒤에서 선행사를 수식하므로 예문을 '집으로 가는 그 여자'라고 해석할 수 있다. 나머지 문장을 관계문과 연결하면 다음과 같은 구조가 된다: Die Frau, **die** nach Hause geht, kennt mich(집으로 가는 그 여자는 나를 안다).

Die Leute lesen viele Bücher. Die Leute sind im Allgemeinen weise. – "그 사람들은 책을 많이 읽는다. 그 사람들은 일반적으로 현명하다." 이 두 문장을 관계 대명사를 사용하여 연결시켜 보자.
Die Leute, ( ) viele Bücher lesen, sind im Allgemeinen weise. – 관계문의 동사는 후치되어 있고, 관계문의 구조는 완전해야 하는데 주어가 빠져있다. 관계 대명사는 선행사의 성과 수와 일치해야 하는데 선행사는 복수이므로 관계 대명사는 복수 1격이 된다. 복수 1격의 관계 대명사는 'die'이므로 다음과 같은 문장이 형성될 수 있다: Die Leute, **die** viele Bücher lesen, sind im Allgemeinen weise(책을 많이 읽는 사람들은 일반적으로 현명하다).

2) 관계 대명사 2격

Die Opfer, ( ) wir heute gedenken, starben für Freiheit und Gleichheit. – "오늘 우리가 추모하는 희생자들은 자유와 평등을 위해 죽었다." 관계문은 선행사인 'die Opfer'를 수식한다. 관계문에서 부족한 문장 성분은 'gedenken'의 목적어이다. 'gedenken'은 2격 목적어(보충어)

를 취하는 동사이고, 선행사는 복수이다. 따라서 관계 대명사는 복수 2격 형태인 'deren'이 된다: Die Opfer, **deren** wir heute gedenken, starben für Freiheit und Gleichheit.

Der Mann, ( ) Frau sehr reich ist, besitzt einen Sportwagen. – "부인이 아주 부유한 그 남자는 스포츠카를 소유하고 있다." 관계문에서 부족한 문장 성분이 무엇인지 찾아보자. 주어와 동사와 술어가 있으므로 1격, 3격, 4격은 관계 대명사로 사용될 수 없다. 그렇다면 선행사는 남성이므로 남성 2격의 관계 대명사 'dessen'을 넣어 보자. 관계문 자체의 해석은 '그의 부인은 아주 부유하다'가 되며 관계문 자체는 완전한 문장 구조를 형성하고 있다. 관계문은 뒤에서 선행사를 수식하므로 '부인이 아주 부유한 그 남자는'이라고 해석될 수 있다. 다음은 관계 대명사가 사용된 완전한 문장이다: Der Mann, **dessen** Frau sehr reich ist, besitzt einen Sportwagen.

3) 관계 대명사 3격

Die Leute, ( ) wir heute helfen, verloren durch die Flutwelle alles. – "우리가 오늘 돕는 사람들은 해일을 통해 모든 것을 잃었다." 관계문에서 부족한 문장 성분은 'helfen'의 목적어이다. 'helfen'은 3격 지배 동사이고, 선행사는 복수이므로 관계 대명사는 복수 3격이 되어야 한다. 즉 다음과 같은 문장이 형성될 수 있다: Die Leute, **denen** wir heute helfen, verloren durch die Flutwelle alles.

Das Flugzeug, ( ) ich nach Deutschland fliege, erreicht bald den Frankfurter Flughafen. – 관계 문장과 선행사를 관계 대명사로 연결시켜야 한다. 'fliegen'은 자동사이므로 3격과 4격은 올 수 없다. 'ich'라는 주어가 있으므로 1격도 올 수 없다. 2격은 전혀 필요한 문장 성분이 아니다. 그렇다면 다음과 같은 문장 형태를 생각해 볼 수 있다: Ich fliege **mit dem Flugzeug** nach Deutschland. 즉 전치사와 관계 대명사를 사용하여 관계문과 선행사를 연결시킬 수 있다. 관계 대명사는 선행사인 'Flugzeug'와 동등한 관계이고, 이 경우 관계 대명사는 'mit dem Flugzeug'의 형태에서 보듯이 전치사 'mit'와 분리될 수 없다. 결국 관계 대명사와 전치사는 분리될 수 없으므로 전치사 또한 관계 대명사와 함께 위치한다. 'mit'는 3격 지배 전치사이고 선행사는 중성이므로 관계 대명사는 'dem'이 된다. 완전한 문장은 다음과 같다: Das Flugzeug, **mit dem** ich nach Deutschland fliege, erreicht bald den Frankfurter Flughafen. 관계문 자체는 '비행기를 타고 나는 독일로 간다'라고 해석되며 문장 전체는 '내가 타고 가는 독일 행 비행기는 곧 프랑크푸르트 공항에 도착한다'라고 해석된다.

Das Seminar, ( ) ich teilnehmen wollte, fiel aus. – "내가 참가하고자 했던 세미나는 폐강(휴강)되었다." 관계문의 동사 'teilnehmen'은 항상 'an et.³ teilnehmen'의 형태로 사용된다. 3격 목적어와 전치사 'an'은 절대로 분리될 수 없다. 따라서 관계 대명사는 전치사 'an'과 함께 사용되며, 선행사는 중성이므로 'an dem'의 형태가 된다. 다음은 관계 대명사가 사용된 완전한 문장이다: Das Seminar, **an dem** ich teilnehmen wollte, fiel aus. 관계 문장 자체는 '그 세미나에 나는 참가하고자 했다'라고 해석될 수 있으며, 문장 전체는 '내가 참가하고자 했던 그 세미나는 폐강(휴강)되었다'라고 해석된다.

4) 관계 대명사 4격

Er schenkt mir einen Füller, ( ) ich haben wollte. – 선행사는 남성이고 관계문에서 빠진 문장 성분은 4격 목적어이다. 따라서 다음과 같은 문장이 형성된다: Er schenkt mir einen Füller, **den** ich haben wollte(그는 나에게 내가 갖고 싶었던 만년필을 선물했다).

Er möchte das alte Auto kaufen, **das** er zufällig in einem Geschäft fand. – "그는 그가 우연히 어떤 가게에서 발견한 낡은 자동차를 구입하고자 한다." 이 문장에서 'kaufen'은 관계 문장 뒤에 위치해도 상관없다: Er möchte das alte Auto, das er zufällig in einem Geschäft fand, kaufen.

Die Prüfung, ( ) ich mich lange Zeit vorbereitete, bestand ich nicht. – "내가 오랜 시간 준비했던 시험을 나는 합격하지 못했다." 관계 문장의 동사 'vorbereiten'은 'sich auf et.⁴ vorbereiten'의 형태로 사용된다. 따라서 관계 대명사의 자리에는 전치사 'auf'와 여성 4격의 관계 대명사 'die'가 위치한다. 전치사와 결합하는 관계 대명사는 전치사의 목적어(보충어)이므로 전치사와 분리되어서는 안 된다는 사실을 명심하자. 다음은 관계 대명사가 사용된 완전한 문장이다: Die Prüfung, **auf die** ich mich lange Zeit vorbereitete, bestand ich nicht. 관계 문장 자체의 해석은 '그 시험에 대해 나는 오랫동안 준비했다'가 된다.

🐾 관계 문장의 순차적 해석 – 위에서 관계 문장 자체를 매번 해석했던 이유는 관계 문장의 순차적 해석이 이해에 더 도움이 될 경우가 있기 때문이다.

Der Lehrer heißt Thomas, der mich Deutsch lehrte. – 이 문장은 두 가지로 해석될 수 있다: "그 선생님은 나에게 독일어를 가르쳤던 토마스라고 한다."; "그 선생님은 토마스라고 하는데, 그는 나에게 독일어를 가르쳤다." 어떤 해석이든 의미는 동일하지만, 두 번째의 해석이 이해에 더 유리할 것이다. 역순으로 해석해서 선행사를 수식하든지, 또는 순차적으로 해석할 것인지는 여러분의 이해와 판단에 달려 있다. 그렇지만 관계 문장이 본질적으로 선행사를 수식하는 역할을 한다는 사실은 변하지 않는다.

✖ 관계 대명사 'welcher'형을 사용하는 경우 - 관계 대명사 'welcher'형은 거의 사용되지 않지만 다음과 같은 경우에는 종종 사용된다.

Die Wahrheit, **welche** die moderne Kunst darstellt, ist oft unverständlich. - "현대 예술이 표현하는 진리는 종종 이해할 수 없다." 여기에서 'welche'는 관계 대명사 여성 4격으로 사용되었다. 만약 관계 대명사 'die'를 사용하게 되면 바로 뒤에 나오는 관계문의 주어에 사용된 정관사와 형태가 중복된다. 따라서 이런 경우 문체적인 측면에서 관계 대명사 'welcher'형을 사용한다. 하지만 'welcher'형이 익숙하지 않을 경우 'der'형을 사용해도 무방하다. 회화체에서는 대부분 'der'형을 사용한다.

Das Buch, **welches** das Leben der dritten Welt behandelt, ist umstritten. - "제 3세계의 삶을 다루는 그 책은 논쟁의 여지가 있다." 여기에서 'welches'는 관계 대명사 'das'와 동일하다.

4. 사람들은 어디에서 독일어를 말하는가?

①어디에서 사람들은 독일어를 말하는가?

②한국에서 사람들은 한국어를 말한다. ③영국에서 사람들은 영어를 말한다. ④프랑스에서 사람들은 불어를 말한다.

⑤어디에서 사람들은 독일어를 말하는가? ⑥물론 독일에서. ⑦그 밖에 어디에서? ⑧독일어를 사람들은 단지 독일에서만 말하지는 않는다. ⑨오스트리아나 스위스와 같은 나라들로 한 번 가보자! ⑩또한 거기에서도 사람들은 독일어를 말한다. ⑪독일어는 일억 명보다 더 많은 사람들의 모국어이다. ⑫사람들은 그것을 무엇보다도 세 나라에서 말한다: 독일, 오스트리아, 스위스에서.

⑬오스트리아는 중부 유럽에 위치한 독일어를 사용하는 공화국이다. ⑭아름다운 푸른 도나우 강가에 있는 수도 빈을 방문하는 관광객들은 슈테판 대성당과 쇤브룬 궁전을 관람한다.

⑮스위스는 팔백만 주민을 가진 독일의 남쪽에 위치한 작은 나라이다. ⑯그리고 스위스 사람들이 단지 하나의 언어만을 갖고 있는 것은 아니다. ⑰대략 인구의 73퍼센트는 모국어로서 독일어를 말하고, 20퍼센트는 불어를 말하고, 7퍼센트는 이탈리어를 말한다. ⑱또한 폴란드, 러시아, 프랑스, 헝가리, 이탈리아, 룩셈부르크, 카자흐스탄, 루마니아, 덴마크, 벨기에, 체코, 브라질, 칠레에서 아직 독일어를 사용하는 소수 민족이 살고 있다.

단어

① sprechen: 말하다 / Deutsch: 독일어; Koreanisch: 한국어; Englisch: 영어; Französisch: 불어; Italienisch: 이탈리아어

⑦ sonst: 그밖에

⑧ nicht nur: 단지 -만은 아닌

⑨ mal = einmal: 한 번 / wie: -처럼, -와 같은 / Land: n. 나라, 국가 / Schweiz: f. 스위스

⑪ Muttersprache: f. 모국어 / von: -의 / mehr als - : -보다 더 많은 / Million: f. 백만

⑫ vor allem: 무엇보다도

⑬ deutschsprachig: 독일어를 말하는 / Republik: f. 공화국 / Mitteleuropa: 중부유럽

⑭ Tourist: m. 관광객, 여행객 / Hauptstadt: f. 수도 / Donau: f. 도나우(다뉴브) 강 / Dom: m. 대성당; der Stephansdom: 슈테판 대성당 / Schloss: n. 성, 궁전; das Schloss Schönbrunn: 쉰브룬 궁전 / besichtigen: 관람하다

⑮ südlich: 남쪽에 (있는) / mit: -을 가진, -을 가지고, -와 함께 / Einwohner: m. 주민, 거주자

⑯ Schweizer: m. 스위스 사람 / nicht nur: 단지 -만은 아닌

⑰ ungefähr: 대략 / Bevölkerung: f. 인구, 주민

⑱ Minderheit: f. 소수, 소수 민족

도움말

⑨ '가보자'는 청유형으로서, 이는 '동사원형 wir!'로 표현될 수 있다.

'-와 같은 나라들'은 의미상 오스트리아나 스위스로 한정되지만은 않기에 정관사를 사용하지 않는다. 'Land'가 나라를 의미할 경우는 전치사 'in'을 사용할 수 있으며, '시골, 지방'을 의미할 때는 전치사 'auf'를 사용할 수 있다: in dem Land(그 나라에서); auf dem Land(시골에서, 지방에서)

장소를 나타내는 3/4격 지배 전치사가 '-에서'라는 정지 상태를 의미하면 3격과 함께, '-로'라는 장소 이동을 의미하면 4격과 함께 사용된다. '나라들에서'라고 표현할 경우 'in Ländern', 즉 복수 3격 어미 'n'이 추가된 형태가 된다. 독일어에서 명사의 복수 3격은 반드시 'n'으로 끝나야 한다.

'오스트리아나 스위스와 같은 나라들로'에서 '오스트리아나 스위스'는 '나라들로'와 동격이므로 양자 모두 4격으로 표현되어야 한다. 'Schweiz'는 여성명사이고 관사를 사용해야 함에 주의하자.

대부분의 국가명은 중성이지만 몇몇의 국가명은 남성, 여성 또는 복수인 경우가 있다. 중성의 국가명은 관사를 쓰지 않는 반면 남성, 여성, 복수의 국가명은 반드시 정관사를 사용해야 한다: z. B. der Iran, die Türkei, die Vereinigten Staaten von Amerika = die USA

⑪ 문장의 주어와 동사는 '독일어는 모국어이다'이다.

'mehr'는 'viel'의 비교급으로서 '더 많은'이라는 의미를 지닌다.

'비교급 als -'는 '-보다 더 -한'이라는 표현이다.

'일억 명보다 더 많은 사람들'은 정확하게 표현하면 '일억 사람들보다 더 많은 사람들'이다. 따라서 'mehr Menschen als 100 Millionen Menschen'이라고 표현할 수 있는데, 독일어에서는 중복되는 단어를 생략하는 것이 좋으므로 첫 번째의 'Menschen'은 생략한다.

관사가 사용되지 않는(은) 명사의 경우 소유(-의)의 의미는 전치사 'von'을 사용하여 표현할 수 있다: ein Bild von *Picasso*; der Wert von *Büchern*; der Geruch von *Liebe*

첫 번째 예는 고유명사, 두 번째는 불특정 다수를 뜻하는 복수형, 세 번째는 추상명사이므로 관사를 사용하여 2격(소유)의 의미를 표현할 수 없다. 따라서 '-의'라는 의미를 갖는 전치사 'von'을 사용한다.

'모국어'는 '-의'이라는 수식어에 의해 의미가 한정되므로 정관사를 사용한다.

⑫ 동일한 역할을 하는 문장 성분을 둘 이상 나열할 경우 콤마로 계속 연결한 후 마지막 성분 앞에 'und'를 사용한다: Er ist fleißig, geduldig und leidenschaftlich.

⑬ 여기에서 '공화국'은 특정한 공화국이 아니라 독일어를 사용하는 공화국 가운데 하나이므로 부정관사를 사용한다.

⑭ 문장은 '관광객들은 -을 관람한다'라는 주어, 동사, 목적어로 구성되어 있다. 나머지 구성 성분은 '관광객들'이라는 주어(명사)를 수식하는 '아름답고 푸른 도나우 강가에 있는 수도 빈을 방문하는'이라는 문장이다. 문장이 명사를 수식하는 형용사의 역할을 할 경우 관계 문장을 사용해야 한다고 앞에서 설명했다. 따라서 '관광객들, 그들은(관계 대명사, 복수 1격) - 수도 빈을 방문한다'라는 관계 문장을 구성하면 '- 수도 빈을 방문하는 관광객들'이라는 우리말 표현이 형성된다: Die Touristen, *die* die Hauptstadt Wien - besuchen.

여기에서 '수도'는 특정한 도시 '빈'을 지시하므로 정관사를 사용한다. 이 경우 정관사 'die'와 관계 대명사 'die'는 그 형태가 동일하다. 동일한 표현이 동시에 등장하는 것은 문체상 좋은 표현이 아니므로, 이 경우 관계 대명사는 'welcher'형을 사용하는 것이 좋다.

명사를 수식하는 형용사가 둘 일 경우 콤마의 사용에 따라 의미가 조금 달라진다. 'die schöne, blaue Donau'와 'die schöne und blaue Donau'는 동일한 표현이며 '아름답고 푸른 도나우' 즉 '아름답기도 하고 푸르기도 한 도나우'라는 의미를 지닌다. 그렇지만 'die schöne blaue Donau'에서는 두 번째 형용사와 명사가 하나의 의미 단위가 되고 첫 번째 형용사는 이 의미 단위를 수식한다. 즉 'schöne'는 'blaue

Donau'를 수식하기 때문에 '아름다운 푸른 도나우'라는 의미가 형성된다. 콤마의 사용 유무에 따라 미묘한 의미 차이가 있음에 유의하자:

die kapitalistische wirtschaftliche Ethik (자본주의적인 경제 윤리)

die kapitalistische, demokratische Ethik (자본주의적이고 민주적인 윤리)

⑮ 문장의 주요 구성 요소인 주어와 동사는 '스위스는 작은 나라이다'이다.
중성이 아닌 국가명은 정관사를 사용해야 하고, 관사를 사용하지 않는 명사의 소유(-의)의 표현은 'von'을 사용한다.

⑯ 스위스 사람들이 텍스트에 처음 등장한다면 복수이므로 관사를 사용하지 않지만, 앞 문장에서 스위스가 언급되었기 때문에 여기에서는 '그 스위스 사람들'이라는 표현, 즉 정관사를 사용해야 한다.

⑰ 여기에서 '인구'는 스위스라는 특정 국가의 인구를 말하므로 정관사를 사용해야 하며, 이 경우 소유(-의)의 표현은 간단히 정관사 2격을 사용하면 된다. 정관사는 '그, 이, 저'라는 지시의 의미를 지닌다. 정관사의 폭 넓은 사용으로 인해, '이, 이것'이라는 의미의 단어 'dies'는 독일어에서 생각만큼 많이 사용되지는 않는다.

⑱ '소수 민족'은 텍스트에서 처음 언급되고 특정한 누군가를 지시하는 것이 아니므로 부정관사를 사용한다. 부정관사는 거의 해석되지 않지만, '한, 어떤'이라는 의미를 지닌다.
문장은 '소수 민족이 살고 있다'라는 주어와 동사로 구성되어 있으며 그 밖에 장소 진술어가 추가되어 있다.

4. Wo spricht man Deutsch?

①Wo spricht man Deutsch?

②In Korea spricht man Koreanisch. ③In England spricht man Englisch. ④In Frankreich spricht man Französisch.

⑤Wo spricht man Deutsch? ⑥Natürlich in Deutschland. ⑦Wo sonst? ⑧Deutsch spricht man nicht nur in Deutschland. ⑨Gehen Wir mal in Länder wie Österreich oder die Schweiz! ⑩Auch dort spricht man Deutsch. ⑪Deutsch ist die Muttersprache von mehr als 100 Millionen Menschen. ⑫Man spricht sie vor allem in drei Ländern: in Deutschland, in Österreich und in der Schweiz.

⑬Österreich ist eine deutschsprachige Republik in Mitteleuropa. ⑭Die Touristen, welche die Hauptstadt Wien an der schönen blauen Donau besuchen, besichtigen den Stephansdom und das Schloss Schönbrunn.

⑮Die Schweiz ist ein kleines Land südlich von Deutschland mit acht Millionen Einwohnern. ⑯Und die Schweizer haben nicht nur eine Sprache. ⑰Ungefähr 73% der Bevölkerung sprechen Deutsch als Muttersprache, 20% sprechen Französisch, und 7% sprechen Italienisch. ⑱Auch in Polen, Rußland, Frankreich, Ungarn, Italien, Luxemburg, Kasachstan, Rumänien, Dänemark, Belgien, Tschechien, Brasilien und Chile lebt noch eine deutschsprachige Minderheit.

5. 기초회화 (Konversation)

Guten Morgen! – 안녕(하세요)! (아침이나 오전에 하는 인사)

Guten Tag! – 안녕(하세요)! (낮에 하는 인사)

Guten Abend! – 안녕(하세요)! (저녁이나 밤에 하는 인사)

Gute Nacht! – 안녕히 주무세요! 잘 자! (자기 전에 하는 인사)

Hallo! = Hi! – 안녕! (만날 때 하는 인사, 격의 없는 사이일 때)

Auf Wiedersehen! – 안녕! (헤어질 때 하는 인사, 다소 정중한 표현)

Auf Wiederhören! – 안녕! (전화 통화에서 헤어질 때 하는 인사, 다소 정중한 표현)

Tschüß! – 안녕! (헤어질 때 하는 인사, 편하거나 친밀한 사이일 때 주로 사용됨)

Bis morgen! – 안녕, 내일 보자!

Bis dann! = Bis später! – 안녕, 다음에 보자!

Bis gleich! – 잠시 후에 보자!

Wie geht's? – 어떻게 지내십니까? 어떻게 지내니?

Mir geht's gut. – 나는 잘 지내. 별일 없어.

Mir geht's schlecht. – 나는 잘 지내지 못해. 좋지 않아.

Es geht. – 그저 그래. 그냥 그렇게 지내.

Alles klar? – 다 잘 되고 있지? 아무 일 없지?

Alles klar! – 다 좋아. 아무 문제없어.

Vielen Dank! = Danke schön! – 정말 고맙습니다.

Bitte schön! – 천만에요. 별 말씀을.

Danke! – 고맙습니다.

Bitte! – 천만에요.

Entschuldigen Sie! = Entschuldigung! – 실례합니다. 미안합니다.

Verzeihen Sie! = Verzeihung! – 실례합니다. 미안합니다. (위와 동일한 표현)

Es tut mir leid. - 죄송합니다. 유감입니다.

Wie heißen Sie? - 당신의 이름은 무엇입니까?
Wie heißt du? - 네 이름이 뭐니?
Ich heiße Na-Young. - 나는 나영이라고 해.
Mein Name ist Na-Young. - 내 이름은 나영이야.

대학생활 (Universitätsleben)

이번 장에서는 독일 대학의 어학 강좌에서 독일어를 배우는 학생의 일상 및 독일 대학에서 전공 공부를 하는 학생들의 생활이 소개된다. 우리가 외국에서 대학을 다니거나 언어를 배울 때도 이들의 생활과 크게 다르지 않다. 이러한 일상을 독일어로 소개할 기회가 있을 경우 이번 장이 도움이 될 수 있을 것이다. 이번 장은 현재 시제 및 일상적인 내용들로 구성되어 있으므로 독일어로의 번역이 그리 어렵지 않다. 편안한 마음으로 작문을 시도해 보자.

1. 나의 일상

①아침 일곱 시에 자명종이 울린다. ②나는 눈을 뜨고 빨리 일어난다. ③나는 불을 켜고 욕실로 간다. ④나는 샤워를 하고 이를 닦는다. ⑤그 다음에 나는 수염을 깎고 머리를 빗고 옷을 입는다. ⑥그 사이에 여주인이 나에게 모닝커피를 가져 온다. ⑦나는 아침을 먹고 신문을 읽는다. ⑧하지만 편하지는 않다, 왜냐하면 나는 여유가 없기 때문이다. ⑨여덟시 반에 나는 대학교로 간다. ⑩거기에서 나는 외국인을 위한 강좌에서 독일어를 배운다. ⑪나는 전차를 이용한다. ⑫잠시 후에 나는 하차한다. ⑬정류장에서부터 나는 몇 분을 더 걸어가고 곧 나는 강의실에 있다. ⑭잠시 후에 선생님이 들어온다. ⑮두 시간 동안 우리는 열심히 공부한다. ⑯나는 주의 깊게 귀 기울이고, 대답들을 하고, 질문들을 한다. ⑰얼마나 빨리 시간이 지나가는지! ⑱이미 수업은 끝나 있다. ⑲그 후에 나는 다시 집으로 가고, 바로 나의 과제물을 해결한다.

⑳오후에 나는 장보러 가거나 산책하러 간다. ㉑때때로 나는 또한 박물관을 방문하거나 거리들을 통과하여 가며 쇼 윈도우를 구경한다.

㉒밤에 나는 종종 집에 머무른다. ㉓이 경우 나는 고향에 있는 나의 친척들과 지인들에게 편지를 쓰고, 조금 더 공부한다. ㉔나는 또한 TV를 보거나 쉬운 독일어 책들을 읽는다. ㉕때때로 나는 외출한다. ㉖이 경우 나는 내 친구들과 영화관이나 극장을 방문한다. ㉗나는 대개 11시에 집으로 온다. ㉘하지만 이제 서둘러야 한다, 왜냐하면 내일 나는 다시 할 것이 많기 때문이다. ㉙나는 옷을 벗고, 잠자리에 들고, 빨리 잠든다.

단어

① Tagewerk: n. 하루의 일, 일상의 일, 일상 / morgens: 아침에; morgen: 내일 / Wecker: m. 자명종, 탁상시계 / klingeln: 울리다
② erwachen: 눈을 뜨다, 잠을 깨다 / aufstehen: 일어나다, 기상하다
③ Licht machen: 불을 켜다 / Badezimmer: n. 욕실
④ waschen: 씻다 / sich³ die Zähne putzen: 이를 닦다
⑤ rasieren: 깎다, 면도하다 / Bart: m. 수염 / kämmen: 빗다, 빗질하다 / Haar: n. 털, 머리카락;

Haare: pl. / jn. anziehen: -를 옷 입히다

⑥ unterdessen = inzwischen = mittlerweile: 그 사이에 / bringen: 가져오다 / Morgenkaffe: m. 모닝커피 / Wirtin: f. 식당이나 숙박업소의 여주인

⑦ frühstücken: 아침 먹다 / lesen: 읽다 / Zeitung: f. 신문

⑧ gemütlich: 편안한, 안락한, 느긋한 / keine Ruhe haben: 쉴 틈이 없다, 여유가 없다

⑨ Universität: f. 대학교

⑩ dort: 거기에서, 저기에서 / Kursus: m. 과정, 강좌, 코스 / für: 4격 지배 전치사. -을 위해, -을 위한 / Ausländer: m. pl. 외국인

⑪ benutzen: 이용하다, 사용하다 / Straßenbahn: f. 전차, 지상 전철

⑫ nach kurzer Zeit: 잠시 후에 / aussteigen: 내리다, 하차하다

⑬ von der Haltestelle: 정류장에서(부터) / zu Fuß gehen: 걸어서 가다 / ein paar: 몇 몇 / bald: 곧 / Hörsaal: m. 강의실

⑭ ein wenig: 조금 / später: 나중에 / Lehrer: m. 선생님 / eintreten: 들어가다, 들어오다, 입장하다

⑮ arbeiten: 일하다, 공부하다 / fleißig: 부지런한, 부지런히, 열심히

⑯ zuhören: 경청하다, 귀 기울이다 / aufmerksam: 주의 깊은 / eine Antwort geben: 대답하다 / eine Frage stellen: 질문하다

⑰ vergehen: (시간이) 지나가다

⑱ Unterricht: m. 수업 / zu Ende sein: 끝나 있다

⑲ wieder: 다시 / nach Haus(e): 집으로; zu Haus(e): 집에 / Hausaufgabe: f. 과제, 숙제 / erledigen: 처리하다, 해결하다

⑳ Am Nachmittag = nachmittags: 오후에 / einkaufen: 사다, 구입하다 / spazieren: 산책하다

㉑ manchmal: 때때로 / Museum: n. 박물관 / durch: 4격 지배 전치사. -을 통과하여, -을 가로질러 / Straße: f. 거리 / Schaufenster: f. 진열창, 쇼 윈도우 / $sich^3$ $et.^4$ ansehen: 구경하다, 관람하다

㉒ abends: 밤에 / oft: 종종

㉓ Brief: m. 편지 / an jn. schreiben: -에게 (편지를) 쓰다 / Verwandte: 친척들(형용사 어미변화) / Bekannte: 지인들(형용사 어미변화) / Heimat: f. 고향

㉔ fernsehen: TV 보다 / leicht: 쉬운 / Buch: n. 책

㉕ ausgehen: 나가다, 외출하다

㉖ Freund: m. 친구 / Kino: n. 영화관 / Theater: n. 극장, 공연장

㉗ meistens: 대개, 대부분

㉘ nun: 지금, 이제 / es ist (die) höchste Zeit: 시간이 급하다, 서둘러야 한다 / viel: 많은, 많은 것

㉙ sich ausziehen: 옷을 벗다 / ins Bett gehen: 잠자리에 들다 / einschlafen: 잠들다

도움말 ▬▬▬▬▬▬▬▬▬▬▬▬▬▬▬▬▬▬▬▬▬▬

① '몇 시 몇 분에'라는 시간을 표현할 때는 전치사 'um'을 사용한다.

여기에서 자명종은 매일 울리는 특정한 '그 자명종'이므로 정관사를 사용한다.

② 'aufstehen'은 '분리 전철'과 '동사'로 구성된 '분리 동사'이다. 분리 동사와 비분리 동사의 용법에 대한 자세한 내용은 아래의 '문법해설'을 참고하자.

③ 3/4격 지배 전치사가 '정지 상태'를 나타내는 경우에는 3격 명사와 결합하고, '동작'이나 '이동'을 나타내는 경우에는 4격 명사와 결합한다: Er ist in *der* Mensa(그는 학교 식당에 있다, 정지 상태); Er geht in *die* Mensa(그는 학교 식당으로 간다, 이동).

'ins'는 'in das'의 줄임말이고, 'im'은 'in dem'의 줄임말이다.

④ 이번 단원에서는 재귀 대명사와 재귀 동사가 빈번하게 등장한다. 재귀 대명사의 의미와 형태를 파악한 후, 주어진 문장들의 작문을 통해 재귀 동사의 용법에 익숙해지도록 하자.

주어와 일치하는 3격 또는 4격의 대명사 목적어를 재귀 대명사라고 하며, 재귀 대명사를 목적어로 가지는 동사를 재귀 동사라고 부른다: Er wäscht sich. – "그는 자신을 씻는다. = 그는 샤워한다." 예문에서 'sich'는 주어와 일치하는 4격 대명사 목적어, 즉 재귀 대명사이다. 'waschen'은 재귀 대명사와 함께 사용되었으므로 재귀 동사이다.

재귀 대명사의 형태는 다음과 같다: ich-mir-mich; du-dir-dich; er-sich-sich; sie-sich-sich; es-sich-sich; wir-uns-uns; ihr-euch-euch; sie(Sie)-sich-sich

재귀 대명사의 3격은 기본적으로 '자신에게'라는 의미를 지니지만 문장에 따라 유동적으로 해석되며, 재귀 대명사 4격은 '자신을'이라는 의미를 지닌다.

'신체의 일부'는 재귀 대명사 3격을 사용하여 표현하며, 특정한 부분이므로 정관사를 사용해야 한다: Ich wasche *mir die* Hände(나는 내 손을 씻는다); Ich putze *mir die* Zähne(나는 이를 닦는다).

⑤ 'freuen'은 '-를 기쁘게 하다'라는 의미의 타동사이다: Das freut meinen Freund(그것이 나의 친구를 기쁘게 한다). 다음은 'freuen'이 재귀 동사로 사용된 문장이다: Ich freue mich. 해석을 하면 '나는 나 자신을 기쁘게 한다' 즉 '나는 기쁘다'라는 의미이다. '나는 기쁘다'라는 문장에는 목적어가 없다. 즉 재귀 동사는 목적어가 없는

자동사처럼 해석된다. z. B. Er ärgert sich. = 그는 자신을 화나게 한다. = 그는 화가
난다.

'anziehen'은 '-를 옷 입히다'라는 의미의 타동사이다. 즉 4격의 사람 목적어를 필요
로 하는 타동사이다. 'sich anziehen'은 재귀 동사로서 '자신을 옷 입히다' 즉 '옷 입
다'라는 의미가 된다. 재귀 대명사와 함께 사용되는 재귀 동사는 목적어가 없는 자동
사처럼 해석된다는 사실에 유의하자.

⑥ 독일에는 비교적 저렴한 가격에 장기간 머물 수 있는 숙박업소들이 있는데, 여기에
서는 종종 아침에 커피를 가져다주기도 한다. 체인점 형태의 비교적 저렴한 숙박 시
설로는 'KOLPING HAUS'가 있다.

도치(동사+주어)된 문장에서 주어가 인칭 대명사가 아닌 경우, 문장 안에 사용되는
3격 또는 4격의 인칭 대명사는 주어 앞에 위치한다. 문장 안에서 인칭 대명사와 재
귀 대명사의 배열순서는 아래의 '문법해설'을 참고하도록 하자.

⑦ 매일 읽는 특정한 신문이라면 정관사를, 어딘가에서 우연히 집어든 신문이라면 부정
관사를 사용할 수 있다.

⑧ 분위기나 환경을 표현할 때는 비인칭 주어 'es'를 사용한다: Es gefällt mir hier(여기
가 내 마음에 든다); Es gefällt mir in dieser Stadt(이 도시가 내 마음에 든다).
'denn'은 '왜냐하면'이라는 의미의 병렬 접속사로서, 병렬 접속사 뒤의 문장은 주어,
동사 순으로 구성된다. 대표적인 병렬 접속사는 'und, aber, oder, denn, sondern'이
다.
'weil'은 '-이기 때문에'라는 종속 접속사이다. 종속 접속사는 주문장에 종속되는 부
문장을 구성할 수 있으며, 이 경우 부문장의 동사는 문장 끝에 위치한다. 대표적인
종속 접속사로는 'dass, wenn, als, weil, obwohl, damit, indem' 등을 들 수 있다.

⑨ 'Universität = Uni'는 특정한 전치사와 함께 사용된다: Er geht auf die Uni(그는
대학생이다, 그는 대학에 다닌다); Er studiert Jura an der Uni Berlin(그는 베를린
대학교에서 법학을 공부한다); Er geht(fährt) zur Uni(그는 대학교[건물]로 간다).
'대학교에서'라는 표현은 일반적으로 'an der Uni'를 사용한다.

⑩ 문장에서 '강좌'는 특정 강좌일 수도 있고 어떤 강좌일 수도 있다. 자신이 의도하는
바에 따라 정관사나 부정관사를 사용할 수 있다.

⑪ 문장에서 전철은 매일 이용하는 특정한 것이므로 정관사를 사용한다.

⑫ 'aussteigen'은 분리 동사이다.

⑬ 문장에서 '강의실'은 매일 수업하는 특정한 '그 강의실'이므로 정관사를 사용한다.

⑭ ‘eintreten’은 분리 동사이다.

⑮ ‘–동안’이라는 표현은, 시간만 표시할 수도 있고 ‘lang’과 함께 사용할 수도 있다:
drei Monate = drei Monate lang (세 달 동안)

독일어에서 대부분의 형용사는 부사로도 사용될 수 있다: Er ist fleißig; Er arbeitet fleißig. 전자는 ‘sein’ 동사의 술어로서 형용사로 사용되었으며, 후자는 ‘arbeiten’이라는 동사를 수식하는 부사로 사용되었다. ‘arbeiten’은 ‘일하다’와 ‘공부하다’라는 의미를 지닌다.

⑯ ‘aufmerksam’ 또한 다른 형용사와 마찬가지로 부사로도 사용된다.

‘zuhören’은 분리 동사이다.

이미 설명한 것처럼 동등한 역할을 하는 문장 성분을 나열할 경우, 콤마로 연결하고 마지막 문장 성분 앞에는 콤마 대신 ‘und’를 사용한다.

⑰ ‘wie’는 형용사나 부사와 결합하여 감탄문을 형성한다. 이 경우 동사는 후치된다:
Wie schön das Wetter ist! (날씨가 얼마나 좋은가!)

시간은 원래 추상명사이므로 관사를 사용하지 않지만, 여기에서는 수업 시간이라는 특정한 시간을 의미하므로 정관사를 사용해야 한다.

⑱ 여기에서 수업은 특정한 수업이므로 정관사를 사용한다.

⑲ 내용상 전철을 타고 돌아가는 것이므로 동사는 ‘fahren’을 사용한다.

⑳ ‘gehen’은 다른 동사의 원형과 결합하여 ‘–하러 가다’라는 의미로 사용된다.

㉑ ‘박물관’은 처음 등장하며 특정한 박물관이 아니기에 부정관사를 사용한다.

‘거리들’은 자주 가는 특정한 거리들이므로 정관사를 사용한다.

‘et.⁴ sehen’과 ‘sich³ et.⁴ ansehen’은 의미 차이가 있다. 후자는 의도나 목적을 갖고 보는 것이며 전자는 그냥 보이는 것을 보는 것이다. 따라서 영화나 박물관 등을 ‘관람하다, 구경하다’라는 표현은 그냥 우연히 보는 것이 아니므로 후자의 표현을 사용해야 한다: Ich sehe mir jetzt einen Film an(나는 지금 어떤 영화를 본다).

㉒ ‘zu Hause’와 ‘nach Hause’는 관용적인 표현으로 각각 ‘집에(서)’와 ‘집으로’라는 의미이다. ‘Hause’의 ‘e’는 생략될 수 있다.

㉓ ‘verwandt’는 ‘친척의’라는 의미를 지닌 형용사이다. 형용사는 명사화 될 수 있는데, 이 경우 대문자로 시작하고 형용사 어미변화 한다: der Verwandte(그 남자 친척), die Verwandte(그 여자 친척), die Verwandten(그 친척들), ein Verwandter (어떤 남자 친척), eine Verwandte(어떤 여자 친척), Verwandte(친척들)

‘bekannt(알려진, 아는)’ 또한 위와 동일하게 명사화하여 ‘아는 사람, 지인’이라는 단어로 사용할 수 있다.

본문에서 '친척들'과 '지인들'은 복수 4격 어미변화 해야 한다. 소유 대명사는 부정관사류에 속한다.

㉔ 'fernsehen'은 분리 동사이다.

복수형인 '쉬운 독일어 책들'은 정해진 대상이 아니므로 관사를 사용하지 않는다. 'leichte, deutsche Bücher = leichte und deutsche Bücher'는 '쉽고 독일어로 쓰인 책들'이라는 의미가 되며, 'leichte deutsche Bücher'는 '쉬운 독일어 책들'이라는 의미가 된다. 미묘한 차이가 있음에 주의하자.

㉕ 'ausgehen'은 분리 동사이다.

㉖ 특정한 영화관이나 극장을 의미하는지, 아니면 임의의 어떤 영화관이나 극장을 의미하는지에 따라서 정관사나 부정관사를 선택하여 사용할 수 있다.

㉘ '나는 할 것이 많다'라는 문장은 작문하기 쉽게 '나는 할 많은 것을 가진다'라는 문장으로 전환할 수 있다. 'viel'은 '많은, 많은 것'이라는 의미를 지니는 단어이며, 'tun'은 '하다'라는 의미의 동사이다. '-할'은 '-하다'라는 동사의 변형인 동시에 '많은 것'이라는 명사를 수식한다. 동사가 명사를 수식할 경우 독일어에서는, 명사 뒤에 'zu Infinitiv'의 형태를 사용한다. 따라서 'Ich habe viel zu tun.'이라는 문장이 형성된다. 'zu Infinitiv'의 형태를 'zu 부정사'라고 표현하는데, 'zu 부정사'의 내용이 길어지면 콤마를 사용하여 그 역할을 분명하게 한다: Ich habe kein Geld, ins Kino zu gehen(나는 영화관에 갈 돈이 없다); Ich habe Zeit, eine Reise zu machen(나는 여행을 할 시간이 있다). 이렇게 'zu 부정사'가 명사를 수식하는 경우를 'zu 부정사의 형용사적 용법'이라고 한다.

'zu 부정사'는 '형용사적 용법' 이외에 '명사적 용법'과 '부사적 용법'으로도 사용된다. 'zu 부정사'는 독일어의 중요한 문법 가운데 하나이므로, 아래의 '문법해설'을 참고하여 그 용법을 완전히 이해하도록 하자.

㉙ 'ausziehen'은 '-를 옷 벗기다'라는 의미의 타동사이다. 타동사가 재귀 대명사와 함께 사용되면 재귀동사가 됨과 동시에 자동사의 의미를 지니게 된다. 'sich ausziehen'은 '자신을 옷 벗기다' 즉 '옷 벗다'라는 자동사의 의미를 지닌다.

1. Mein Tagewerk

①Morgens um 7 Uhr klingelt der Wecker. ②Ich erwache und stehe schnell auf. ③Ich mache Licht und gehe ins Badezimmer. ④Ich wasche mich und putze mir die Zähne. ⑤Dann rasiere ich mir den Bart, kämme mir die Haare und ziehe mich an. ⑥Unterdessen bringt mir eine Wirtin den Morgenkaffe. ⑦Ich frühstücke und lese die Zeitung. ⑧Aber es ist nicht gemütlich, denn ich habe keine Ruhe.

⑨Um halb neun fahre ich zur Universität. ⑩Dort lerne ich im Kursus für Ausländer Deutsch. ⑪Ich benutze die Straßenbahn. ⑫Nach kurzer Zeit steige ich aus. ⑬Von der Haltestelle gehe ich noch ein paar Minuten zu Fuß und bin bald im Hörsaal. ⑭Ein wenig später tritt der Lehrer ein. ⑮Zwei Stunden arbeiten wir fleißig. ⑯Ich höre aufmerksam zu, gebe Antworten und stelle Fragen. ⑰Wie schnell die Zeit vergeht! ⑱Schon ist der Unterricht zu Ende. ⑲Dann fahre ich wieder nach Hause und erledige bald meine Hausaufgabe.

⑳Am Nachmittag gehe ich einkaufen oder spazieren. ㉑Manchmal besuche ich auch ein Museum oder gehe durch die Straßen und sehe mir die Schaufenster an.

㉒Abends bleibe ich oft zu Hause. ㉓Dann schreibe ich Briefe an meine Verwandten und Bekannten in der Heimat und arbeite noch etwas. ㉔Ich sehe auch fern, oder ich lese leichte deutsche Bücher. ㉕Manchmal gehe ich aus. ㉖Dann besuche ich mit meinen Freunden ein Kino oder ein Theater. ㉗Ich komme meistens um 11 Uhr nach Hause. ㉘Nun ist es aber die höchste Zeit, denn morgen habe ich wieder viel zu tun. ㉙Ich ziehe mich aus, gehe ins Bett und schlafe schnell ein.

문법

분리 동사와 비분리 동사 》》》》

독일어의 동사를 살펴보면, 동사가 전치사나 부사 등과 결합하여 원래보다 더 구체적인 의미를 형성하거나, 원래와 전혀 다른 뜻을 가지는 경우를 종종 볼 수 있다. 원래의 동사 앞에 결합되어 있는 전치사나 부사 등을 전철이라고 하며, 이러한 전철과 결합된 동사를 복합 동사라고 지칭하기도 한다: ankommen(도착하다), abnehmen(줄다), besuchen(방문하다) 복합 동사에 사용되는 전철에는, 단일 동사와 분리되어 문장 끝에 위치하는 분리 전철과 단일 동사와 분리되지 않고 결합된 형태로 사용되는 비분리 전철이 있다. 분리 전철을 사용하는 동사를 분리 동사, 비분리 전철을 사용하는 동사를 비분리 동사라고 지칭한다.

1) 분리 동사

분리 전철은 전치사, 부사, 형용사, 명사, 동사 등의 다양한 품사로 구성되어 있다: **mit**nehmen(데려가다, 가져가다); **da**stehen(서 있다); **frei**lassen(석방하다); **teil**nehmen(참가하다); **kennen**lernen(알게 되다) usw.

* 분리 동사의 특징은 다음과 같다.

① 분리 전철은 동사와 분리되어 문장 끝에 위치한다. 하지만 동사가 문장 끝에 와야 할 경우에는 결합된 형태 그대로 사용된다.
In Deutschland **kommt** der Zug im Allgemeinen pünktlich **an**. – "독일에서 기차는 일반적으로 정확하게 도착한다."
Wenn du im Hauptbahnhof **ankommst**, begrüßt dich mein Freund. – "네가 중앙역에 도착한다면, 나의 친구가 너를 맞이할 것이다."
② 분리 동사의 악센트(Akzent)는 항상 분리 전철에 있다: ánkommen, ábnehmen
③ 과거분사의 'ge-'와 'zu Infinitiv'의 'zu'는 분리 전철과 단일 동사 사이에 위치한다: an**ge**kommen(과거분사), an**zu**kommen(zu 부정사)

2) 비분리 동사

비분리 동사는, 문장 내에서 단일 동사와 분리되지 않는 비분리 전철을 소유한 동사로서 비분리 전철에는 다음과 같은 종류가 있다:

be-, ge-, emp-, ent-, er-, ver-, zer-, miss-

비분리 전철은 위의 여덟 가지 밖에 없다. 완료나 수동, 'zu 부정사'를 사용할 때는 비분리 동사의 속성을 잘 알고 있어야 하므로, 비분리 동사를 구성하는 위의 비분리 전철들을 반드시 암기하도록 하자.

🐾 비분리 동사는 다음과 같은 특징들을 지닌다.

① 비분리 전철은 단일 동사와 분리되지 않는다: Ich **be**suche meinen Freund(나는 내 친구를 방문한다); Sie **er**hält einen Brief(그녀는 편지를 받는다).
② Akzent는 단일 동사에 있다: be**kóm**men, er**hál**ten, ver**sté**hen
③ 과거분사에서 'ge-'는 생략되며, 'zu Infinitiv'에서 'zu'는 비분리 동사 앞에 온다: verstanden(과거분사, 'vergestanden'이란 단어는 존재하지 않는다), zu verstehen(zu 부정사, 'verzustehen'은 틀린 표현이다)

3) 분리/비분리 동사

다음의 동사들은 분리 동사로도 사용되고 비분리 동사로도 사용될 수 있는데, 대부분 비분리 동사로 사용된다: übersetzen, wiederholen, hintergehen, unterhalten, vollbringen, umgehen usw.
분리 동사로 쓰일 경우 분리 전철과 단일 동사의 의미는 남아있는 것이 일반적이다. 하지만 비분리 동사로 쓰일 경우에는 대부분 다른 의미를 가진 동사가 된다. 이렇게 사용된 비분리 동사는 대부분 추상적 의미를 지닌다.

인칭대명사와 재귀대명사의 배열

문장 안에서 인칭 대명사와 재귀 대명사는 일정한 규칙에 따라 위치한다. 배열 규정을 간략

하게 설명하면 다음과 같다:

① 도치될 경우나 부문장에서 재귀 대명사는 일반 명사 주어의 앞에 위치하고, 대명사 주어의 뒤에 위치한다.

② 일반 명사 목적어일 경우 3격 뒤에 4격이 오고, 재귀 대명사와 인칭 대명사 목적어는 격에 관계없이 일반 명사 목적어에 선행한다.

③ 인칭 대명사 3격과 4격이 동시에 사용될 경우 4격이 우선한다.

Nach der Prüfung entspannt **sich** der Student; Nach der Prüfung entspannt er **sich**. – "시험 후에 그 학생은 긴장이 풀린다." 도치된 구문에서 재귀 대명사는 일반적인 명사 주어 앞에 오거나 대명사 주어 뒤에 위치한다.

Ich glaube, dass **sich** der Student nach der Prüfung entspannt. – "나는 그 학생이 시험 후에 긴장이 풀릴 것이라 믿는다." 부문장에서 재귀 대명사는 일반적인 명사 주어 앞에 온다.

Der Wissenschaftler widmet **sich** der Forschung. – "그 학자는 자신을 그 연구에 바친다. 그 학자는 연구에 전념한다." 재귀 대명사는 격에 상관없이 일반 명사 목적어 앞에 온다.

Ich gebe dem Student ein Buch. – "나는 그 학생에게 책을 준다." 일반 명사 목적어는 3격, 4격의 순서로 사용된다.

Ich gebe **es** dem Student. – "나는 그것을 그 학생에게 준다." 대명사 목적어는 격에 관계없이 명사 목적어 앞에 온다.

Ich gebe **ihm** ein Buch. – "나는 그에게 책을 준다." 대명사 목적어는 격에 관계없이 명사 목적어 앞에 온다.

Ich gebe **es ihm**. – "나는 그것을 그에게 준다." 대명사 목적어는 4격, 3격의 순으로 위치한다.

zu 부정사

1) 명사적 용법

Im Wald zu wandern ist sehr angenehm. – "숲속에서 거니는 것은 아주 편안하다." 'zu 부정사'에 보충어들이 첨가될 경우, 보충어는 항상 'zu Infinitiv' 앞에 위치해야 한다. 이 문장에서 'Im Wald zu wandern'은 '-하는 것'이라는 명사적 용법으로 사용되었으며 주어의 역할을 하고 있다. 예문의 'zu 부정사'가 주어 자리의 비교적 많은 공간을 차지한다고 생각되면, 문법상의 형식적인 주어, 즉 가주어를 사용하여 'zu 부정사'를 문장 끝으로 보낼 수 있으며, 'zu 부정사' 앞에는 콤마를 두어 다른 문장 성분들과 구분 짓는다: **Es** ist sehr angenehm, im Wald **zu** wandern. 문체적으로는 이 경우가 예문보다 세련된 표현이다.

• 독일어 문장의 처음에 'es'가 등장한다면 – 인칭 대명사로서 중성 명사를 지시하거나, 동사가 관용적으로 반드시 'es'와 함께 사용되는 경우를 제외하고 – 이는 거의 대부분이 가주어로서 문장 끝에 등장하는 실제 주어인 'zu 부정사' 또는 'dass 문장'을 지시한다.

Vater zu werden ist leicht, aber Vater zu sein ist schwer. – "아버지가 되는 것은 쉽다, 그러나 아버지인 것은 어렵다."

2) 형용사적 용법

형용사적 용법은 위에서 이미 다루었는데, 'zu 부정사'가 명사를 수식할 경우 '형용사적 용법'으로 사용되었다고 말한다. 'zu 부정사'가 어떤 문장 성분을 수식하는 경우, 반드시 그 뒤에서 사용되어야 한다는 사실에 유의하자.

Es ist Zeit zu schlafen. – "잠자리에 들 시간이다." 'zu 부정사'가 별다른 보충어 없이 단독으로 올 경우에는 이해에 어려움이 없으므로 콤마를 생략한다.

Ich habe (keine) Lust, Sport zu treiben. – "나는 운동할 마음이 있다(없다)."

3) 부사적 용법

부사는 형용사, 부사, 동사 또는 문장 전체를 수식하는 역할을 한다. 따라서 'zu 부정사'가 이러한 부사의 역할을 할 경우 '부사적 용법'으로 사용되었다고 말한다.

Jetzt bin ich bereit, eine Reise zu machen. – "지금 나는 여행할 준비가 되어 있다." 'zu 부정사'인 'eine Reise zu machen'은 '여행할'이라고 해석되며 형용사인 'bereit(준비가 된)'를 수식한다. 즉 'zu 부정사'가 형용사를 수식하는 부사의 역할을 하므로 부사적 용법으로 간주된다.

Er ist nicht fähig, gut Deutsch zu sprechen. – "그는 독일어를 잘 말할 능력이 없다." 여기에서 'zu 부정사'는 'fähig(–할 능력이 있는)'라는 형용사를 수식한다. 따라서 'zu 부정사'는 부사적 용법으로 사용되었다.

2. 뮌헨의 두 대학생

①로버트는 한 달 전부터 뮌헨에서 공부한다. ②그는 그의 친구 한스와 함께 가게 주인 크뤼거 씨 집에 산다, 엘리자베트플라츠 30번지.

③아침 여덟시에 로버트는 집에서 나가고, 자전거를 타고 대학교로 간다. ④한스는 항상 걸어간다, 왜냐하면 그는 자전거가 없기 때문이다. ⑤길은 그리 멀지 않다; 엘리자베스 광장에서 대학까지 그는 단지 10분을 필요로 한다.

⑥정오에 로버트는 그의 친구 한스와 함께 식사하러 간다. ⑦그들은 루트비히 거리를 따라, 그리고 그 다음에 모퉁이를 돌아 한 음식점으로 간다. ⑧습관적으로 그들은 그리 비싸지 않은 메뉴를 주문한다. ⑨식사 후에 그들은 때때로 신문들이나 화보들을 읽고, 맥주 한 잔이나 커피 한 잔을 마신다.

⑩오후에 로버트는 그의 친구 없이 대학으로 간다, 왜냐하면 한스는 그의 시험을 위해 집에서 공부하기 때문이다. ⑪강의 후에 그는 집으로 간다.

⑫저녁 식사 후에 그 친구들은 함께 산책하러 간다. ⑬때때로 그들은 영화관이나 극장을 방문하거나, 또는 그들은 집에서 공부한다. ⑭하지만 대부분 그들은 일찍 잠자리에 든다, 왜냐하면 그들이 밤에는 항상 매우 피곤하기 때문이다.

단어

① seit: 3격 지배 전치사. -이래로, -이후로 / Monat: m. 달, 개월

② wohnen: 살다, 거주하다 / Kaufmann: m. 상인, 가게 주인 / bei: 3격 지배 전치사. -댁에서, -집에서, -가까이에; bei dem = beim / Elisabethplatz: m. 엘리자베트 광장

③ aus: 3격 지배 전치사. -에서, (안에서) 밖으로 / Fahrrad: n. 자전거 / mit dem Fahrrad: 자전거를 타고; mit dem Bus: 버스를 타고; mit dem Zug: 기차를 타고

⑤ Weg: m. 길 / weit: 먼, 넓은 / Platz: m. 광장, 장소 / von - bis -: -에서 -까지; von - über - bis -: -에서 -을 경유하여 -까지 / von dem = vom; zu der = zur; zu dem = zum

⑥ mittags: 정오에 / zum Essen gehen: 식사하러 가다

⑦ die Ludwigstraße: 루트비히 거리 / entlang: -을 따라, 대부분의 경우 4격 지배 전치사로서 명사

뒤에서 사용됨 / um die Ecke: 모퉁이를 돌아 / Lokal: n. 음식점, 식당

⑧ gewöhnlich: 습관적으로 / bestellen: 주문하다 / Menü: n. (음식점의) 정식, (패스트푸드점의) 세트 메뉴 / teuer: 비싼; billig: 싼

⑨ nach dem Essen: 식사 후에 / Illustrierte: f. 화보 / trinken: 마시다

⑩ nachmittags: 오후에 / ohne: 4격 지배 전치사. -없이 / für: 4격 지배 전치사. -을(를) 위하여

⑪ Vorlesung: f. 강의

⑫ zusammen: 함께

⑭ meistens: 대개, 대부분 / zu Bett gehen = ins Bett gehen: 잠자리에 들다 / früh: 이른, 일찍 / abends = am Abend: 저녁에, 밤에 / müde: 피곤한

도움말

① 'studieren'은 '대학에서 공부하다, 대학에서 어떤 전공을 공부하다'라는 의미로 사용된다. 'arbeiten'은 시험 준비나 예습, 복습 등 보편적인 의미에서 '공부하다'라는 뜻으로 사용된다. 'lernen'은 '배우다, 습득하다'라는 의미로 사용된다.

② 문장의 주요 구성 성분은 '그는 산다'이다. '어디에'에 해당하는 부분은 '가게 주인 크뤼거 씨 집에'이다. 집주인인 '가게 주인 크뤼거 씨'는 특정한 사람이므로(여러 명일 수 없으므로) 정관사를 사용한다.

⑤ '길'은 대학으로 가는 특정한 길이므로 정관사를 사용한다.

'so'가 형용사나 부사 앞에서 사용될 경우 '그리, 그렇게 / 무척, 매우'라는 '정도'를 표현한다. 부정어와 함께 사용될 경우, 부정어는 'so' 앞에 온다: Er ist nicht so gesund(그는 그리 건강하지 않다); Ich bin so glücklich(나는 무척 행복하다).

전치사 'bis'는 '-까지'라는 의미를 지니는데, 특정한 건물을 지시할 경우에는 'bis zu -'라는 형태로 사용된다: bis Busan; bis zum Hauptbahnhof; bis zum Stadthaus

⑦ 문장의 필수 구성 성분인 주어와 동사는 '그들은 간다'이고 동사의 보충어는 '한 음식점으로'이다: Sie gehen zu einem Lokal. 독일어에서는, 중요한 의미를 갖는 문장 성분일수록 뒤에 위치하는데, 대부분의 경우 동사의 의미를 보충하는 성분들이 중요한 의미를 지니며 문장 끝에 위치한다. 본문에서는 '간다'와 가장 밀접한 의미를 갖는 문장 성분이 문장 끝에 위치해야 한다.

동사와 함께 관용적으로 사용되는 문장 성분들은 원칙적으로 문장 끝에 위치한다:

Sie *wartet* die ganze Nacht draußen vor der Tür *auf* ihren Mann(그녀는 밤새 문 밖에서 그녀의 남편을 기다린다). 'auf jn./et.⁴ warten'은 '-를(을) 기다리다'라는 관용적인 표현이며 동사의 필수적 보충어인 'auf jn./et.⁴ '는 문장 끝에 위치한다. '-로'라는 방향을 나타내는 경우 'zu'는 사람이나 특정한 건물 앞에, 'nach'는 관사를 사용하지 않는 지명 앞에, 'in'은 넓은 장소나 지역 앞에 사용된다: zu ihm, zum Hauptbahnhof; nach Berlin, nach Korea; in die Stadtmitte, in die Stadt 'zu'는 '-로', 'in'은 '-안으로'라는 표현으로서 다소 의미 차이가 있다: Ich gehe zur Mensa(나는 학교 식당(쪽)으로 간다); Ich gehe in die Mensa(나는 학교 식당 안으로 간다). 식사를 하는 것이 목적이라면 후자가 보다 정확한 표현이다.

⑧ 문장의 주요 구성 요소는 '그들은 메뉴를 주문 한다'이다.

매번 동일한 메뉴를 주문한다면 '그 메뉴'가 될 것이고 그렇지 않은 경우라면 '어떤 메뉴'가 될 것이다.

'메뉴'를 수식하는 '그리 비싸지 않은'이라는 표현은, 명사를 직접 수식하는 형용사를 사용할 수도 있고 문장의 형태로 명사를 수식하는 관계 문장을 사용할 수도 있다: ein nicht so teueres Menü; ein Menü, das nicht so teuer ist.

⑨ 문장의 주요 구성 성분은 '그들은 -을 읽고 -을 마신다'이다. 이제 익숙해졌겠지만 작문의 선결 과제는 문장의 골격인 '주어'와 '동사'를 (경우에 따라 '술어나 목적어'를) 찾는 것이며, 이후 나머지 문장 성분들을 적절한 곳에 배치하면 된다.

여러 문장이 병렬적으로 이어질 경우, 동일한 주어는 생략될 수 있다.

본문에서 '신문들'과 '화보들'은 그 음식점에 항상 비치되어 있는 특정한 것이므로 정관사를 사용한다.

형체가 없는 물질명사는 단위명사와 함께 표시된다: ein Stück Brot(빵 한 조각); eine Dose Cola(콜라 한 캔); eine Flasche Saft(주스 한 병); zwei Flaschen Saft (주스 두 병); eine Tasse Kaffee(커피 한 잔); drei Tassen Kaffee(커피 세 잔) 복수의 단위를 의미할 경우 단위 명사도 복수형을 사용해야 하지만, 단위 명사가 중성일 경우에는 수량에 상관없이 단수형을 사용한다: ein *Glas* Bier(맥주 한 잔); vier *Glas* Bier(맥주 네 잔)

⑩ 문장에서 '가다'와 밀접한 관련을 갖는 것은 '대학으로'이며, '공부하다'와 밀접한 관련을 갖는 것은 '그의 시험을 위해'이다. 따라서 이 성분들이 문장 끝으로 가는 것이 일반적인 배열 원리이다.

⑪ 로버트는 자전거를 타고 다니기 때문에 '가다'라는 동사는 'gehen'이 아니라 'fahren'

을 사용해야 한다.

'강의'는 자신이 선택하여 들은 특정한 강의이므로 정관사를 사용한다.

⑫ '아침, 점심, 저녁 식사'는 정해진 것이므로 정관사를 사용한다.

'그 친구들'이 아니라 '친구들'이라고 하면 불특정 다수가 된다. 정관사를 사용하여 '그 친구들'이라고 표현해야 로버트와 한스를 지시하는 것이 된다.

⑬ '영화관'과 '극장'은 본문에서 처음 등장하므로, 정관사를 사용하여 '그 영화관, 그 극장'이라고 표현하면 문맥상 어폐가 생긴다. 따라서 부정관사를 사용한 '어떤 영화관, 어떤 극장'이라는 표현이 적합하다. 'ins Kino gehen'은 관용적인 표현으로 '영화관에 가다'라는 의미이다.

⑭ 문두에 주어가 아닌 다른 문장 성분이 올 경우 'aber'는 주어 뒤에 위치하는 것이 일반적이다.

2. Zwei Studenten in München

①Robert studiert seit einem Monat in München. ②Er wohnt mit seinem Freund Hans beim Kaufmann Krüger, Elisabethplatz 30.

③Morgens um 8 Uhr geht Robert aus dem Haus und fährt mit dem Fahrrad zur Universität. ④Hans geht immer zu Fuß, denn er hat kein Fahrrad. ⑤Der Weg ist nicht so weit; vom Elisabethplatz bis zur Universität braucht er nur 10 Minuten.

⑥Mittags geht Robert mit seinem Freund Hans zum Essen. ⑦Sie gehen die Ludwigstraße entlang und dann um die Ecke zu einem Lokal. ⑧ Gewöhnlich bestellen sie ein Menü, das nicht so teuer ist. ⑨Nach dem Essen lesen sie manchmal die Zeitungen oder die Illustrierten und trinken ein Glas Bier oder eine Tasse Kaffee.

⑩Nachmittags geht Robert ohne seinen Freund zur Universität, denn Hans arbeitet zu Haus für seine Prüfung. ⑪Nach der Vorlesung fährt er nach Haus.

⑫Nach dem Abendessen gehen die Freunde zusammen spazieren. ⑬ Manchmal besuchen sie ein Kino oder ein Theater, oder sie arbeiten zu Haus. ⑭Meistens gehen sie aber früh zu Bett, denn sie sind abends immer sehr müde.

편지 (Briefe)

외국어를 배우는 가장 큰 이유는 의사소통이다. 편지나 메일은 시간적, 공간적 제약을 거의 받지 않는 대표적인 의사소통 수단이다. 이번 장에서는 친구와 어머니에게 보내는 일상적인 편지의 양식과 내용을 살펴보고, 나아가 대학 입학허가를 신청하는 공적인 편지의 형식과 기술 방법도 다루고자 한다. 독일어 편지의 양식을 잘 기억하여 실생활에서 유용하게 사용할 수 있기 바란다.

1. 친구에게 쓰는 편지 (Brief an den Freund)

①홍길동   ②서울, 2015년 3월 17일

성북구 북악산로 1길 15

서울, Korea

③게오르크 슈미트

괴테 슈트라세 5

69115 하이델베르크

④사랑하는 게오르크에게,

⑤3월 10일자의 네 편지에 대해 진심으로 감사한다. ⑥나는 네가 아비투어를 합격했다는 것에 대해 무척 기뻐했다. ⑦나는 너에게 진심으로 그것에 대해 축하한다. ⑧일 년 후에 나도 또한 입학시험을 치러야 한다. ⑨하지만 나는 이미 그것에 대한 두려움을 갖고 있다. ⑩내가 밤낮으로 열심히 배울지라도, 내가 시험에서 좋은 점수를 받을지 나는 확실하지 않다. ⑪나는 특히 수학에서 큰 어려움들이 있다. ⑫내가 대학에 다닐 수 있다면 나는 독어독문학을 공부하고자 한다. ⑬그 경우에 나는, 내가 독일어를 완벽하게 말하고 쓸 수 있기를 희망한다.

⑭오늘은 이만 맺고자 한다. ⑮나는 곧 다시 네 소식을 듣기를 희망한다.

⑯안녕!

⑰길동

단어

⑤ vielen Dank für -: -에 대해 매우(진심으로) 고마워하다, 감사하다 / Brief: m. 편지

⑥ sich über et.⁴ freuen: -을 기뻐하다; sich auf et.⁴ freuen: -을 고대하다, 기대하다 / Abitur: n. 고등학교 졸업 및 대학 입학 자격시험 / bestehen: 합격하다

⑦ jm. zu et. gratulieren: -에게 -을 축하하다 / herzlich: 진심으로

⑧ ein Eintrittsexamen machen: 입학시험을 치르다

⑨ Angst vor jm./et.³: -에 대한 두려움, 공포

⑩ obwohl: 종속 접속사. -일지라도, -임에도 불구하고 / Tag und Nacht: 밤낮으로 / Ich bin (mir) nicht sicher: 나는 확실하지 않다, 나는 확신하지 못 한다 / ob: 종속 접속사. -인지 (아닌지) / bei der Prüfung: 시험에서, 시험 치를 때 / Note: f. 점수; eine gute Note schreiben: 좋은 점수를 받다

⑪ besonders: 특히, 특별히 / Schwierigkeit: f. 어려움 / Mathematik: f. 수학

⑫ wenn: 종속 접속사. -이라면, -한다면, - 때 / auf die Uni gehen: 대학생이다, 대학에 다니다 / Germanistik: 독어독문학

⑬ hoffen: 희망하다 / perfekt: 완벽한

⑭ Schluss machen: 마치다, 끝내다

⑮ von jm. hören: -의 소식을 듣다, -에 대한 소식을 듣다

⑯ Gruß: m. 인사; Grüße: pl.

도움말

① 편지의 왼쪽 상단에는 보내는 이의 주소를 적는다.

독일에서는 일반적으로 이름을 먼저 쓰고 성을 적는다.

우리처럼 성을 먼저 쓰는 경우에는, 성 뒤에 콤마를 사용한 후 이름을 적는다. 이 경우 성을 모두 대문자로 쓰면 성과 이름을 명확하게 구분할 수 있다.

발신자나 수신자가 누군가의 집에 임시로 거주하고 있는 경우, 'bei'나 'c/o'를 사용하여 원래 거주자나 집주인의 이름을 표시할 수 있다: HONG, Gil-Dong bei HONG, Sang-Jik; HONG, Gil-Dong c/o HONG, Sang-Jik

② 편지의 오른쪽 상단에는 보내는 장소와 날짜를 적는다. 보내는 날짜는 특정한 날이므로 정관사를 사용한다. 이 경우 정관사는 'Tag'의 4격인 'den'을 사용한다: Berlin, den 10. Sep. 2015 = Berlin, den 10. 09. 2015

③ 왼쪽 상단의 발신자 주소 아래에는 수신자의 주소를 적는다. 본문의 수신자 주소에서 '69115'는 독일의 우편 번호 형태이다.

④ 편지의 본문은 수신자를 호칭하는 것으로 시작한다. 호칭 뒤에는 콤마를 사용한다. 독일어에서는 수신자에 따라 다음과 같은 호칭을 사용하는 것이 일반적이다:

Sehr geehrte Damen und Herren, (공식적인 편지에서)

Sehr geehrte Frau Braun, (공식적인 편지에서 특정 담당자에게)

Sehr geehrter Herr Schwarz, (공식적인 편지에서 특정 담당자에게)

Liebe Frau Schmidt, (사적인 편지에서 친한 사이일 경우)

Lieber Herr Kunze, (사적인 편지에서 친한 사이일 경우)

Liebe Na-Young, (친구에게 보내는 편지일 경우)

Lieber Mun-Ho, (친구에게 보내는 편지일 경우)

⑤ 편지의 본문은 일반적으로 소문자로 시작한다. 왜냐하면 호칭 뒤에 사용된 콤마로 인해, 본문의 첫 문장이 앞과 연결된다고 보기 때문이다.

'−일자의 편지'라는 표현은 'der Brief vom −'이라는 표현을 사용한다. 'von'은 3격 지배 전치사이다. 'vom'은 'von dem'의 줄임말로서 특정한 날짜(Tag)에 쓴 것이므로 'dem'이라는 정관사를 사용한다: der Brief vom 31. Dez. 1999

⑥ 'sich über et.⁴ freuen'은 '−에 대해 기뻐하다'하는 의미의 관용어이다. 주어진 문장에서 전치사 'über'의 목적어는 명사가 아니라 주어와 동사를 포함하는 문장이다. 이전 단원에서 설명한 것처럼 전치사의 목적어가 명사가 아닌 경우에는 'da+전치사'의 형태를 사용함으로써 전치사의 목적어가 문장이나 동사구임을 지시한다. 이 경우 문장은 'dass 문장' 형태로, 동사구는 'zu 부정사' 형태로 표현할 수 있다. 따라서 전치사의 목적어(절)인 '네가 아비투어를 합격했다는 것'은 'dass du das Abitur bestand'라고 표현될 수 있다. 본문에서 주어진 문장의 완전한 표현은 다음과 같다: Ich freute mich sehr darüber, dass du das Abitur bestand. 전치사가 모음으로 시작하는 경우 'da'와 '전치사' 사이에는 발음상 간음 'r'을 사용한다. 이 문장에서 'darüber'는 생략될 수 있다. 전치사와 함께 사용되는 동사들에서, 전치사의 목적어가 문장이나 동사구인 경우 종종 'da+전치사'는 생략될 수 있다. 어떤 동사들에서 'da+전치사'가 생략될 수 있는지는 이 책의 부록에 있는 '전치사 목적어(보충어)를 갖는 동사' 부분을 참고하도록 하자. 그렇지만 'da+전치사'를 표시하는 것은 항상 올바른 표현이므로, 생략 가능한 경우를 잘 알지 못한다면 무조건 'da+전치사'를 사용하도록 하자.

'Ich freute mich sehr (darüber), dass du das Abitur bestand.'라는 문장에서 주문장과 'dass 문장'의 시제는 과거이다. 독일어에서 과거와 현재 완료는 동일한 시제로 간주된다. 즉 과거 사실을 표현하는 경우, 동사의 과거형을 사용하든 현재 완료 형태를 사용하든 아무래도 좋다는 의미이다. 따라서 주어진 문장은 현재 완료를 사용하여 'Ich habe mich sehr gefreut, dass du das Abitur bestanden hast.'라고 표현해도 무방하다. 일반적으로 현재 완료는 회화에서 주로 사용되며, 과거형은 문어체에 주로 사용된다. 학술적인 글이 아닌 편지나 일기 같은 일상적인 글에서는 회화처럼 격의 없이 현재 완료형을 많이 사용한다. 현재 완료 시제는 독일어의 기본이자 필수적인 문법 사항이므로, 아래의 '문법해설' 부분을 참고하여 그 용법을 완전히 이해하도록 하자.

⑦ 'jm. zu et. gratulieren'은 '-에게 -을 축하하다'라는 표현이다. 본문에서 전치사 'zu' 의 목적어(보충어)는 명사가 아니라 '그것' 즉 '네가 아비투어를 합격했다'라는 앞 문장이다. 전치사의 목적어가 문장일 경우 'da+전치사'의 형태를 사용해야 한다.

⑨ 'Angst vor jm./et.³ haben'은 '-에 대한 두려움을 갖고 있다'라는 표현이다. 본문에서 전치사 'vor'의 목적어는 명사가 아니라 '그것' 즉 '나는 입학시험을 치러야 한다'라는 앞 문장이다. 전치사 바로 뒤에 올 수 있는 목적어는 명사뿐이며, 문장이나 동사구가 전치사의 목적어로 사용될 경우 'da+전치사'의 형태를 이용해야 한다는 사실을 반드시 기억하자.

⑩ 문장의 주요 구성 요소는 '나는 확실하지 않다'이며, 그 대상은 '-할 수 있을지'이다. 'ob'은 '-일지 (아닐지)'라는 의미의 부문장을 형성하는 종속 접속사로서, 의문사가 없는 문장을 간접 의문문으로 만들어주는 역할을 한다.
독일어에서는 한 문장 안에 다수의 동사가 사용될 수 있는데, 가장 중요한 동사는 시제를 나타내는 동사이며 다른 동사보다 먼저 등장한다: Ich kann Klavier spielen; Ich habe ein Handy gekauft. 'kann'과 'habe'는 각각 '현재'와 '현재 완료'라는 시제를 표현하며 다른 동사(spielen, gekauft)보다 먼저 등장한다. 부문장에서는 동사가 문장 끝에 위치하는데, 이 때 동사라 함은 시제를 표현하면서 다른 동사보다 먼저 등장하는 동사를 의미한다: Er fragt mich, ob ich Klavier spielen kann; Er fragt mich, ob ich ein Handy gekauft habe.
'obwohl'은 '-일지라도'라는 의미의 부문장을 형성하는 종속 접속사이며, 부문장이 문두에 올 경우 주문장은 도치된다.

⑪ '수학' 및 학문의 분과는 추상명사이므로 관사를 사용하지 않는다.
전체 텍스트에서 어떤 복수 명사가 처음 등장하는 경우, 제한적 의미로 사용되거나 특정한 대상을 지시하지 않는 한 관사를 사용하지 않는다. 이후에 다시 언급될 경우에는 정관사를 사용한다.

⑫ 'wenn'은 부문장을 형성하는 종속 접속사이며, 부문장이 문두에 올 경우 주문장은

도치된다.

'mögen'과 'wollen'은 둘 다 '-하고자 한다'라는 의미인데, 후자의 경우 자신의 의지나 의도를 좀 더 강조하는 표현이다. 'möchten'은 'mögen'의 접속법 2식 형태로서, 자신의 의도를 보다 겸손하게 표현하고자 하는 경우 사용된다. 접속법은 중요한 문법 사항이므로 다음 기회에 자세하게 다룰 것이다.

⑬ 문장의 주요 구성 성분인 주어와 동사는 '나는 희망한다'이며 타동사의 목적어는 주어와 동사를 포함하는 문장이다. 지금까지 많이 다루어 온 형태이므로, 어렵지 않게 작문할 수 있으리라 생각한다.

Ich hoffe, dass ich Deutsch perfekt sprechen und schreiben kann. - 이 문장에서 주문장의 주어와 'dass 문장'의 주어는 'ich'로서 동일하다. 이런 경우 'dass 문장'은 'zu 부정사'의 형태로 바꿔 쓸 수 있다: Ich hoffe, Deutsch perfekt sprechen und schreiben zu können. 'zu 부정사' 구문에서는 주어를 사용할 수 없지만 내용상 행위의 주체를 짐작할 수 있으며, 일반 동사와 화법 조동사가 함께 사용된 경우 'zu' 뒤에는 화법 조동사가 와야 한다. 주문장과 'dass 문장'의 주어가 같은 경우 'zu 부정사'를 사용하는 것이 문체적으로는 더 좋은 표현이다.

⑭ 특정 기간을 표현할 경우 전치사 'für'를 사용할 수 있다: so viel (= so weit) für heute! (오늘은 이 정도로! 오늘은 이만! 오늘은 여기까지!)

⑮ 타동사의 목적어는 '네 소식을 듣는 것'이라는 동사구이다. 이 경우 'zu 부정사'를 사용하면 명사적 용법으로서의 동사구 즉 목적어가 형성된다.

주어진 문장은 'Ich hoffe, dass ich bald wieder von dir höre.'라는 'dass 문장'으로 전환될 수 있다. 그렇지만 동일한 주어를 생략한 'zu 부정사'의 형태가 문체상 더 좋은 표현이다.

⑯ 독일어 편지에서 마지막 인사는 몇 가지 형태로 정해져 있다. 다음과 같은 표현을 주로 사용하며, 인사말 뒤에는 문장 부호를 사용하지 않는다:

Viele Grüße

Mit freundlichen Grüßen

Mit herzlichen Grüßen

가장 대중적이고 무난한 표현은 'Mit freundlichen Grüßen'으로 볼 수 있다.

⑰ 마지막 서명 부분에서 친한 경우에는 'Dein(e)'이라는 표현을, 예의를 갖추어야 하는 경우에는 'Ihr(e)'라는 표현을 사용한다. 괄호 안은 발신자가 여성일 경우이다. 이러한 표현 대신 성과 이름만을 적어도 무방하다.

①HONG, Gil-Dong   ②Seoul, den 17. März 2015

Seongbuk-gu Bukaksan-ro 1gil 15

Seoul Korea

③Georg Schmidt

Goethestraße 5

69115 Heidelberg

④Lieber Georg,

⑤vielen Dank für deinen Brief vom 10. März! ⑥Ich habe mich sehr gefreut, dass du das Abitur bestanden hast. ⑦Ich gratuliere dir herzlich dazu. ⑧Nach einem Jahr muss ich auch ein Eintrittsexamen machen. ⑨ Aber ich habe schon Angst davor. ⑩Obwohl ich Tag und Nacht fleißig lerne, bin ich (mir) nicht sicher, ob ich bei der Prüfung eine gute Note schreibe. ⑪Ich habe besonders große Schwierigkeiten in Mathematik. ⑫Wenn ich auf die Uni gehen kann, will ich Germanistik studieren. ⑬ Dann hoffe ich, dass ich Deutsch perfekt sprechen und schreiben kann. ⑭Für heute will ich Schluss machen. ⑮Ich hoffe, bald wieder von dir zu hören.

⑯Viele Grüße
⑰Dein Gil-Dong

문법 ▪▬▬▬▬▬▬▬▬▬▬▬▬▬▬▬▬▬▬▬▬▬▬▬▬▬▬▬▬▬

현재 완료

독일어의 동사는 '현재, 과거, 과거분사'라는 세 가지 형태로 구성되어 있다: haben-hatte-gehabt; sein-war-gewesen; werden-wurde-geworden

일반적으로 현재형은 현재 시제에, 과거형은 과거 시제에, 과거분사는 완료 시제, 수동태, 분사 구문 등에 사용된다. 'sagen-sagte-gesagt'처럼 과거와 과거분사가 각각 '-te'와 'ge-t'의 형태로 활용되는 동사를 규칙 동사라고 한다. 반면 'finden-fand-gefunden'처럼 과거와 과거분사에서 특정한 규칙 없이 변화하는 동사를 불규칙 동사라고 한다. 독일어의 동사를 공부할 때는 반드시 동사의 세 가지 기본형을 확인해야 하며, 불규칙 변화 동사들은 세 가지 형태를 모두 암기해야 한다. '독일어 불규칙 동사 변화표'는 이 책의 부록에 실려 있으며, 대부분의 사전에도 수록되어 있다.

1) 현재 완료의 형태 – 'haben' oder 'sein' + 과거분사

현재 완료는 'haben' 또는 'sein' 동사의 현재형이 동사의 과거분사와 결합된 형태이다. 이 경우 과거분사는 문장 끝에 위치한다. 현재 완료에서 'haben'과 'sein' 동사는 그 자체로서는 아무 의미를 지니지 않는, 완료를 만들기 위한 형식 동사이며, 문장 끝에 위치하는 과거분사가 본동사로서 의미를 전달하는 역할을 한다.

① 완료에서 'sein' 동사를 사용하는 경우는 다음과 같다:
i) **장소 이동**을 의미하는 동사: kommen(오다), gehen(가다), laufen(뛰어가다), fahren(가다), fliegen(날아가다) usw.
ii) **상태 변화**를 의미하는 동사: sterben(죽다), genesen(낫다, 회복하다), wachsen(자라다), erwachen(깨다), einschlafen(잠들다) usw.
iii) 특정한 동사들: sein, werden, bleiben, begegnen(만나다), folgen(따르다), gelingen(성공하다), weichen(굴복하다)

Die alte Frau ist mit dem Zug in die Schweiz **gefahren**. – "그 노부인은 기차를 타고 스위스로 갔다." (장소 이동)

Der junge Mann ist wegen des Verkehrsunfalls **gestorben**. – "그 젊은이는 교통사고 때문에 죽었다." (상태 변화)

Sie ist früher schön **gewesen**. – "그녀는 옛날에는 아름다웠다." (sein)

Das Kind ist langsam brav **geworden**. – "그 아이는 서서히 얌전해졌다." (werden)

Er ist eine Woche lang in Rom **geblieben**. – "그는 일주일동안 로마에 머물렀다." (bleiben)

② 완료에서 'haben' 동사를 쓰는 경우는 다음과 같다:

i) 타동사

ii) 재귀동사

iii) 화법 조동사

iv) 비인칭 동사

v) 상태의 지속을 의미하는 자동사

Er hat den ganzen Tag sein Auto **repariert**. – "그는 하루 종일 그의 차를 수리했다." (타동사)

Der Student hat **sich** über das Bestehen seiner Prüfung **gefreut**. – "그 학생은 시험을 합격한 것에 대해 기뻐했다." (재귀동사)

Der koreanische Professor hat nicht so gut Deutsch sprechen **können**. – "그 한국인 교수는 독일어를 그리 잘 말할 수 없었다." (화법 조동사)

Es hat in der letzten Woche sehr stark **geregnet**. – "지난주에는 아주 세차게 비가 내렸다." (비인칭 동사)

Ich habe nach der Prüfung 12 Stunden **geschlafen**. – "나는 시험 친 후에 열 두 시간을 잤다." (상태의 지속을 의미하는 자동사)

● 위의 예에서 화법 조동사가 완료로 사용될 경우 이중원형(sprechen können)의 형태로 과거분사를 대신한다. 중요한 사항이므로 반드시 기억하자.

☙ 'sein, haben' 동사 및 '화법 조동사'를 현재 완료로 사용할 경우 문체와 문장 구성의 측면에서 장점이 거의 없으므로, 이 동사들은 일반적으로 과거형을 사용하여 과거 사실을 표현한다: Ich war gestern in Busan; Ich hatte damals kein Geld; Ich konnte nicht so gut Deutsch sprechen.

2) 현재 완료와 과거 시제와의 차이점

현재 완료와 과거 시제가 의미상의 차이는 없지만 일반적으로 현재 완료는 일상 회화에서 자주 사용되고, 과거형은 문어체에서 자주 사용된다. 현재 완료가 일상적인 구어체에서 자주 사용되는 이유는 발음의 문제 때문이다. 누군가가 „Er machte die Arbeit.“라고 말할 경우 귀를 기울이지 않으면 „Er macht die Arbeit.“라고 이해하기 쉽다. 특히 독일어 동사의 어미에 붙는 'e'는 거의 발음되지 않기 때문에 과거 시제라는 것을 쉽게 알아차릴 수 없다. 그렇지만 „Er hat die Arbeit gemacht.“라고 말할 경우 현재 완료, 즉 과거의 의미라는 것을 오해할 여지는 전혀 없다. 독일 사람들은 누군가가 주어 뒤에 'haben' 동사나 'sein' 동사를 사용하면 거의 본능적으로 현재 완료 시제, 즉 과거 사실을 이야기한다고 짐작한다. 결국 발음에 따른 이해의 문제로 인해 일상 회화에서는 현재 완료 형태를 많이 사용하게 된다. 그리고 또 다른 이유는 내용상의 이해 때문이다. 독일어의 특성 가운데 하나는, 중요한 단어들이 문장 끝 부분에 위치한다는 사실이다. 이것은 듣는 사람의 입장에서는 마지막에 들은 단어가 쉽게 기억될 수 있다는 사실에 기인한다. 동사는 문장 성분 중 가장 중요한 구성 요소에 속하기 때문에, 완료 형태를 사용하게 되면 의미를 지니고 있는 본동사가 문장의 끝에 위치해서 기억되기 쉬우므로 문장 전체의 이해도 용이해진다. 결국 발음에 따른 이해의 문제와 본동사의 위치에 따른 이해의 용이함 때문에 완료 시제를 사용한다고 말할 수 있다.

문어체에서 – 특히 학술적인 글에서 – 현재 완료 형태는 드물게 사용된다. 발음에 따른 오해의 소지도 없을 뿐 아니라 완료를 나타내는 동사인 'sein'과 'haben'이 반복되어 나타날수록 좋은 문체(Stil)와는 거리가 멀어지기 때문이다. 또한 완료 형태를 사용하면 문장이 더 길어지게 되므로, 책을 읽는 사람의 입장에서는 오히려 텍스트의 이해에 방해가 된다. 따라서 문어체에서는 정확하고 간결한 방법으로 내용을 표현하는 것이 텍스트의 이해에 효과적이므로 완료 형태는 이에 적합하지 않다고 볼 수 있다.

3) 과거 완료

과거 완료는 'haben' 동사나 'sein' 동사의 과거형과 본동사의 과거분사가 결합된 형태이다. 과거 완료는 과거보다 이전에 일어난 사실을 표현할 때 사용한다.

Ich habe gestern meine Freundin getroffen. Ich hatte sie auch vorgestern getroffen. – "나는 어제 여자 친구를 만났다. 나는 그녀를 또한 그저께에도 만났었다."
Der Geschäftsmann war im März in Paris. Er war doch im Februar in New York gewesen. – "그 사업가는 3월에 파리에 있었다. 그렇지만 그는 2월에는 뉴욕에 있었었다."

2. 어머니에게 쓰는 편지 (Brief an die Mutter)

게오르크 슈미트   하이델베르크, 2015년 5월 1일
괴테 슈트라세 5
69115 하이델베르크

마리아 슈미트
마르쿠스 슈트라세 10
96045 밤베르크

사랑하는 어머니,

①나는 이미 두 달 전부터 하이델베르크에 있어. ②내가 너에게 오늘 드디어 편지를 쓸 수 있다는 것이 나를 매우 기쁘게 해. ③그 동안 나는 무척 할 것이 많았어.
④어떻게 지내? ⑤나는 아주 잘 지내고 있어. ⑥하이델베르크는 내 마음에 들어. ⑦하이델베르크는 네카 강변에 있는 무척 아름다운 도시야. ⑧하이델베르크의 주변 환경은 매우 아름다워. ⑨네카 강에 대한 전망은 정말 훌륭해. ⑩하이델베르크는 내가 보았던 가장 아름다운 도시들의 하나야. ⑪매일 아침 나는 숲을 통과하여 네카 강을 따라 산책을 해. ⑫나는 리차드 로버트슨과 함께 하르트만 씨 가족 집에 살고 있어. ⑬로버트슨 씨는 영국 출신이고 여기에서 독어독문학을 공부해. ⑭하르트만 부인은 항상 우리에게 친절해. ⑮우리 집은 조용한 지역에 있는 도시 외곽에 있어. ⑯우리는 어떤 자동차 소음도 듣지 않아. ⑰나는 이미 몇 몇 좋은 친구들을 사귀게 됐어.
⑱5월 10일은 어머니날이야. ⑲어머니날에 모든 아이들은 사랑과 감사의 마음에서 그들의 어머니를 생각해. ⑳처음으로 나는 고향에서 멀리 떨어져 있고, 너에게 단지 몇 줄로 나의 진심어린 감사를 전달할 수 있어. ㉑나는 이 날에 특별한 감사의 마음으로 너를 생각하고자 해. ㉒진심으로 어머니날을 축하해.

안녕!
게오르크

단어

② jn. freuen: -를 기쁘게 하다; sich freuen: 기뻐하다 / endlich: 드디어, 마침내

③ inzwischen: 그 동안, 그 사이에

⑦ Neckar: m. 네카 강; am Neckar: 네카 강가에

⑧ Umgebung: f. 주변 환경 / wunderschön: 매우 아름다운

⑨ die Aussicht auf et.⁴ : -에 대한 전망, 조망 / wirklich: 실제로, 정말 / herrlich: 멋진, 찬란한, 훌륭한

⑪ jeden Morgen: 매일 아침 / Wald: m. 숲 / et.⁴ entlang: -을 따라

⑬ aus - kommen: - 출신이다

⑭ zu jm. freundlich: -에게 친절한

⑮ Wohnung: f. 집 / stehen: 서 있다, 위치하다 / am Stadtrand: 도시 외곽에 / in einer ruhigen Gegend: 조용한 지역에

⑯ der Lärm der Autos: 자동차들의 소음 / nichts von - hören: -에 대해 어떤 것도 듣지 못하다

⑰ ein paar: 몇 몇 / kennenlernen: 알게 되다, 사귀다

⑱ Muttertag: m. 어머니날(5월 둘째 일요일)

⑲ am Muttertag: 어머니날에 / an jn./et.⁴ denken: -를(을) 생각하다 / Dankbarkeit: f. 감사, 감사하는 마음

⑳ zum ersten Mal: 처음으로 / fern von -: -로부터 먼, 멀리 떨어진 / Heimat: f. 고향 / in einigen Zeilen: 몇 줄로, 몇 줄 안에서 / Glückwunsch: m. 축하 / mitteilen: 전하다, 알리다

㉒ Ich wünsche dir(Ihnen) herzlichen Glückwunsch zum Geburtstag: 네(당신의) 생일을 진심으로 축하한다.

도움말

② 어머니를 '너'라고 지칭하는 것이 우리말로는 어색하게 들리는데, 독일에서는 가족 사이에 'duzen(너라고 부르다, 말을 놓다)'을 하기 때문에, 본문에서 어머니를 '너'라고 지칭하는 것에 대해 이해를 바란다. 참고로 'siezen'은 'Sie라는 존칭을 쓰다'라는 표현이다.

문장의 주요 구성 성분은 '-라는 것이 나를 기쁘게 하다'이다. 그런데 주어가 일반적인 명사나 대명사가 아니라 문장이다. 이미 알고 있는 것처럼, 문장이 주어일 경우

‘dass 문장’을 사용할 수 있다: Dass - , freut mich.

주어가 길 경우 즉 주어가 ‘dass 문장’이나 ‘zu 부정사’의 형태일 경우, 가주어 ‘es’를 주어 자리에 사용하고 원래의 주어를 문장 끝에 위치시키는 것이 일반적이며 문체적으로도 더 좋은 표현이다: Es freut mich, dass - .

③ ‘할 것이 많다’라는 표현은 ‘zu 부정사’의 형용사적 용법을 설명할 때 다루었다: Ich habe viel zu tun. 이 문장을 현재 완료로 고치면 ‘Ich habe viel zu tun gehabt.’가 된다. 이 경우 ‘haben’ 동사가 형태상으로 겹치기 때문에 좋은 표현이라고 할 수는 없다. 따라서 과거형을 사용하여 ‘Ich hatte viel zu tun.’이라고 표현하는 것이 좋다. ‘sein’ 동사의 경우도 마찬가지이다: Ich bin gestern in Bonn gewesen. → Ich war gestern in Bonn. 현재 완료인 앞 문장에서는 ‘sein’ 동사가 두 번 겹쳐 사용된다. 하지만 뒤의 문장은 문장 구조가 명확하고 간결하다. 따라서 ‘sein’ 동사가 과거 사실을 표현할 경우, 현재 완료보다는 과거형이 선호된다. 이미 ‘문법해설’ 부분의 ‘현재 완료’에서 설명한 것처럼 과거 사실의 표현에 ‘sein’, ‘haben’, ‘화법 조동사’가 사용될 경우, 실용성 및 문체적인 측면을 고려하여 현재 완료 형태보다는 과거형이 선호된다.

⑥ 어떤 장소나 지역의 전체적인 분위기나 환경을 표현할 경우 비인칭 주어 ‘es’를 사용할 수 있다.

⑦ 문장의 의미상 하이델베르크는 ‘그 아름다운 도시’가 아니라 ‘한(어떤) 아름다운 도시’이다. 일반적으로 텍스트에서 명사가 처음 등장하는 경우는 부정관사를 사용하고, 다시 언급되는 경우는 정관사를 사용한다.

독일에서 강 이름 앞에는 정관사를 사용하며, 모든 강의 성(Genus)이 동일하지는 않다는 사실에 유의하자.

⑧ ‘주변 환경’이라는 명사는 ‘하이델베르크의’이라는 수식어에 의해 의미가 제한되어 있다. 사용해야 할 관사를 생각해 보자.

⑨ ‘전망’이라는 단어 또한 ‘네카 강에 대한’이라는 수식어에 의해 의미가 한정되어 있다.

⑩ 여기에서는 두 개의 문장을 추론할 수 있다. 하나는 ‘하이델베르크는 가장 아름다운 도시들의 하나이다’라는 문장이고, 다른 하나는 ‘내가 보았다’라는 문장이다.

형용사의 최상급은 정관사와 함께 사용된다. 따라서 ‘가장 아름다운 도시들의’이라는 복수 2격의 표현은 ‘der schönsten Städte’가 된다. ‘eine (Stadt) der schönsten Städte’는 ‘가장 아름다운 도시들의(=도시들 가운데) 하나’라는 표현인데, 부정관사

만으로도 의미 파악에 아무 문제가 없으므로 'Stadt'는 생략한다. 부정관사가 명사 없이 독립적으로 사용될 경우 정관사 어미변화 해야 하는데, 생략된 'Stadt'는 여성 1격으로 사용되었으므로 정관사 어미는 '-e'이다. 따라서 부정관사의 형태는 'eine'가 된다. 즉 'eine der schönsten Städte'에서 'eine'는 여성 1격의 부정관사처럼 보이지만, 실제로는 부정관사 'ein'에 정관사 어미가 첨가된 형태라는 사실에 유의하자. 참고로 'eine Stadt der schönsten Städte'에서의 'eine'는 당연히 여성 1격의 부정관사이다.

'내가 보았던'은 문장의 형태로서 '가장 아름다운 도시들'이라는 명사를 수식한다. '가장 아름다운 도시들의 하나'를 수식하는 것이 아님에 주의하자. 문장의 형태로 명사를 수식하는 경우 관계 문장을 사용한다. 따라서 '가장 아름다운 도시들, 그것들을 (관계 대명사, 복수 4격) 내가 보았다'라는 형태의 관계 문장을 구성해야 한다. 편지에서는 일상적인 회화체도 자주 사용되므로 관계 문장의 시제는 현재 완료를 사용해 보자.

⑪ 문장 처음에 주어 'ich'가 계속 사용되는 것은 단조로운 표현이기도 하며 문체적으로도 그리 좋지는 않다. 따라서 시간이나 장소의 표현 등을 종종 문두에 사용하는 것도 좋은 작문을 위한 한 가지 방법이다.

문장의 주요 구성 요소는 '나는 산책한다'이다.

독일어의 전치사를 살펴보면 그 의미상 특정한 구체적 대상과 함께 사용되는 경우가 많다. 즉 전치사구에는 정관사가 사용되는 경우가 많다: nach dem Essen, aus dem Zimmer, beim Arzt, mit dem Bus, zum Bahnhof, auf dem Tisch, ins Bett usw.

우리말로 거의 번역은 되지 않지만 소개된 전치사구에는 대부분 '그'라는 정관사의 의미가 포함되어 있다. 이는 '전치사' 자체의 성격과 무관하지 않다. 원칙이라고 할 수는 없지만, 많은 경우 전치사 뒤에는 정관사가 사용된다. 전치사 뒤에 부정관사를 사용할 것인지 정관사를 사용할 것인지 고민하고 있다면, 일단 정관사를 사용하는 것이 그리 나쁜 선택은 되지 않을 것이다.

⑮ 장소를 표현할 경우 큰 단위가 뒤에, 작은 단위가 앞에 온다: Ich bleibe in einem Gasthaus auf dem Land in der Schweiz.

⑯ 'nichts'는 부정대명사로서 명사의 역할을 하며, 'nicht'는 부정어로서 부사의 역할을 한다: Ich kann nichts sehen; Er ist nicht faul.

⑱ '5월 10일은 어머니날이야'는, 독일어에서는 일반적으로 '몇 월 며칠에 어머니날이

있다'라고 표현된다.

⑲ 'an jn./et.⁴ denken'은 '-를(을) 생각하다'라는 관용적인 표현이며, 동사와 뗄 수 없는 관계인 'an jn./et.⁴ '는 문장 끝에 위치해야 한다.

㉑ 일반적으로 주어와 동사는 문장 안에서 특정한 위치에 사용되지만, 그 외의 문장 구성 성분들은 어디에 위치시켜야 할 것인지 고민할 때가 많다. 문장 구성 성분의 배열순서에 대해 정해진 규칙은 없지만, 일반적으로는 다음과 같은 배열이 통용된다: 시간 + (3격 목적어) + 원인 + 방법과 정도 + (4격 목적어) + 장소

'문장 구성 성분의 배열순서'에 대한 자세한 내용은 아래의 '문법해설'을 참고하자. 본문에서 '이 날에'는 시간 진술어이며, '감사의 마음으로'는 방법 진술어에 해당한다.

'Dankbarkeit'는 추상명사이므로 관사를 사용하지 않는다.

Georg Schmidt   Heidelberg, den 1. Mai 2015

Goethestraße 5

69115 Heidelberg

Maria Schmidt

Markusstraße 10

96045 Bamberg

Liebe Mutter,

①ich bin schon seit zwei Monaten in Heidelberg. ②Es freut mich sehr, dass ich dir heute endlich einen Brief schreiben kann. ③Inzwischen hatte ich sehr viel zu tun.

④Wie geht es dir? ⑤Es geht mir sehr gut. ⑥Es gefällt mir gut in Heidelberg. ⑦Heidelberg ist eine sehr schöne Stadt am Neckar. ⑧Die Umgebung von Heidelberg ist wunderschön. ⑨Die Aussicht auf den Neckar ist wirklich herrlich. ⑩Heidelberg ist eine der schönsten Städte, die ich gesehen habe. ⑪Jeden Morgen gehe ich durch den Wald und den Neckar entlang sprazieren.

⑫Ich wohne mit Richard Robertson bei Familie Hartmann. ⑬Herr Robertson kommt aus England und studiert hier Germanistik. ⑭Frau Hartmann ist immer zu uns freundlich. ⑮Unsere Wohnung steht am Stadtrand in einer ruhigen Gegend. ⑯Wir hören nichts vom Lärm der Autos. ⑰Ich habe schon ein paar gute Freunde kennengelernt.

⑱Am 10. Mai ist Muttertag. ⑲Am Muttertag denken alle Kinder in Liebe und Dankbarkeit an ihre Mutter. ⑳Zum ersten Mal bin ich fern von der Heimat und kann dir nur in einigen Zeilen meinen herzlichen Glückwunsch mitteilen. ㉑Ich will an diesem Tag in besonderer Dankbarkeit an dich denken. ㉒Ich wünsche dir herzlichen Glückwunsch zum Muttertag.

Mit herzlichen Grüßen
Dein Georg

문법

문장 구성 성분의 배열

1) 부사의 종류

① 시간의 부사: jetzt(지금), damals(그 당시에), schon(이미), heute(오늘), abends(저녁에), einst(옛날에, 장래에), bald(곧), immer(항상) usw.

② 원인의 부사: darum(그래서), deswegen(그래서), deshalb(그래서), trotzdem(그럼에도 불구하고) usw.

③ 방법의 부사: anders(다르게), allein(혼자), zusammen(함께), gern(기꺼이), schnell(빨리), schön(아름답게) usw.

④ 정도의 부사: viel(많이), wenig(적게), etwas(다소), genug(충분히), sehr(아주), ganz(아주, 완전히) usw.

⑤ 장소의 부사: hier(여기에), dort(저기에), draußen(밖에), oben(위에), unten(아래에), rechts(오른쪽에), links(왼쪽에) usw.

⑥ 판단의 부사: ja(예), nein(아니오), nicht(-이 아닌), keineswegs(결코 -아닌), gewiss(확실히), vielleicht(아마도) usw.

2) 문장 구성 성분의 배열

문장 구성 성분의 배열에 관한 명확한 규정은 없다. 그렇지만 다음과 같은 배열이 어느 정도

의 일반성을 가진다: '시간 + (3격 목적어) + 원인 + 방법과 정도 + (4격 목적어) + 장소'

Ich habe gestern meiner Freundin wegen des Bestehens ihres Magisterexamens gerne einen Blumenstrauß in der Aula geschenkt. – "나는 어제 여자 친구에게 그녀의 석사 시험 합격 때문에 기꺼이 꽃다발을 대강당에서 선물했다." 문장 구성을 자세히 분석해 보자: Ich habe gestern(시간) meiner Freundin(3격 목적어) wegen des Bestehens ihres Magisterexamens(원인) gerne(방법) einen Blumenstrauß(4격 목적어) in der Aula(장소) geschenkt. 실제로 이러한 문장 성분들이 한꺼번에 들어간 문장은 거의 사용할 일이 없지만 배열순서에 대한 이해를 위해 구성해 보았다. 이렇게 부사적 진술어가 많이 사용되는 경우, 그 중 하나를 문장 처음에 위치시키는 것이 이해하기에도 편하고 문체적으로도 무난하다: Gestern habe ich meiner Freundin wegen des Bestehens ihres Magisterexamens gerne einen Blumenstrauß in der Aula geschenkt; Wegen des Bestehens ihres Magisterexamens habe ich gestern meiner Freundin gerne einen Blumenstrauß in der Aula geschenkt; In der Aula habe ich gestern meiner Freundin wegen des Bestehens ihres Magisterexamens gerne einen Blumenstrauß geschenkt.

Sie ist in der letzten Woche zur Erholung in die Schweiz gefahren. – "그녀는 지난주에 휴양을 위해 스위스로 갔다." 예문에서는 시간, 원인, 장소의 순서로 부사적 진술어가 위치했다. 시간 또는 원인의 부사적 진술어가 문장 처음으로 오는 배열도 문체상 좋은 표현이 될 수 있다. 그렇지만 장소 *이동*의 진술어(in die Schweiz)를 문장 처음에 두는 것은 그리 좋지 않은 표현이다: In der letzten Woche ist sie zur Erholung in die Schweiz gefahren; Zur Erholung ist sie in der letzten Woche in die Schweiz gefahren.

3. 학업 허가 신청서 (Antrag auf Zulassung zum Studium)

①홍길동   Bonn, 2015년 1월 11일

파리저 슈트라세 54 439호

53117 Bonn

Tel. 0228 / 7673367

Email: gildong@yahoo.de

본 대학교

외국인 학생처

포펠스도르퍼 알레 53

53113 Bonn

②관련: 학업 허가 신청

담당자님에게,

③이 편지를 통해 저는 학업 허가 신청을 하고자 합니다. ④저는 2015년 여름학기에 Bonn 대학교에서 제 학업을 계속 진행하기를 의도하고 있습니다. ⑤제가 이미 지난 학기에 당신네 측에 학업 허가 신청을 했을지라도, 유감스럽게 학업을 위한 자리를 받을 수 없었습니다. ⑥그래서 저는 한 번 더, 2015년 여름 학기 'Studienplatz'를 신청합니다. ⑦가능하다면 저는 기꺼이 당신들의 독일어 어학 코스에 참가하고 싶습니다. ⑧지금까지 저는 총 800 독일어 수업 시수를 갖고 있습니다. ⑨관련 자료를 당신에게 동봉해서 보냅니다.

⑩당신의 노고와 빠른 답변에 미리 감사드립니다.

⑪안녕히 계십시오.

홍길동

⑫첨부
학업 허가 신청서
성적 증명서
졸업 증명서
독일어 어학 지식 증명서
이력서

단어

① Zi. = Zimmer: 방 / Akademisches Auslandsamt = AAA: 대학의 외국인 학생처

② Betr. = Betreff: m. 관계, 관련 / Antrag: m. 신청, 신청서; einen Antrag auf et.⁴ stellen = et.⁴ beantragen: -을 신청하다 / Zulassung zum Studium: 학업 허가, 입학 허가

③ hiermit: 이것으로, 이 편지에서, 본 편지를 통해

④ SS = Sommersemester: n. 여름학기; WS = Wintersemester: n. 겨울학기 / zum SS 2015: 2015년 여름학기에 / beabsichtigen: 의도하다 / fortsetzen: 계속하다

⑤ bei jm.: -에게(는), -에게서(는), -측에 / im letzten Semester: 지난 학기에 / Studienplatz: 학업 (입학)을 할 수 있도록 배당되는 자리

⑥ deswegen = deshalb = darum: 그래서 / noch (ein)mal: 한 번 더 / beantragen: 신청하다

⑦ an et.³ teilnehmen: -에 참가하다 / Deutschsprachkurs: m. 독일어 어학 코스

⑧ insgesamt: 총계로, 합쳐서 / Unterrichtsstunden für Deutsch: 독일어 수업 시수

⑨ betreffend: 관계하는, 관련된 / Unterlagen: pl. 자료 / beiliegend: 동봉하여

⑩ jm. für et. danken: -에게 -에 대해 감사하다 / im voraus: 미리 / Bemühung: f. 수고, 노력

⑫ Anlage: f. 첨부, 동봉 / Studienzeugnisse mit Noten: 성적 증명서(들) / Abschlusszeugnisse: 졸업 증명서(들) / Bescheinigungen für Deutschsprachkenntnisse: 독일어 어학 지식 증명서 (들) / Lebenslauf(이력서)

도움말

② 'Betr. = Betreff'은 주로 공식적인 편지에 사용되는 표현으로서, 이를 통해 수신자의

신속한 업무 처리가 가능해진다.

'Sehr geehrte Damen und Herren'은 공식적인 편지에서 가장 많이 사용되는 호칭의 표현이다. 'geehrt'는 'ehren'의 과거분사로서 '존경하는'이라는 의미이다.

③ 공식적인 편지는 대부분 'hiermit'라는 표현으로 시작한다. '이 편지를 통해'라는 의미인데, 이 표현과 함께 편지의 목적을 서술하는 것이 일반적이다.

'möchten'은 'mögen' 동사의 접속법 2식 형태이다. 접속법 2식은 '겸손한 표현' 및 이루어질 수 없는 소망이나 조건을 나타내는 '비현실 화법'에 사용된다. 접속법은 교양 있는 독일어 표현을 원하는 학습자에게는 필수적인 문법 사항이므로, 아래의 '문법해설' 부분을 참고하여 그 용법을 확실히 이해하도록 하자.

④ 문장의 주요 구성 성분은 '나는 −을 의도한다'이다.

'beabsichtigen'은 '−을 의도하다'라는 표현으로서 일반적으로 'zu 부정사'와 함께 사용된다: Sie beabsichtigen, am Wochenende eine Reise zu machen(그들은 주말에 여행하는 것을 의도하고 있다).

주어진 문장에서 'zu 부정사' 부분에서는 시간 진술어, 장소 진술어, 4격 목적어가 함께 사용되어야 한다. 일반적인 배열순서에 따라 각각의 문장 성분들을 위치시켜 보자.

'fortsetzen'은 분리 동사이다. 분리/비분리 동사에서 'zu'의 위치에 유의하자.

⑤ 'bei jm.'은 일상생활에서 자주 사용되는 표현이며, 문맥에 따라 적절한 해석을 요구한다. 예를 들어 'bei uns'는 '우리에게는, 우리에게서는, 우리 측에서는' 등으로 해석될 수 있는데, 외국인과 대화하는 경우라면 '우리나라에서는'이라는 의미가 될 수 있고, 다른 지방 사람들과 이야기할 때는 '우리 동네(지방)에서는'이라는 의미가 될 수 있고, 여러 가족이 모여 대화할 경우에는 '우리 집에서는'이라는 의미가 될 수 있다.

'einen Antrag auf et.[4] '는 동사 'stellen'과 뗄 수 없는 관계이므로 문장 끝에 위치하는 것이 원칙이다.

⑥ 'Studienplatz'는 나를 위해 이미 정해져 있는 자리가 아니라, 나를 위해 있을지도 모르는 '한 자리' 또는 '어떤 자리'이다. 관사 사용에 유의하자.

⑦ 'werden' 동사의 접속법 2식 형태인 'würden' 또한 'möchten'과 마찬가지로 겸손한 표현에 사용된다. 여기에서는 두 가지 표현 모두 가능하다.

'가능하다면'은 형식적인 주어 'es'를 사용하여 부문장으로 표현해 보자. 부문장 또한 주문장과 마찬가지로 접속법 2식을 사용하여 동사의 형태를 일치시키자.

⑧ 일반적으로 독일 대학의 어학 코스에 들어가기 위해서는, 규정된 독일어 어학 시수

를 채워야 하고 이에 대한 증명서가 필요하다.

⑨ 여기에서 관련 자료는 특정한 '그 관련 자료'이다.

⑩ 독일어에서는 '빠른 답변에 미리 감사한다'라는 내용이 실례가 되는 표현은 아니다. '당신의 노고와 빠른 답변'은 'Ihre Bemühungen und Ihre schnelle Antwort'라고 표현할 수 있는데, 'Ihre'는 중복되므로 후자를 생략한다. 어미가 다른 경우는 생략할 수 없다.

⑪ 'Mit freundlichen Grüßen'이라는 표현은, 편지에서 가장 일반적이고 무난한 맺음말로 볼 수 있다.

①HONG, Gil-Dong   Bonn, den 11. 01. 2015
Pariser Str. 54 Zi.: 439
53117 Bonn
Tel. 0228 / 7673367
Email: gildong@yahoo.de

Universität Bonn
Akademisches Auslandsamt
Poppelsdorfer Allee 53
53113 Bonn

②Betr.: Antrag auf Zulassung zum Studium

Sehr geehrte Damen und Herren,

③hiermit möchte ich einen Antrag auf Zulassung zum Studium stellen.
④Ich beabsichtige, zum SS 2015 mein Studium an der Universität Bonn
fortzusetzen. ⑤Obwohl ich schon im letzten Semester bei Ihnen einen
Antrag auf Zulassung zum Studium stellte, konnte ich leider keinen
Studienplatz bekommen. ⑥Deswegen beantrage ich noch mal einen
Studienplatz zum SS 2015.
⑦Wenn es möglich wäre, würde ich gern an Ihrem Deutschsprachkurs
teilnehmen. ⑧Bis jetzt habe ich insgesamt 800 Unterrichtsstunden für
Deutsch. ⑨Die betreffenden Unterlagen sende ich Ihnen beiliegend.
⑩Ich danke Ihnen im voraus für Ihre Bemühungen und schnelle
Antwort.

⑪Mit freundlichen Grüßen

HONG, Gil-Dong

⑫<u>Anlagen</u>

Antrag auf Zulassung zum Studium

Studienzeugnisse mit Noten

Abschlußzeugnisse

Bescheinigungen für Deutschsprachkenntnisse

Lebenslauf

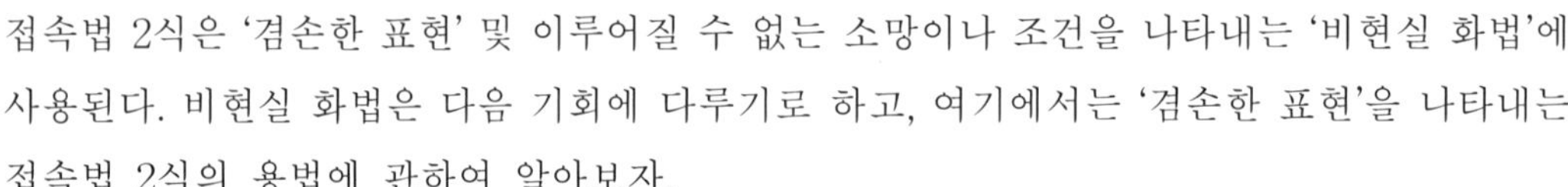

접속법 2식은 '겸손한 표현' 및 이루어질 수 없는 소망이나 조건을 나타내는 '비현실 화법'에 사용된다. 비현실 화법은 다음 기회에 다루기로 하고, 여기에서는 '겸손한 표현'을 나타내는 접속법 2식의 용법에 관하여 알아보자.

1) 접속법 2식의 형태

접속법 2식은 동사의 과거 어간에 접속법 어미변화를 한 형태이다. 또한 접속법 2식은 'würde_ + 동사원형'의 형태로도 표현될 수 있다. 'würde_'는 'werden' 동사의 접속법 2식 형태이며 접속법에서 가장 널리 사용되는 동사이다. 'sein'과 'haben' 그리고 **화법 조동사** 는 'würde_ + 동사원형'의 형태로 사용되지 않고 동사 자체의 접속법 2식 형태로 사용된다. 몇몇 동사들의 접속법 2식 형태를 다음의 도표를 통해 알아보기로 하자.

인칭	sein	haben	können	wollen	müssen	sollen	dürfen	mögen	werden
ich	wäre	hätte	könnte	wollte	müsste	sollte	dürfte	möchte	würde
du	wärest	hättest	könntest	wolltest	müsstest	solltest	dürftest	möchtest	würdest
er	wäre	hätte	könnte	wollte	müsste	sollte	dürfte	möchte	würde
wir	wären	hätten	könnten	wollten	müssten	sollten	dürften	möchten	würden
ihr	wäret	hättet	könntet	wolltet	müsstet	solltet	dürftet	möchtet	würdet
sie	wären	hätten	könnten	wollten	müssten	sollten	dürften	möchten	würden
Sie	wären	hätten	könnten	wollten	müssten	sollten	dürften	möchten	würden

① 불규칙 동사의 접속법 2식은 반드시 변모음(Umlaut) 한다.
② 접속법 2식에서 과거 사실은 반드시 완료 시제로 표현된다. 왜냐하면 과거 어간이 사용된 접속법 2식 동사 자체가 현재 시제이므로, 과거 사실이라고 해서 동사의 과거형을 사용할 수는 없기 때문이다: Ich ginge(현재), Ich wäre gegangen(과거).

2) 겸손한 표현

접속법 2식을 사용하면 정중하고 겸손하게 자신의 의지를 표현할 수 있다.

Könnten Sie mir helfen? = **Würden** Sir mir helfen? = **Wären** Sie **so freundlich** (= **so nett**), mir zu helfen? - "저를 도와주실 수 있겠습니까?" 세 문장은 모두 같은 의미이다. 마지막 문장은 '당신은 저를 도와줄 만큼 그렇게 친절하십니까?'라고 직역된다. 우리말로는 이러한 표현을 사용하지 않겠지만 독일적인 표현 방법이므로 관용적 표현으로 이해하도록 하자. 겸손한 표현에서는 'könnte(n)'과 'würde(n)'이 동일한 의미를 지니므로 어느 동사를 사용해도 상관없다.
Ich **hätte** gern ein Glas Wein. - "와인 한잔 마시고 싶습니다. 와인 한잔을 주문하고 싶습니다." 독일의 가게나 식당에서 매우 자주 사용되는 표현이다. 'hätte(n)'은 'haben' 동사의 겸손한 표현으로 '-을 갖고 싶다, -을 원한다, -을 사고 싶다'라는 의미이며, 겸손의 강조를 위해 대부분 'gern=gerne(기꺼이)'와 함께 사용된다.
Ich **hätte** gern ein Glas Wein **bekommen**. - 위의 문장과 동일한 의미이다. 'bekommen'은 원형이 아니라 완료 시제의 과거분사로 사용되었다. 접속법 2식은 직설법이 아니기 때문에 원칙적으로 이루어지지 않은 사실을 나타낸다. 예문이 직설법이라면 '나는 기꺼이 와인 한잔을 받았다'라는 의미이지만, 이루어지지 않은 사실을 나타내는 접속법 2식의 표현이므로 '나는 기꺼이 와인 한잔을 받고 싶었는데…'라고 해석된다. 이 말에는 '지금 와인 한잔을 받고

(주문하고) 싶습니다'라는 의미가 내재되어 있다. 지극히 독일적인 표현이다. 예문의 시제는 완료 형태이지만 접속법 2식은 이루어지지 않은 사실을 나타내며 공손한 표현으로 사용될 수 있다는 것을 기억하자.

Ich **möchte** gerne ein Glas Wein (bekommen). – 위의 예문과 동일한 의미이다. 독일어 동사 'möchten'은 '–하고 싶다, –을 원한다'라는 의미로서 일상생활에서 아주 널리 사용된다.

Ich **würde** gerne ein Glas Wein bekommen. – 위의 예문과 동일한 의미이다. 'würde(n)'이 겸손한 표현으로 사용될 때는 '–하고 싶습니다'라는 의미를 지닌다.

Könnten Sie mir vielleicht sagen, wo der Hauptbahnhof ist? = Würden Sie mir vielleicht sagen, wo der Hauptbahnhof ist? = Wären Sie so freundlich(nett), mir vielleicht zu sagen, wo der Hauptbahnhof ist? – "혹시 중앙역이 어디인지 나에게 말씀해 주시겠습니까?"

Ich hätte gern ein Handy. = Ich möchte gern ein Handy (kaufen). = Ich würde gern ein Handy kaufen. = Ich hätte gern ein Handy gekauft. – "나는 기꺼이 휴대폰 하나를 구입하고 싶습니다." 마지막 문장의 용법에 유의하자. '나는 기꺼이 휴대폰 하나를 구입하고 싶었는데…'라는 의미로서 이루어지지 않은 사실을 표현하므로 현재의 소망을 나타낸다.

3) 여러 가지 겸손한 표현들

Sie hätten wohl unrecht. – 'haben (un)recht'는 '맞다(틀리다)'라는 표현이다. 접속법 2식을 사용할 경우 겸손이나 정중함을 나타내므로 예문은 '당신은 아마도 틀린 것 같습니다'라고 해석될 수 있다.

Es wäre besser, wenn du allein das Problem lösen würdest(=könntest). – "네가 혼자서 그 문제를 해결할 수 있다면 더 좋을 텐데." 겸손하게 자신의 생각을 나타내는 표현이다.

Du solltest zum Arzt gehen. – 'sollen'은 '–해야 한다'라는 의미이지만 접속법 2식으로 사용되면 '–하는 편이 낫다'라는 겸손한 표현이 된다. 따라서 예문은 '너는 의사에게 가는 편이 좋을 것 같다'라고 해석될 수 있다. 이 문장은 다음과 동일한 의미를 갖는다: Es wäre besser, wenn du zum Arzt gehen würdest.

서식 (Formulare)

이번 장에서는 앞에서 다룬 '편지'의 연장선상에서, 몇 가지 서식의 형태를 다루고자 한다. 구체적으로 말하면, 취업을 하고자 하는 이들에게 필요한 이력서, 일상생활에서 필요로 하는 몇몇 양식들, 학생들에게 필요한 과제물 표지의 작성 방법이 다루어진다. 아무쪼록 이번 장이 독일어 학습자의 실생활에 작은 도움이 되기를 바란다.

1. 이력서 (Lebenslauf)

이 력 서

<u>인적 사항</u>

성명   홍길동

생년월일   1988년 1월 10일

출생지   대한민국 서울

국적   한국

혼인관계   미혼

주소   서울시 성북구 북악산로 1길 15

<u>학력</u>

1995년 3월 – 2001년 2월   초등학교, 대한민국 서울

2001년 3월 – 2007년 2월   중·고등학교, 대한민국 서울

<u>학업</u>

2007년 3월 – 2013년 2월   독어독문학 (학사)

                           한국대학교, 대한민국 서울

<u>특별한 지식과 능력</u>

상급의 영어와 독일어 지식

C 언어와 Java 언어 교육 과정 이수

사교성과 적응력

<u>기타</u>

2009년 3월 – 2010년 12월   군 복무

단어

① Lebenslauf: m. 이력서; der tabellarische Lebenslauf: 도표식 이력서; der erzählende Lebenslauf: 서술식 이력서

② persönliche Daten: 인적 사항 / Geburtsdatum: n. 생년월일 / Geburtsort: m. 출생지 / Nationalität: f. 국적 / Familienstand: m. 혼인 관계 / ledig: 미혼의; verheiratet: 기혼의

③ Schulbildung: f. 학력 / Grundschule: f. 초등학교 / Gymnasium: n. 중·고등학교

④ Studium: n. (대학의) 학업 / Bachelor: m. 학사

⑤ besonder: 특별한 / Kenntnisse: pl. 지식 / Fähigkeiten: pl. 능력 / Programmiersprache: f. 프로그래밍 언어 / Weiterbildung: f. (학업을 마친 후 본인의 필요에 의해 진행하는) 교육, 교육 과정 이수 / Kontaktfähigkeit: f. 사교성 / Fähigkeit zur Anpassung: 적응력

⑥ Sonstiges: 기타 / Wehrdienst: m. 군 복무

도움말

① 독일의 이력서에는 일반적으로 성별을 기입하지 않는다.

L e b e n s l a u f

<u>Persönliche Daten</u>

Name	Hong, Gil-Dong
Geburtsdatum	10. Jan. 1988
Geburtsort	Seoul, Südkorea
Nationalität	koreanisch
Familienstand	ledig
Adresse	Seongbuk-gu Bukaksan-ro 1gil 15
	Seoul Südkorea

<u>Schulbildung</u>

März 1995 bis Feb. 2001	Grundschule, Seoul Südkorea
März 2001 bis Feb. 2007	Gymnasium, Seoul Südkorea

<u>Studium</u>

März 2007 bis Feb. 2013	Germanistik (Bachelor),
	Universität Hanguk, Seoul Südkorea

<u>Besondere Kenntnisse und Fähigkeiten</u>

Gute Englisch- und Deutschkenntnisse

Weiterbildung in den Programmiersprachen C und Java

Kontaktfähigkeit und Fähigkeit zur Anpassung

<u>Sonstiges</u>

März 2009 bis Dez. 2010	Wehrdienst

2. 해약 통지 (Kündigung)

담당자님에게,

이 편지를 통하여 나는 정기간행물 "Spiegel"의 정기구독을 2015년 12월 31일 부로 해약합니다.

안녕히 계십시오.
홍길동

단어

kündigen: 해약, 해고 통지하다 / Abo = Abonnement: n. 신문, 잡지 등의 정기구독 / Zeitschrift: f. 정기간행물, 잡지

도움말

① 'jm. kündigen'은 '-에게 해고를 통지하다'라는 표현이다. 'et.⁴ kündigen'은 '-을 해약 (통지)하다'라는 표현이다: Ich kündige mein Handy zum 30. April(나는 나의 핸드폰을 4월 30일 부로 해약할 것을 통지합니다).

Sehr geehrte Damen und Herren,

hiermit kündige ich das Abo der Zeitschrift *Spiegel* zum 31. Dez. 2015.

Mit freundlichen Grüßen
HONG, Gil-Dong

3. 위임장 (Vollmacht = Bevollmächtigung)

위 임 장

이 편지를 통해 저는 1980년 3월 21일 출생, Hanau, Steinstraße 12번지에 거주하는 페터 뮐러 씨에게, 2015년 7월 30일에 저의 계좌 3354-13254로부터 Volksbank Hanau 에서 1500 유로의 액수를 인출할 전권을 위임합니다.

Hanau, 2015년 7월 28일

엘리자베트 좀머

단어

Vollmacht = Bevollmächtigung: f. 전권 위임 / jn. zu et. bevollmächtigen oder jn. bevollmächtigen, zu Infinitiv: -에게 -할 전권을 위임하다 / geb. = geboren: 타고난, 태어난, 출생의 / wohnhaft: 거주하는 / Konto: n. 계좌 / Nr. = Nummer / Bank: f. 은행 / Volksbank: 독일의 은행 가운데 하나; bei der Volksbank Hanau: Volksbank Hanau에서 / Betrag: m. 액수 / Geld vom Konto abheben: 계좌에서 돈을 인출하다

도움말

① 'jn. zu et. bevollmächtigen oder jn. bevollmächtigen, zu Infinitiv'는 '-에게 -할 전권을 위임하다'라는 표현인데, 위임 내용이 명사일 경우에는 전자의 표현을, 동사 구일 경우에는 후자의 표현을 사용한다. 독일어에서는 이러한 형태의 사용이 빈번하다: jn. zu et. überreden oder jn. überreden, zu Infinitiv (-에게 -하도록 설득하

다); Er überredet sie zum Mitkommen(그는 그녀에게 같이 가도록 설득한다); Er überredet sie, das Auto zu kaufen(그는 그녀에게 그 차를 사도록 설득한다)

② 문장 안에서 사람의 생일과 거주지를 표시할 때는 다음과 같은 형식을 사용한다: Herr Peter Müller, geb. am 21. 03. 1980, wohnhaft in Hanau, Steinstraße 12 'Herr'는 단수 2, 3, 4격에서는 어미 'n'이, 복수에서는 어미 'en'이 붙는다.

Vollmacht

Hiermit bevollmächtige ich Herrn Peter Müller, geb. am 21. 03. 1980, wohnhaft in Hanau, Steinstraße 12, am 30. 7. 2015 von meinem Konto Nr. 3354-13254 bei der Volksbank Hanau einen Betrag von 1.500,00 Euro abzuheben.

Hanau, 28. Juli 2015

Elisabeth Sommer

4. 방 구하기 및 세입자 구하기
(Zimmersuche und Nachmietersuche)

1) 방 구하기 (Zimmersuche)

중심가 근처에 방 하나 구함
400 유로까지, 난방비 포함.
Tel. 0228 / 7673367

단어 ▬▬▬▬▬▬▬▬▬▬▬▬▬▬▬▬▬▬▬▬▬▬▬▬▬▬▬▬▬▬▬▬▬▬▬▬▬

Zi. = Zimmer / in Zentrumsnähe: 중심가 근처에

도움말 ▬▬▬▬▬▬▬▬▬▬▬▬▬▬▬▬▬▬▬▬▬▬▬▬▬▬▬▬▬▬▬▬▬▬▬▬

① 방을 구할 때 'warm'은 난방비가 포함된 상태를 의미하고, 'kalt'는 난방비가 포함되지 않은 상태를 뜻한다.

Suche 1-Zi. in Zentrumsnähe
bis 400 EUR, warm.
Tel. 0228 / 7673367

2) 방 구하기 (Zimmersuche)

학생, 21세 (비흡연자), 가능한 한 장기간 가구 비치된 방 또는 아파트를 구합니다.
대학 근처.
Tel. 0228 / 7673367

단어

Nichtraucher: m. 비흡연자 / möglichst: 가능한 한, 가급적 / längerfristig: 장기간의; kurzfristig: 단기간의 / unmöbliert: 가구가 없는 / möbliert: 가구가 비치된 / Nähe: f. 인접, 인근

도움말

① 독일에서 'Appartment'은 욕실과 주방 시설이 구비되어 있는 원룸을 의미한다. 일반적으로 혼자 사는 곳으로서 그리 큰 편은 아니다.

Student, 21 Jahre (Nichtraucher), sucht möglichst längerfristig möbliertes Zimmer, auch Appartment. Nähe Uni.
Tel. 0228 / 7673367

3) 세입자 구하기 (Nachmietersuche)

세입자 구함
지붕 바로 아래 집: 45제곱미터, 매우 안락함, 방 2, 욕실 1,
발코니와 빌트 인 주방, 450 유로
부대비용 포함, 보증금은 월세 2개월분
Tel. 0228 / 7673367

단어

Nachmieter: m. 후계 임차인, 현거주자 뒤에 입주할 사람 / Dachwohnung: f. 다층 건물에서 지붕 바로 아래의 집 / komfortabel: 쾌적한, 안락한 / Balkon: m. 발코니 / Einbauküche: f. 빌트 인 주방 / inkl. = inklusive: –을 포함하여; zzgl. = zuzüglich: –은 별도로 / NK = Nebenkosten: pl. 부대비용 / Monatsmiete: f. 월세 / Kaution: f. 보증금

도움말

① 'Dachwohnung'은 다층 건물에서 제일 위층 즉 지붕 바로 아래의 집으로서, 천정이 지붕 모양을 따라 세모 형태를 띠는 것이 일반적인 특징이다.
② 'für'가 가격이나 액수와 함께 사용되면 '–의 가격에, –의 액수로'라는 의미를 지닌다.
③ 'inkl. NK'은 '부대비용 포함'이라는 표현이며, 'zzgl. NK'은 '부대비용은 별도로'라는 표현이다. 부대비용에는 '난방, 전기, 수도, 관리, 청소' 등이 포함되는데, 부대비용 포함이라고 해도 난방, 전기, 수도는 따로 지불하는 경우가 많으므로 부대비용 항목에 무엇이 해당하는지 반드시 확인해 봐야 한다.
④ 'Kaution'은 '보증금'을 의미한다. 보증금은 일반적으로 두 달 또는 세 달치 정도의 월세에 해당하는 금액이며, 입주 시에 미리 지불한다.

Nachmieter suchen

Dachwohnung: 45m², sehr komfortabel, 2 Zi., 1 Bad,

Balkon und Einbauküche für 450 EUR

inkl. NK, 2 Monatsmieten Kaution

Tel. 0228 / 7673367

5. 보고서의 표지 (Das Deckblatt der Hausarbeit)

보고서 :

니체의 그리스 문화 해석

라인 지역의 프리드리히-빌헬름-대학교 본

철학과

주 세미나 : 사고와 문화

2015년 여름학기

지도 : 페터 뮐러 교수

제출자 : 홍길동

뢰머슈트라세 9 편지함 95

53111 Bonn

Tel. 0228 / 7673367

Email: gildong@yahoo.de

단어

Deckblatt: n. 표지 / Hausarbeit: f. 보고서, 과제 / Deutung: f. 해석 / Seminar: n. 세미나, 학과 / Kultur: f. 문화 / Leitung: f. 지도 / vorlegen: 제출하다 / Briefkasten: m. 우편함

도움말

① 'Seminar'는 '학술 연구 모임'이라는 의미 외에 '과'라는 의미로도 사용된다: Germanistisches Seminar (독어독문학과)

② 독일 대학에서는 토론으로 진행되는 'Seminar' 수업이 많은데, 'Übung'과 'Proseminar'는 저학년 위주의 수업이고, 'Hauptseminar'와 'Oberseminar'는 고학년 위주의 수업이다.

③ 'vorgelegt von -'은 '-의해 제출된'이라는 표현이다. 'vorlegen'은 '-을 제출하다'라는 의미의 타동사이다. 타동사의 과거분사가 독립적으로 사용되면 수동의 의미를 지니면서 형용사나 부사의 역할을 할 수 있다. 따라서 'vorgelegt'는 '제출된'이라는 수동의 의미를 지니게 된다. 'von'은 수동문의 행위자 표시에 사용되는데, '-에 의해'라는 의미를 갖는다. 따라서 'vorgelegt von -'은 '-에 의해 제출된'이라는 의미이며, 우리말로는 '제출자'라는 표현이 된다.

참고로 위의 내용과 관련된 수동태 문장은 다음과 같다: Die Hausarbeit *wurde von* Gil-Dong Hong *vorgelegt*(그 보고서는 홍길동에 의해 제출되었다). 이 문장에 나타나는 것처럼 'von'은 수동문의 행위자 표시에 사용된다. 수동태와 수동문은 다음 장에서 자세하게 다루어진다.

Hausarbeit :
Nietzsches Deutung der griechischen Kultur

Rheinische Friedrich-Wilhelms-Universität Bonn

Philosopisches Seminar

Hauptseminar : Idee und Kultur

SS 2015

Leitung : Prof. Dr. Peter Müller

vorgelegt von : HONG, Gil-Dong

Römerstr. 9 Briefkasten 95

53111 Bonn

Tel. 0228 / 7673367

Email: gildong@yahoo.de

독일 유머 (Deutscher Humor)

외국에서 사람들과 쉽게 친해질 수 있는 방법은 '웃음'을 공유하거나 '운동'을 함께 하는 것이다. 이번 장에서는 독일식 유머 몇 가지를 소개한다. 상대에게 쉽게 다가갈 수 없을 경우, 적절한 시기에 사용해 보자. 소통의 실마리가 될 수 있을 것이다.

1. 독일 유머 ①

①선생님이 학생들에게 질문한다: "너희들이 나에게 한 번 'B'로 시작하는 두 명의 유명한 독일인을 명명할 수 있겠니?"

②프리첸이 지원한다: "베켄바우어, 브라이트너, 브레메!"

③선생님이 말한다: "그건 정말 맞아, 프리첸. 하지만 나는 오히려 비스마르크나 베토벤을 생각했어."

④프리첸은 어깨를 으쓱하면서 대답한다: "그들을 나는 몰라요, 그들은 아마도 후보 선수들일 거예요."

단어

① nennen: 명명하다, 부르다 / anfangen: 시작하다

② sich melden: 지원하다, 연락하다

③ eher: 오히려

④ achselzucken: 어깨를 으쓱하다 / wohl: 아마도 / Ersatzspieler: m. 후보 선수

도움말

① 특정한 반에서 일어나는 사건이므로 정관사를 사용하자.

문장 구성에 어려움은 없지만, 'B로 시작하는'의 용법을 생각해 봐야 한다. 'B로 시작하는'은 '두 명의 유명한 독일인'을 수식하지만, 형용사는 아니다. 형용사 이외에 명사를 수식하는 문장 성분은 '관계 문장'이다. 따라서 '두 명의 유명한 독일인, 그들은 B로 시작한다'라는 관계 문장을 구성해야 한다.

화법 조동사와 함께 사용되는 본동사나 완료 시제에 사용되는 과거분사는 문장 끝에 위치하는 것이 원칙이지만, 관계 문장 뒤에 홀로 위치할 경우 이해의 측면에서도 문

체적 측면에서도 어색하므로 관계 문장 앞에 위치하는 것이 일반적이다.

② '베켄바우어, 브라이트너, 브레메'는 독일인이라면 누구나 알고 있는 유명한 축구선수들이다.

④ 'achselzucken'은 '어깨를 으쓱하다'라는 의미의 동사이다. 동사의 원형에 'd'가 붙으면 현재분사가 되어 형용사의 역할을 한다. 그렇지만 현재분사가 독립적으로 사용되면 부사의 역할을 하며 '–하면서'라는 의미를 지니게 된다. 즉 현재분사가 명사를 수식하거나 'sein' 동사의 술어 역할을 하는 형용사적 용법으로 사용되지 않을 경우, 부사의 역할을 하는 '독립 분사 구문'이 된다: *Musik hörend* liest er ein Buch(음악을 들으면서 그는 책을 읽는다). 'achselzuckend'라는 현재분사가 단독으로 사용되면 '어깨를 으쓱하면서'라는 독립 분사 구문이 된다.

'kennen'과 'wissen'은 모두 '알다'라는 의미의 동사이지만 용법에는 큰 차이가 있다. 'wissen'은 단편적인 사건이나 사실을 알고 있을 경우에 사용되므로, 주로 'dass 문장'과 함께 사용된다: Ich weiß, dass er einen Verkehrsunfall gehabt hat. – 나는 그가 교통사고를 당했다는 것을 안다.

'kennen'은 사람이나 어떤 대상을 알고 있을 경우 사용된다: Ich kenne die Frau; Ich kenne das Wort; Ich kenne die Stadt.

(바로) 앞 문장 마지막에 나온 명사를 지시할 경우, 정관사 형태의 지시 대명사를 사용할 수 있다. 이 경우 지시 대명사는 문두에 위치한다. '그들을'은 앞에 나온 '비스마르크'와 '베토벤'을 가리킨다. 따라서 지시 대명사는 정관사 복수 4격 형태인 'die'가 된다: *Die* kenne ich nicht(그들을 나는 몰라요).

'그들은'도 지시 대명사로 표현할 수 있으며, 정관사 복수 1격 형태는 'die'이다. 이는 앞에 나온 지시 대명사 'die'와 동일한, 중복되는 표현이므로 생략 가능하다.

지시 대명사는 나중에 상세히 다루어지지만, 지금 그 용법을 익히고자 하는 이들은 '차례'에 실린 '문법해설'의 목차를 참고하기 바란다.

①Der Lehrer fragt die Schüler: „Könnt ihr mir mal zwei berühmte Deutsche nennen, die mit B anfangen."

②Fritzchen meldet sich: „Beckenbauer, Breitner, Brehme!"

③Der Lehrer sagt: „Es ist schon richtig, Fritzchen. Ich habe aber eher an Bismarck und Beethoven gedacht."

④Fritzchen antwortet achselzuckend: „Die kenne ich nicht, sind wohl Ersatzspieler!"

2. 독일 유머 ②

①한 젊은 남자가 어떤 부유한 남자에 의해 방문 받는데, 그에게 그는(젊은 남자는) 기꺼이 그림 하나를 팔고자 한다.

②"이것은 무엇입니까?", 어쩌면 구매할 지도 모르는 그 사람이 질문하며 어떤 유화 앞에 관심 있게 멈춰 서 있다.

③"풀밭 위 암소들", 그 화가가 설명한다.

④"하지만 나는 풀을 볼 수 없군요.", 그 신사가 말한다.

⑤"그것은 암소들에 의해 먹혔습니다."

⑥"하지만 나는 또한 암소들도 볼 수 없는데요!"

⑦"다 뜯어 먹힌 풀밭 위에서 암소들이 도대체 뭘 하겠습니까, 신사분?"

단어

① besuchen: 방문하다 / Bild: n. 그림, 사진 / verkaufen: 팔다

② eventuell: 어쩌면, 경우에 따라서는 / Käufer: m. 구매자 / der eventuelle Käufer: 어쩌면 구매할지도 모르는 그 사람 / stehen bleiben: 멈춰 서다, 정지하다 / interessiert: 관심 있는, 관심 있게 / Ölgemälde: n. 유화

③ Kuh: f. 암소; Kühe: pl. / Weide: f. 풀밭, 풀, 목장; auf der Weide: 풀밭에서, 목장에서 / erklären: 설명하다 / Künstler: m. 예술가, 화가

⑤ abfressen: 먹어 치우다

⑦ abgrasen: 다 뜯어 먹다

도움말

① 우리말에서 거의 사용되지 않는 형태인 수동태의 작문을 위해 문장을 구성하다 보니

표현이 다소 어색하다. 이해를 바란다.

본문에서는 다음과 같은 문장 형태를 추론할 수 있다: '어떤 부유한 남자, 그에게 그는(젊은 남자는) 기꺼이 그림 하나를 팔고자 한다.' 지금까지 많이 다루어 온 관계 문장의 형태이다. 작문은 그리 어렵지 않다: 'ein reicher Mann, dem er gern ein Bild verkaufen möchte.' 해석을 하면 '그가 기꺼이 그림 하나를 팔고자 하는 어떤 부유한 사람'이 된다. 문장 전체와 연결하면 '한 젊은 남자가, 그가 기꺼이 그림 하나를 팔고자 하는 어떤 부유한 사람에 의해 방문 받는다'가 된다. 앞의 관계 문장의 해석도 마뜩하지 않지만, 문장 전체는 더 더욱 의미가 통하지 않는다. 이런 경우에 우리는 지금까지와는 달리 관계 문장을 순차적으로 해석해야 한다. 즉 본문에서 주어진 것처럼 관계 문장을 '한 젊은 남자가 어떤 부유한 남자에 의해 방문 받는데, 그에게 그는 기꺼이 그림 하나를 팔고자 한다'라고 해석해야 한다. 관계 문장은 일반적으로 명사를 수식하는 방법으로 해석하지만, 경우에 따라서는 순차적으로 해석해야 한다는 사실을 염두에 두자.

이제 '한 젊은 남자가 어떤 부유한 남자에 의해 방문 받는다'라는 문장을 살펴보자. 'besuchen'은 '-를 방문하다'라는 의미의 타동사이다. 독일어에서 타동사는 목적어와 함께 사용되는데, 목적어가 주어로 사용될 경우 동사는 수동의 의미가 된다: '그는 차를 수리한다 → 차는 그에 의해 수리된다; 어떤 부유한 남자가 한 젊은 남자를 방문한다 → 한 젊은 남자가 어떤 부유한 남자에 의해 방문된다(방문 받는다).' 여기에서 가장 중요한 사실은 능동문의 타동사가 수동문에서는 'werden + 과거분사'의 형태로 바뀐다는 점이다. 수동태는 아주 광범위하게 사용되며 가장 중요한 독일어 문법 가운데 하나이다. 따라서 별도로 '문법해설' 부분에서 수동태를 자세하게 설명한다. 우선 아래의 '문법해설'에서 수동태에 대한 설명을 읽고 난 후 다시 본문으로 돌아오자.

수동태에 대한 어느 정도의 지식이 생겼다면 다음 문장을 작문 해 보자: 어떤 부유한 남자가 한 젊은 남자를 방문한다. → 한 젊은 남자가 어떤 부유한 남자에 의해 방문 받는다; Ein reicher Mann besucht einen jungen Mann. → Ein junger Mann wird von einem reichen Mann besucht.

앞에서 설명했지만 화법 조동사와 함께 사용되는 본동사, 완료나 수동에서 사용되는 과거분사는 관계 문장 앞에 위치시키는 것이 이해의 측면에서도 문체적으로도 좋은 표현이다: Ein junger Mann wird von einem reichen Mann, dem er gern ein Bild verkaufen möchte, besucht. → Ein junger Mann wird von einem reichen Mann besucht, dem er gern ein Bild verkaufen möchte. 둘 다 올바른 표현이지만, 가능하다면 후자의 표현을 사용하도록 하자.

② 'stehen bleiben'은 분리 동사이며 '멈춰 서 있다'라는 의미를 지닌다. '어떤 유화 앞에서'와 '관심 있게'라는 사실 가운데 동사의 의미와 좀 더 밀접한 관계가 있는 문장 성분이 문장 뒤쪽에 위치해야 할 것이다.

⑤ 바로 앞 문장의 마지막 단어(명사)를 지시할 경우 정관사 형태의 지시 대명사를 사용할 수 있다. 이때 지시 대명사는 문두에 위치한다.

'abfressen'은 '먹다, 먹어 치우다'라는 의미의 타동사이다. 주어진 문장의 시제는 과거이며 동사의 형태는 수동이다. 회화체에서 일반적으로 사용하는 현재 완료형으로 표현해 보자. 참고로 과거형은 다음과 같다: Die wurde – abgefressen.

⑦ '다 뜯어 먹힌 풀밭 위에서'와 '암소들이 도대체 뭘 하겠습니까'라는 두 가지 표현을 나누어서 생각해 보자.

전자에서 중요한 것은 '풀밭'이라는 명사를 수식하는 '다 뜯어 먹힌'을 어떻게 표현하는가이다. 우선 'abgrasen'은 '-을 다 뜯어 먹다'라는 의미의 타동사이다. 타동사의 과거분사는 수동의 의미를 지니는 형용사로 사용될 수 있다. 따라서 'abgegrast'는 '다 뜯어 먹힌'이라는 의미의 형용사가 된다. 따라서 'eine abgegraste Weide'는 '다 뜯어 먹힌 (어떤) 풀밭'이라는 표현이 된다. 독일어에서 과거분사는 수동태와도 밀접한 관련이 있으며 수동태만큼 광범위하게 사용된다. 아래의 '문법해설'을 참고하여 '과거분사'의 용법도 반드시 이해하도록 하자. 현재분사는 앞에서도 여러 번 설명했고, 용법도 그리 까다롭지 않으므로 별도로 다루지는 않는다.

'Was soll(en) denn – ?'은 '도대체 뭘 해야 하느냐?'라는 의미로서 답답함을 토로하는 표현이다. 주어진 문장을 'Was sollen denn *die Kühe* auf der abgegrasten Weide?(다 뜯어 먹힌 그 풀밭 위에서 그 암소들이 도대체 뭘 하겠습니까?)'라고 표현한다면 줄거리 상의 그림에 대한 상황을 의미하며, 'Was sollen denn *Kühe* auf einer abgegrasten Weide?(다 뜯어 먹힌 풀밭 위에서 암소들이 도대체 뭘 하겠습니까?)'라고 표현한다면 '일반적인 상황'을 의미한다. 여기에서는 두 가지 모두 올바른 표현이 될 수 있다. 관사 사용에 따른 의미 차이에 유의하여, 자신이 원하는 표현을 사용하도록 하자.

결국 본문은 젊은 화가가 아무 것도 그려져 있지 않은 그림을 팔고자 하는 내용이다.

①Ein junger Mann wird von einem reichen Mann besucht, dem er gern ein Bild verkaufen möchte.

②„Was ist das?“, fragt der eventuelle Käufer und bleibt interessiert vor einem Ölgemälde stehen.

③„Kühe auf der Weide“, erklärt der Künstler.

④„Aber ich sehe keine Weide“, sagt der Herr.

⑤„Die ist von den Kühen abgefressen worden.“

⑥„Aber ich sehe auch keine Kühe!“

⑦„Was sollen denn Kühe auf einer abgegrasten Weide, mein Herr?“

문법

수 동 태

우리가 지금까지 다루어왔던, 주어가 동사의 능동적인 행위자가 되는 문장을 능동문이라고 부른다. 능동문에서는 행위의 주체가 중요한 역할을 한다. 그렇지만 행위의 주체가 중요한 것이 아니라 행위의 과정이나 상태가 중요할 경우에는 수동문을 사용하며, 여기에 사용된 동사의 형태를 수동태라 부른다. 즉 수동태란 행위의 주체가 아니라 행위의 대상과 과정이 강조되는 문장 형태를 의미한다. 수동태에는 행위가 강조되는 동작 수동과 행위가 끝난 상태가 강조되는 상태 수동의 두 가지 종류가 있다.

1) 동작 수동: werden + 과거분사 (– 된다, – 되어 진다)

Er repariert den ganzen Tag das Auto. – "그는 하루 종일 차를 수리한다." 이 문장은 능동문으로서 차를 수리하는 행위의 주체가 문장에서 중요한 역할을 한다. 그렇지만 수리되는 대상과 수리되는 과정을 더 중요하게 다루어야 할 경우도 있다. 수리되는 대상의 강조를 위해서는 수리되는 대상이 주어가 되어야 하고 수리되는 과정을 표현하기 위해서는 수동형이 사용될 수밖에 없다.

Das Auto wird den ganzen Tag von ihm repariert. - "그 자동차는 하루 종일 그에 의해 수리된다." '-ieren'으로 끝나는 동사는 과거분사에서 'ge_'가 붙지 않음에 유의하자. 수동태로서 이 문장의 중점은 수리되는 대상과 수리되는 과정의 표현에 있다. 능동문의 목적어였고 행위의 대상이었던 'das Auto'가 수동문에서는 주어인 동시에 과정의 대상이 되며, 이와 함께 행위의 대상과 과정이 동시에 강조된다. 즉 능동의 타동사 'reparieren'이 과거분사로 변하고 수동의 동사 'werden'과 결합함으로써 '수리된다'라는 수동의 의미가 되며, 동시에 '차가 수리되고 있다'는 과정이 강조된다. 능동문의 행위자는 수동문에서 그리 중요하지 않으며, '-에 의해'라는 의미의 'von 행위자' 형태로 표시된다. 'von'은 3격 지배 전치사이므로 행위자는 항상 3격으로 표시되어야 한다. 예문과 같이 능동문의 시제가 현재일 경우, 수동문의 시제도 현재여야 한다. 따라서 'werden' 동사의 현재형이 사용되었다.

Ich schreibe den Brief. - "나는 편지를 쓴다." 주어가 행위의 주체가 되는 능동 문장이다. Der Brief wird von mir geschrieben. - "그 편지는 나에 의해 쓰인다." 행위의 대상과 과정이 중요시된다.
Die Stadt wird durch den Krieg zerstört. - "그 도시는 전쟁에 의해 파괴된다." 수동문의 행위자가 사람이 아니라 어떤 원인이나 방법일 경우는 'durch + 원인 또는 방법'의 형태로 수동문의 행위자가 표시된다. 예문에서는 전쟁이라는 원인을 통해 도시가 파괴되는 것이므로 'von 행위자'가 아닌 'durch 원인'의 형태로 수동문의 행위자가 표시되었다. 예문을 능동문으로 바꾸면 다음과 같다: Der Krieg zerstört die Stadt.

• 수동문의 행위자가 일반적인 사람일 경우 생략하여도 의미 파악에 문제가 없기 때문에 수동문에서는 이를 표시하지 않는다. 즉 능동문의 주어가 'man, wir, Leute' 등의 일반적인 사람일 경우 수동문에서는 행위자의 표시를 생략한다.
Hier wird eine Straße gebaut. - "여기에 어떤 거리가 만들어진다." 이 문장에서 유의할 점은 부사가 문장 처음에 와서 주어와 동사가 도치되었으며, 수동문의 행위자 표시가 없다는 것이다. 따라서 이 문장에서의 행위자는 일반적인 사람들이라고 생각하면 된다. 예문을 능동문으로 고치면 다음과 같다: Hier baut man eine Straße; Hier bauen wir eine Straße.

☙ 지금까지 다루어진 수동태의 특징을 요약하면 다음과 같다:
① 능동문의 타동사는 수동문에서 'werden + 과거분사'의 형태로 전환된다.
② 능동문의 목적어(4격)는 수동문에서 주어(1격)로 전환된다.
③ 능동문의 주어는 수동문에서 'von 행위자' 또는 'durch 원인·방법'으로 전환된다.
④ 능동문의 주어가 일반적인 사람들일 경우 수동문에서는 표시되지 않는다.

2) 수동태의 시제

현　　　재	Ich **werde** von ihr **geliebt**.
과　　　거	Ich **wurde** von ihr **geliebt**.
미　　　래	Ich **werde** von ihr **geliebt werden**.
현 재 완 료	Ich **bin** von ihr **geliebt worden**.
과 거 완 료	Ich **war** von ihr **geliebt worden**.
미 래 완 료	Ich **werde** von ihr **geliebt worden sein**.

① 현재 – "나는 그녀에 의해 사랑받는다."
지금까지 배운 현재의 수동문이다. 어려운 점은 없다.

② 과거 – "나는 그녀에 의해 사랑받았다."
'werden' 동사의 과거형을 사용해서 과거 사실을 나타내는 수동태가 되었다.

③ 미래 – "나는 그녀에 의해 사랑 받을 것이다."
한 문장 안에 여러 가지 동사들이 사용될 경우 가장 중요한 것은 시제를 나타내는 동사라고 이전에 설명했다. 미래 수동형인 문장에서는 시제를 나타내는 미래 동사가 첫 번째 위치에 오게 된다. 나머지 동사들은 문법적 중요도가 높은 순서대로, 문장 끝에서부터 역순으로 위치한다. 따라서 처음에 오는 'werden' 동사는 미래를 나타내는 동사이며 문장 끝에 위치한 'werden'은 수동을 나타내는 동사가 된다. 수동의 동사 'werden'과 결합하는 과거분사는 자연적으로 그 앞에 위치한다. 미래 동사 'werden'은 항상 동사원형과 결합하기 때문에 수동의 동사 'werden'은 여기에서 원형으로 사용되었다.

④ 현재 완료 – "나는 그녀에 의해 사랑받았다."
'werden' 동사가 완료형에서 'sein'과 결합한다는 사실은 이미 설명했다. 이 문장에서 주의해야 할 것은 수동을 나타내는 동사 'werden'의 과거분사가 'geworden'이 아니라 'worden'으로 쓰였다는 점이다. 수동태를 형성하는 동사 'werden'이 완료 시제에 사용될 경우 'geworden'이 아니라 'worden'이라는 형태로 사용된다는 사실을 반드시 기억하도록 하자. 예문의 현재 완료 수동은 의미상 과거 수동형과 전혀 차이가 없다.

⑤ 과거 완료 – "나는 그녀에 의해 사랑받았었다."

현재 완료나 과거보다 한 시제 앞선 시제로서, 현재 완료와의 차이점은 완료의 동사 'sein'의 과거형이 사용되었다는 사실밖에 없다.

⑥ 미래 완료 – "나는 그녀에 의해 사랑받았을 것이다."
이 문장에서, 가장 중요한 시제는 미래이고 그 다음이 완료 시제이다. 따라서 첫 번째 동사의 자리에 미래 동사 'werden'이 위치하고, 그 다음으로 중요한 완료 시제를 나타내는 동사 'sein'이 문장의 마지막 자리에 위치했다. 시제 다음으로 수동태라는 동사 구조가 중요하므로 수동을 형성하는 동사 'werden'의 완료 형태인 'worden'이 오고 그 앞에 타동사의 과거분사가 위치했다. 간단히 말하면, 현재 완료의 수동문이 미래 동사 'werden'과 결합하면 미래 완료 수동문이 형성된다.

3) 상태 수동: sein + 과거분사 (–되어 있다, – 된 상태이다, –되어 있는 상태이다)

상태 수동은 사건이 진행되는 과정이 아니라 사건의 진행이 완료된 상태를 나타낸다. 상태 수동은 'sein + 과거분사' 형태로 표현된다. 이것은 현재 완료와 같은 표현 형태이다. 그렇지만 '상태 수동'에 사용되는 과거분사는 '타동사의 과거분사'이다. '완료'에서 'sein' 동사와 결합하는 과거분사는 항상 '자동사의 과거분사'이다. 혼동할 이유가 없다.

Die Tür **wird geschlossen**. – "그 문은 닫힌다." 문이 닫혀 지고 있는 과정을 나타내는 동작 수동이다. 능동문으로 고치면 다음과 같다: Man **schließt** die Tür. 동작 수동은 능동문의 시제와 일치해야 한다. 여기서는 현재 시제이다.
Die Tür **ist geschlossen**. – "그 문은 닫혀 있다, 그 문은 닫힌 상태이다." 과정이 이미 완료된 상태를 나타내며 현재 시제이다. 이 문장을 능동문으로 고치면 어떻게 될까? 문이 닫혀 있다는 말은 능동문에서 누군가가 문을 닫았다는 의미가 된다. 즉 예문의 능동태는 „Man schließt die Tür."가 아니라 „Man **hat** die Tür **geschlossen**."이 된다. 현재 완료는 과거와 시제 차이가 없기 때문에 „Man **schloss** die Tür."도 가능하다. 상태 수동의 의미를 잘 생각해야 한다. 상태 수동은 이미 완료된 상태를 나타내기 때문에 능동문에서는 한 시제 빠른 동사형을 사용해야 한다. 이것이 동작 수동과의 차이점이므로 잘 기억하도록 하자.

Der Fahrer **war** durch den Verkehrsunfall **verletzt**. – "그 운전자는 교통사고에 의해 부상 당해 있었다." 과거 시제의 상태 수동이다. 수동문의 행위자가 사람이 아닌 어떤 원인이므로 'durch 원인'의 형태가 사용되었다. 이 문장은 과거에 완료된 상태를 표현하며 능동문으로 고치면 한 시제 먼저 일어난 사건이 된다: Der Verkehrsunfall **hatte** den Fahrer **verletzt**.

과거보다 빠른 시제는 과거 완료밖에 없으므로 능동문에서 과거 완료 시제가 사용되었다.

4) 수동의 의미를 갖는 표현

① Man kann das Buch leicht lesen. – 'können + 4격 목적어 + 타동사'

② Das Buch kann leicht gelesen werden. – 'können + 수동'

③ Das Buch lässt sich leicht lesen. – 'lassen sich + Infinitiv'

④ Das Buch ist leicht zu lesen. – 'sein + zu Infinitiv'

⑤ Das Buch ist leicht lesbar. – 'sein + 형용사'

위의 예문들은 모두 동일한 의미를 가지며, '그 책은 쉽게 읽혀질 수 있다'라고 해석될 수 있다. 독일어 시험에 자주 출제되는 유형이다.

① – 능동문으로서 '사람들은 그 책을 쉽게 읽을 수 있다'라는 의미이다.

② – 'können + 수동'의 형태로서 '-될 수 있다'라는 의미이다.

③ – 'lassen' 동사는 원래 사역 동사로서 '시키다'라는 의미를 갖는다. 그렇지만 'lassen sich + Infinitiv'의 형태로 사용될 경우 'können + 수동'과 동일한 의미를 갖는다. 즉 '-될 수 있다'라는 의미로 사용된다.

④ – 'sein + zu Infinitiv'는 두 가지 용법으로 사용되는데 하나는 'können + 수동'의 의미로, 하나는 'müssen + 수동'의 의미로 사용된다. 여기에서는 당연히 'können + 수동'의 의미로 사용되었다. 다음과 같은 경우 'müssen + 수동'의 의미로 사용될 수 있다: Das Gesetz ist streng zu befolgen. = Das Gesetz muss streng befolgt werden(그 법은 엄격하게 지켜져야 한다). 어떠한 용법으로 사용되었는지는 대부분 문맥을 통해서 알 수 있다.

⑤ – 'sein + 형용사'의 형태이다. 모든 동사가 이러한 형용사의 형태로 전환될 수 있는 것은 아니다. 독일어의 형용사에서 어미가 '-bar'로 끝나는 것은 '-될 수 있는', 즉 수동과 가능성의 의미가 동시에 내포되어 있다. 이 사실은 아주 중요하다. 왜냐하면 수동의 의미이므로 이 형용사의 주어는 – 몇몇 특정한 경우를 제외하고 – 사람이 아니라 사물이 될 수밖에 없다.

논문이나 보고서 등의 문서에는 행위자를 표시하는 경우가 거의 드물기 때문에 빈번하게 수동의 문장이 사용된다. 따라서 독일어를 학문적인 목적으로 사용하거나 학술적인 측면에서 접근하는 사람은 수동태에 익숙해져야 한다. 수동태에 익숙해지면 미묘한 의미 차이의 독일어 표현도 가능하게 된다.

과 거 분 사

과거분사는 동사의 세 가지 기본형 가운데 하나이며 기본적으로 완료와 수동에서 사용된다:
Er **ist** nach Hause **gegangen**. – 현재 완료, "그는 집으로 갔다."
Der Schüler **wird** von dem Lehrer **gelobt**. – 동작 수동, "그 학생은 선생님으로부터 칭찬
받는다."
Der Arbeiter **ist** schwer **verletzt**. – 상태 수동, "그 근로자는 심하게 부상당해 있다(부상
당한 상태이다)."

자동사의 과거분사는 독립적으로 사용되어도 여전히 완료의 의미를 지니고 타동사의 과거
분사는 독립적으로 사용되어도 수동의 의미가 남아 있다. 앞의 예문을 참조하면 이해에 도움
이 될 것이다.

1) 과거분사의 형용사적 용법 – 자동사 (완료의 의미)

Im **vergangenen** Jahr habe ich mein Studium abgeschlossen. – "지난해에 나는 학업을
마쳤다." 'vergangen'은 '(시간이) 지나가다'라는 의미의 자동사 'vergehen'의 과거분사이다.
이 문장에서는 명사를 수식하는 형용사적 용법으로 사용되었고 형용사 어미변화 했으며, 자
동사의 과거분사는 이미 끝난, 즉 완료된 상황을 표현하므로 'vergangen'은 '지나간'이라는
의미를 지닌다. 자동사의 과거분사 구문은 완료된 과거 사실을 나타내기 때문에 관계 문장으
로 전환할 경우 항상 과거나 현재 완료 시제로 표현된다: Im Jahr, das **vergangen ist**,
habe ich mein Studium abgeschlossen. 현재 완료 'vergangen ist' 대신에 과거형 'verging'
을 사용해도 의미 차이는 없다. 자동사의 과거분사 자체가 완료된 과거 사실을 표현하므로
관계 문장은 주문장에 표현된 시제의 영향을 받지 않고 항상 현재 완료나, 과거 시제를 사용
한다.
• Die **vergehende** Zeit kann man nicht halten. – "지나가는 시간을 사람들은 멈출 수가
없다." 이미 몇 번 다룬 현재분사의 문장이다. 예문의 현재분사 구문을 관계 문장으로 전환하
면서 과거분사의 용법과 비교해 보자: Die Zeit, die **vergeht**, kann man nicht halten. 자동
사의 과거분사가 완료된 사실을 의미한다면 자동사의 현재분사는 진행되고 있는 과정을 표
현한다.
Für den **gestorbenen** Professor veröffentlichen wir seine Manuskripte. – "돌아가신 교수
님을 위하여 우리는 그의 원고들을 출판한다." 'gestorben'은 자동사 'sterben'의 과거분사이

고 자동사의 과거분사는 이미 완료된 사실을 나타내므로 '죽은'이라는 의미를 갖는다. 관계 문장으로 전환할 경우 주문장의 시제와 관계없이 과거 시제를 사용해야 한다: Für den Professor, der **gestorben ist**, veröffentlichen wir seine Manuskripte. 앞의 관계 문장에서 현재 완료 대신 과거형 'starb'을 사용하더라도 의미 차이는 없으며, 자동사의 과거분사는 이미 완료된 사실을 나타내므로 주문장의 시제와는 상관없이 과거 시제를 사용해야 한다는 사실에 유의하자.

2) 과거분사의 형용사적 용법 – 타동사 (수동의 의미)

타동사의 과거분사는 'werden'이나 'sein' 동사와 결합하여 각각 동작 수동과 상태 수동을 형성하며, 타동사의 과거분사가 형용사로 사용될 경우에도 이 의미들은 여전히 남아있다.

Der **reparierte** Fernseher **funktioniert** ohne Problem. – "그 수리된 TV는 문제없이 잘 작동한다." 'reparieren'은 '-을 수리하다'라는 의미의 타동사이며 타동사의 과거분사가 형용사적 용법으로 사용될 때는 수동의 의미를 지니므로 예문에 사용된 과거분사는 '수리된, 수리되어진'으로 해석될 수 있다. 과거분사 구문을 관계 문장으로 고칠 경우 시제에 유의해야 한다. TV가 수리된 것은 지금 문제없이 작동하는 것 보다 먼저 일어난 사실이다. 따라서 관계 문장은 주문장보다 한 시제가 빨라야 한다: Der Fernseher, der **repariert worden ist**, **funktioniert** ohne Problem. = Der Fernseher, der **repariert wurde, funktioniert** ohne Problem. 첫 번째 관계 문장은 현재 완료의 수동문이며 두 번째 관계문은 과거의 수동문이다. 주문장의 시제가 현재이므로 관계 문장은 과거형을 사용하든 현재 완료형을 사용하든 아무 상관이 없다. 중요한 점은 관계 문장의 사실이 주문장보다 먼저 일어났음을 이해하는 것이다.

Der repariete Fernseher **funktionierte** ohne Problem. = Der repariete Fernseher **hat** ohne Problem **funktioniert**. – 각 문장의 시제는 과거와 현재 완료이므로 의미는 동일하다. 두 문장 모두 TV가 잘 작동했다는 과거 사실을 표현하므로 TV가 고쳐진 사실은 과거 이전이다. 따라서 과거분사 구문을 관계 문장으로 고칠 경우 사용될 수 있는 시제는 과거 이전의 사실을 표현하는 과거 완료 밖에 없다: Der Fernseher, der **repariert worden war**, **funktionierte** ohne Problem. = Der Fernseher, der **repariert worden war, hat** ohne Problem **funktioniert**.

♣ 타동사의 과거분사 구문은 대부분 주문장의 동사보다 먼저 일어난 사건을 표현한다. 그렇지만 드물게 주문장의 시제와 동일하게 사용되는 경우가 있는데 규정이나 법률을 표현할 때

가 여기에 해당한다.

Das streng **befolgte** Gesetz **gibt** allen ein gleiches Recht. - "엄격하게 준수되는 그 법률은 모든 이에게 동등한 권리를 부여한다." 'befolgen'은 '-을 지키다, 준수하다'라는 의미의 타동사인데 위의 과거분사 구문을 과거의 사실로, 즉 '엄격하게 준수된(준수되었던) 그 법은'이라고 해석하면 문맥이 통하지 않는다. 여기에서 과거분사 구문은 현재의 사실, 즉 주문장의 시제와 동일한 시제로 해석되어야 한다. 따라서 다음과 같은 관계 문장으로 전환될 수 있다: Das Gesetz, das streng **befolgt wird, gibt** allen ein gleiches Recht.

3) 명사화 될 경우

Der Gebildete verhält sich anständig. - "교양 있는 사람은 점잖게 행동한다." 'bilden'은 '교양이나 학식을 쌓다'라는 의미의 타동사이다. 따라서 과거분사로 사용될 경우 수동의 의미를 지니고, 명사화 되어 사람을 표현할 경우 '교양과 학식이 쌓인 사람'이라는 의미가 된다. 다음과 같이 명사화될 수 있다: ein Gebildeter(교양 있는 어떤 남자), der Gebildete(교양 있는 그 남자), eine Gebildete(교양 있는 어떤 여자), die Gebildete(교양 있는 그 여자), Gebildete(교양 있는 사람들), die Gebildeten(교양 있는 그 사람들)

Man bringt **einen Verletzten** ins Krankenhaus. - "사람들은 부상자 한 명을 병원으로 데려간다." 'verletzen'은 '다치게 하다'라는 의미의 타동사이며, 이것의 과거분사가 형용사적 용법으로 사용되고 명사화될 경우 '다치게 된 사람', 즉 '부상자'라는 의미가 형성된다.

Das Vergangene kann man nicht ändern. - "지나간 것을 사람들은 바꿀 수 없다." 'vergangen'은 자동사의 과거분사로서 이미 완료된 사실을 나타내며 예문에서는 중성 명사화 되어 '지나간 것'이라는 의미를 형성한다. 형용사가 명사화될 경우 대부분 중성은 사물을, 복수는 사람을 의미한다.

3. 독일 유머 ③

①악마가 베드로와 함께 축구시합을 결정하기 위하여 그와 통화한다.

②베드로가 말한다: "좋다, 하지만 너는 우리가 모든 좋은 선수들을 여기 하늘나라에 가지고 있다는 것을 알아야 한다."

③악마가 말한다: "그래, 그래, 그것을 나는 이미 안다, 하지만 우리는 심판들을 갖고 있다."

단어

① Teufel: m. 악마 / mit jm. telefonieren: -와 통화하다; jn. anrufen: -에게 전화하다 / Petrus: 베드로 / um - zu -: -하기 위하여 / ein Fußballspiel: 축구시합 / et. mit jm. ausmachen: -을 -와 결정하다

② einverstanden: 동의한, 합의된; Einverstanden!: 좋다, 알았다 / im Himmel: 하늘(나라)에서

③ Schiedsrichter = Schiri(약어): m. 심판

도움말

① 문장의 주요 구성 성분은 '악마가 그와 통화한다'이다. 나머지 문장 성분은 '베드로와 함께 축구시합을 결정하기 위하여'이다. '-하기 위하여'는 'um - zu Infinitiv'의 형태로 표현될 수 있으며, 빈번하게 사용되는 중요한 용법이다. 독일어로 작문할 경우 '악마가 그와 통화한다'라는 문장이 'um - zu -' 구문보다 앞에 오기 때문에, '그와'라는 표현이 아니라 '베드로와'라는 표현을 사용해야 한다. 처음부터 인칭대명사를 사용할 경우 누구인지 알 수 없기 때문이다. 이름이 언급된 이후인 'um - zu -' 구문에서는 인칭대명사로 지시할 수 있다.

② 인용문의 주어와 동사는 '너는 알아야 한다'이며, '우리가 모든 좋은 선수들을 여기

하늘나라에 가지고 있다는 것'이라는 문장이 목적어이다. 문장이 목적어일 경우 'dass 문장'을 사용할 수 있으며 회화체에서 'dass'는 종종 생략되기도 한다. 'dass'가 생략될 경우 부문장은 정치(주어+동사)한다.

이전에 설명한 것처럼 'kennen'은 '사람이나 어떤 대상'에 대해, 'wissen'은 '어떤 (단편적인) 사실'에 대해 사용되는 표현이다. 'dass 문장'은 거의 대부분 '–라는 것, –라는 사실'을 표현한다.

③ 본문에서 '그것을'은 앞에 나온 '사실'을 지시하므로, 동사는 'kennen'이 아니라 'wissen'을 사용해야 한다.

제1장에서 제5장에 이르기까지 우리는 '관사의 사용방법'에 관해 많은 부분을 할애했다. 앞으로 계속되는 장들에서 지금까지 습득한 방법과 요령을 차분히 적용해 나가기 바란다. 관사의 사용에서 가장 중요한 점은, 관사는 단어 자체에서가 아니라 문장이나 텍스트의 맥락 안에서 정해진다는 사실이다.

우리가 독서를 할 경우, 정관사를 사용했는지, 부정관사를 사용했는지 아니면 관사를 사용하지 않았는지에 따라 텍스트의 해석은 미묘하게 때로는 많이 달라진다. 역으로 말하면, 관사의 이해도에 따라 문맥 자체를 오인할 수도 더 잘 이해할 수도 있다. 독일어 학습이 어느 정도 진전된 이후에도 관사의 사용은 항상 부담으로 남는다. 지금까지 관사에 대해 상세하게 다룬 만큼 관사 사용의 부담감이 조금이라도 떨쳐졌으면 하는 바람이다. 앞으로 관사에 대한 자세한 설명이 없을지라도, 번역된 독일어 문장을 참고하여 어떤 관사가 왜 사용되었는지 눈여겨보도록 하자.

①Der Teufel telefoniert mit Petrus, um mit ihm ein Fußballspiel auszumachen.

②Petrus sagt: „Einverstanden, aber du musst wissen, wir haben alle guten Spieler hier im Himmel.“

③Der Teufel sagt: „Ja, ja, das weiß ich schon, aber wir haben die Schiedsrichter.“

한국 (Korea)

우리가 독일인 또는 외국인과 대화할 때 가장 많이 주고받는 질문 중의 하나가, 자신과 상대방의 나라에 관한 것이다. 특히 독일에서 어학 과정에 있는 학생이라면, 자신의 나라에 관해 소개할 기회도 빈번하게 주어진다. 자신의 말 한마디 한마디가 듣는 사람에게는 그 나라에 대한 고정적인 이미지로 굳어지는 경우가 대부분이다. 이번 장에서는 스스로 우리나라를 소개한다는 마음으로 작문에 임하여, 기회가 주어질 경우 한국에 대한 올바른 정보를 전달할 수 있기 바란다.

1. 한국의 기후

①한국은 온대기후지역에 놓여 있고 서로 다른 사계절을 가진다.
②봄에 자연은 그의 긴 겨울잠에서 깨어난다. ③날마다 점점 따뜻해지고, 나무들은 서서히 녹색이 된다. ④유감스럽게도 날씨는 종종 변화한다. ⑤태양이 비치고, 갑자기 비가 온다.
⑥그 다음에는 여름이 된다. ⑦해가 비교적 높이 떠 있고 더워진다. ⑧날씨가 너무 덥기 때문에, 대부분의 사람들은 바다로 또는 산으로 간다. ⑨때때로 하늘은 먹구름으로 덮이고 천둥이 치고 번개가 친다.
⑩가을에 낮은 점점 짧아지고 밤은 점점 길어지며 추워진다. ⑪새들은 따뜻한 나라들로 날아간다. ⑫나뭇잎들은 색이 변하고 땅으로 떨어진다. ⑬많은 사람들은 특히 자신의 아름다운 색들을 갖고 있는 이 계절을 사랑한다.
⑭겨울이 오면 종종 눈이 내린다. ⑮기온은 10도 이하로 떨어진다. ⑯그러면 연못, 호수, 강들은 얼어붙는다. ⑰나무들은 벌거숭이가 된다. ⑱그럼에도 불구하고 겨울은 많은 사람들에게 좋은 시간이다, 왜냐하면 그들은 지금 썰매를 탈 수도 있고 또는 스키를 탈 수도 있기 때문이다.

단어

① gemäßigt: 온건한, 적당한, 중도의 / Klima: n. 기후, 분위기 / Zone: f. 지대, 지역 / in der gemäßigten Klimazone: 온대기후지역에 / verschieden: 서로 다른 / Jahreszeit: f. 계절
② erwachen: 눈을 뜨다, 잠을 깨다; aus et. erwachen: -에서 깨어나다 / Natur: f. 자연 / Winterschlaf: m. 겨울잠
③ täglich: 날마다 / Baum: m. 나무 / allmählich: 점점, 서서히
④ sich ändern: 변하다, 변화하다
⑤ scheinen: 빛나다, 비치다 / plötzlich: 갑자기
⑦ hoch-höher-höchst: 높은-더 높은-가장 높은
⑧ die meisten: 대부분의 사람들 / an die See: 바다로 / Berg: m. 산; in den Berg: 산으로
⑨ dunkle Wolken: pl. 먹구름 / bedecken: 덮다 / es donnert: 천둥 치다 / es blitzt: 번개 치다

⑪ Vogel: m. 새 / fliegen: 날아가다

⑫ Blatt: n. 잎; Blätter an den Bäumen: 나뭇잎들 / sich verfärben: 변색하다 / zur Erde fallen: 땅으로 떨어지다

⑬ Farbe: f. 색

⑭ es schneit: 눈이 오다

⑮ Temperatur: f. 온도, 기온 / sinken: 가라앉다, 내려가다 / Grad: m. 도, 정도

⑯ zufrieren: 얼어붙다 / Teich: m. 연못, 저수지 / Fluss: m. 강

⑰ kahl: 대머리의, 나뭇잎이 없는, 나무가 없는

⑱ trotzdem: 그럼에도 불구하도 / Schlitten fahren: 썰매를 타다 / Schi fahren = Schi laufen: 스키를 타다

도움말

③ 자연 현상과 날씨를 표현할 경우에는 비인칭 주어 'es'를 사용하며, 이 경우 'es'는 생략될 수 없다: Es ist kalt; Es wird warm; Es regnet; Es wird Winter. '비교급 + werden'은 '점점 더 -하게 되다'라는 표현이다.

④ 도치된 문장에서 재귀대명사는 명사 주어 앞에 위치한다.

⑦ 비교급이 단독으로 사용되면 '비교적 -한'이라는 의미를 지닌다: Er macht eine längere Reise(그는 비교적 긴 여행을 한다).

⑧ 'weil'은 '-때문에'라는 의미의 부문장을 형성하는 종속 접속사이다. 'denn'은 '왜냐하면'이라는 의미를 지니는 병렬 접속사로서 뒤의 문장은 정치(주어+동사)한다. 'weil'은 주문장 앞에 올 수도 있고 주문장 뒤에 올 수도 있기 때문에 '- 때문에' 또는 '왜냐하면'으로 해석될 수 있다. 그러나 'denn'은 주문장 뒤에 와야 하기 때문에 항상 '왜냐하면'이라고 해석해야 한다: Weil er krank ist, geht er nicht in die Schule; Er geht nicht in die Schule, weil er krank ist; Er geht nicht in die Schule, denn er ist krank.

'meist'는 'viel'의 최상급으로서 '가장 많은'이라는 뜻을 지닌다: 'viel-mehr-meist' 형용사의 최상급은 정관사와 함께 사용되며, 형용사가 명사화되어 복수로 사용되면 사람을 의미한다. 따라서 'die meisten'은 '가장 많은 사람들' 즉 '대부분의 사람들'이라는 의미를 지니게 된다. 'meist'는 명사화되어도 관용적으로 소문자로 시작한다.

형용사 및 부사의 비교급과 최상급의 용법은 다음에 자세히 다루어진다.

'die See(= das Meer)'는 '바다'를 의미하며, 'der See'는 호수를 뜻한다.

여기에서 '산으로'는 내용상 복수를 의미한다.

⑨ 'bedecken'은 '-을 덮다'라는 의미의 타동사이다. '먹구름이 하늘을 덮다'라는 문장은 다음과 같이 표현될 수 있다: Dunkle Wolken bedecken den Himmel. 본문에서는 수동태의 문장으로 표현되어 있다.

'der Himmel, die Sonne, der Mond' 등 유일무이한 대상에는 정관사를 사용한다.

⑩ 반복되는 문장 성분은 생략할 수 있다.

⑬ 여기에서 '자신의'는 '이 계절'을 지시한다.

⑯ 동일한 관사가 반복될 경우, 처음에만 사용하고 나머지는 생략한다.

⑱ 'trotzdem'은 '그럼에도 불구하고'라는 의미의 부사로서, 뒤에 문장이 올 경우 당연히 도치(동사+주어)된다. 'obwohl'은 '-에도 불구하고'라는 의미의 종속 접속사로서 부문장을 형성하며, 부문장에서 동사는 문장 끝에 위치한다. 이 둘의 의미와 용법을 혼동하는 경우가 있는데 'trotzdem'은 접속사가 아니라 부사임에 유의하자: Obwohl er krank ist, geht er in die Schule; Er ist krank. Trotzdem geht er in die Schule. 'für'는 '문장의 주체나 대상'을 표현하며, '-에게, -에게는, 에게 있어'라고 해석된다: Die Aufgabe ist für mich leicht(그 과제가 나에게는 쉽다); Die Arbeit ist für uns sehr wichtig(그 일은 우리에게 아주 중요하다). 작문을 할 경우 자주 사용되는 표현이므로 유의해서 기억하자.

'all, viel, ander'가 복수로 사용되면 사람을, 중성으로 사용되면 사물을 의미한다: alle(모든 사람들), viele(많은 사람들), andere(다른 사람들); alles(모든 것), vieles(많은 것), anderes(다른 것)

1. Das Klima in Korea

①Korea liegt in der gemäßigten Klimazone und hat vier verschiedene Jahreszeiten.

②Im Frühling erwacht die Natur aus ihrem langen Winterschlaf. ③Es wird täglich wärmer, die Bäume werden allmählich grün. ④Leider ändert sich das Wetter oft. ⑤Die Sonne scheint, und plötzlich regnet es.

⑥Dann wird es Sommer. ⑦Die Sonne steht höher und es wird heiß. ⑧ Weil das Wetter zu heiß ist, fahren die meisten an die See oder in die Bergen. ⑨Manchmal wird der Himmel mit dunklen Wolken bedeckt und es donnert und blitzt.

⑩Im Herbst werden die Tage kürzer und die Nächte länger und kälter. ⑪Die Vögel fliegen in warme Länder. ⑫Die Blätter an den Bäumen verfärben sich und fallen zur Erde. ⑬Viele Menschen lieben besonders diese Jahreszeit mit ihren schönen Farben.

⑭Wenn der Winter kommt, schneit es oft. ⑮Die Temperatur sinkt unter 10 Grad. ⑯Dann frieren die Teichen, Seen und Flüsse zu. ⑰Die Bäume werden kahl. ⑱Trotzdem ist der Winter für viele eine schöne Zeit, denn sie können jetzt Schlitten fahren oder Schi laufen.

2. 경주

①경주는 한때 신라(기원전 57년 – 기원후 935년)의 수도였고 10세기에 백만보다 더 많은 인구를 갖고 있었다. ②그 도시와 그 주변지역은 한국 역사와 문화의 많은 유물들을 갖고 있는 진정한 보고이다: 사찰들, 왕의 봉분들, 탑들 그리고 옛 궁궐들과 성채들의 흔적.

③경주의 대표적인 보물들은 불국사 사찰과 토함산의 정상에 놓여 있는 암벽동굴 석굴암이다. ④그것(석굴암)은 홀로 주실의 가운데에 앉아있는 본존불로 유명하다. ⑤그 조각상은 세계의 가장 아름다운 불교 예술품들에 속한다.

⑥불국사는 한국에서 가장 아름다운 사찰 가운데 하나이다. ⑦그것은 751년에 통일신라의 주 사찰로서 건립되었다. ⑧그 사찰은 여섯 개의 국보들을 포함하는데, 그것들에 8세기부터 전해지는 두개의 석탑이 속한다. ⑨그것들은 삼층의 소박한 석가탑과 복잡하게 구성된 다보탑이다. ⑩후자는 현재의 10원짜리 동전에 모사되어 있다.

⑪경주는 관광객들에게 매우 추천할만한 가치가 있다. ⑫석굴암과 불국사는 1995년부터, 경주 주변지역은 2000년부터 유네스코 세계문화유산에 속한다.

단어

① Hauptstadt: f. 수도 / das Silla-Reich: 신라(왕국) / v. Chr. = vor Christus: 기원전; n. Chr. = nach Christus: 기원후 / Jahrhundert: n. 세기; im 10. Jahrhundert: 10세기에 / eine Million: 백만 / Einwohner: m. 주민, 거주자, 인구

② Umgebung: f. 주변, 주변지역 / Schatzkammer: f. 보고, 보물 창고 / Überrest: m. 나머지, 유물 / Geschichte: f. 역사 / Kultur: f. 문화 / Tempel: m. pl. 절, 사원 / Königgrab: n. 왕의 무덤, 봉분 / Pagode: f. 탑 / Ruine: f. 폐허; Ruinen: pl. 잔재, 흔적 / Palast: m. 궁전, 왕궁 / Festung: f. 요새, 성채

③ repräsentativ: 대표적인 / Schatz: m. 보물 / Felsengrotte: f. 암벽동굴 / Gipfel: m. 산꼭대기, 정상 / der Berg Tohamsan: 토함산

④ für et. bekannt sein: -로 유명하다, 알려져 있다 / der Hauptbuddha: m. 본존불 / Hauptraum: m. 주실, 주 공간

⑤ Statue: f. 조각, 입상 / zu et. gehören: -에 속하다 / buddhistische Kunstwerke: 불교 예술품들

⑦ Haupttempel: m. 주 사찰 / das Vereinte Silla-Reich: 통일신라(왕국) / errichten: 세우다, 건립하다

⑧ beherbergen: 포함하다, 내포하다 / Nationalschatz: m. 국보 / Steinpagode: f. 석탑 / aus: (출처, 기원) -로부터, -에서부터; aus dem 8. Jahrhundert: 8세기에서부터, 8세기부터 전해지는

⑨ dreistufig: 삼단계의 / schlicht: 단순한, 소박한 / kompliziert: 복잡한 / konstruieren: 구성하다

⑩ letzter: 후자의 / aktuell: 현재의, 현실의, 실제의 / 10-Won-Münze: f. 10원짜리 동전 / abbilden: 모사하다, 복제하다

⑪ Tourist: m. 관광객 / empfehlenswert: 추천할 가치가 있는

⑫ das Gebiet um Gyeongju: 경주 주변지역 / UNESCO-Welterbe: n. 유네스코 세계문화유산

도움말

① '(몇) 세기(에)'는 서수로 표현함에 주의하자: im 20.(zwanzigsten) Jahrhundert '비교급 als'는 '-보다 더'라는 표현이다. 독일어에서는 비교 대상이 동일해야 하므로, '백만보다 더 많은 인구'를 정확하게 표현하면 '백만 인구보다 더 많은 인구'가 된다. 따라서 'mehr Einwohner als eine Million Einwohner'라는 표현이 형성되는데, 이 경우 동일명사가 중복되므로 앞의 명사를 생략한다. 참고로 'mehr'는 'viel'의 비교급이다: 'viel-mehr-meist' 비교급 가운데 'mehr'와 'weniger'는 형용사 어미변화 하지 않는다.

② '한국 역사와 문화'는 'die koreanische Geschichte und die koreanische Kultur'라고 표현할 수 있는데, 동일한 성분들은 생략할 수 있다. 따라서 'die koreanische Geschichte und Kultur'라는 표현이 형성된다. 본문에서는 2격으로 사용되고 있다. '한국 역사와 문화의 많은 유물들을 갖고 있는'은 '진정한 보고'를 수식하는 전치사구이다. 전치사 'mit'는 대체로 '-와 함께, -을 가지고, -을 타고' 등으로 해석된다. 전치사구가 명사를 수식하는 경우, 전치사구는 일반적으로 명사 뒤에 온다: Kaffe ohne Zucker(무설탕 커피); Wasser mit Kohlensäure(탄산수)

③ '토함산의 정상에 놓여 있는'은 '암벽 동굴 석굴암'을 수식한다. 형용사가 아닌 문장이 명사를 수식하고 있으므로, '암벽 동굴 석굴암, 그것은 토함산의 정상에 놓여 있다'라는 형태의 관계 문장을 구성해야 한다.

④ '홀로 주실의 가운데에 앉아있는'은 문장으로서 '본존불'이라는 명사를 수식한다. 따라서 '본존불, 그것은 홀로 주실의 가운데에 앉아있다'라는 관계 문장을 구성해야 한다.

⑤ 최상급은 원칙적으로 정관사와 함께 사용된다.

⑥ '-가운데 하나'는 2격을 사용하여 표현할 수 있다. '가장 아름다운 사찰 가운데 하나'를 정확하게 표현하면 '가장 아름다운 사찰들 가운데 한 사찰'이 된다. 따라서 'ein Tempel der schönsten Tempel'이라는 표현이 형성되는데, 동일한 명사가 중복되므로 앞의 명사를 생략한다. 이 경우 'ein'이라는 관사가 남게 되는데, 부정관사나 소유 대명사가 독립적으로 사용될 경우에는 생략된 명사의 정관사 어미변화를 해야 한다. 따라서 'Tempel'이라는 남성 1격 명사가 생략되는 대신, 'ein'은 남성 1격 정관사 어미가 붙어 'einer'라는 표현이 된다.

⑦ 문장의 주어와 동사는 '그것은 건립되었다'이다. 'errichten'은 '-을 세우다, 건립하다'라는 의미의 타동사이다. 여기에서는 '건립되다'라는 수동의 표현으로 사용되었다. 과거 사실은 현재 완료나 과거형으로 표현할 수 있는데, 문어체에서는 동사의 과거형을 사용하는 것이 일반적이고 문체상으로도 좋다. 현재 완료형은 다음과 같다: Er ist errichtet worden.

연도를 표현하는 경우에는 숫자만 사용할 수도 있고, 'im Jahr -'의 형태를 사용할 수도 있다. 그렇지만 'in -'은 잘못된 표현이다: 1999 = im Jahr 1999; in 1999(X) 'als'는 자주 사용되는 표현이며 '-로서'라는 의미를 지니고, 비교급과 사용될 경우에는 '-보다'라는 의미를 갖는다. 신분이나 지위, 직업, 국적을 나타내는 명사가 'sein' 동사의 술어로 사용될 경우 관사는 생략하는데, 이러한 명사들이 'als(-로서)' 뒤에 사용되어도 관사는 생략한다: Er ist Arzt; Sie arbeitet als Lehrerin.

⑧ '그 사찰은 여섯 개의 국보들을 포함한다. 그것들에 8세기부터 전해지는 두개의 석탑이 속한다'라는 문장은 다음과 같이 표현될 수 있다: Der Tempel beherbergt sechs Nationalschätze. Zu ihnen gehören zwei Steinpagoden aus dem 8. Jahrhundert. 본문에서는 다음과 같은 문장을 유추해 낼 수 있다: '여섯 개의 국보들, 그것들에 8세기부터 전해지는 두개의 석탑이 속한다.' 이것은 관계 문장의 형태이며, 순차적으로 해석하기만 하면 된다. 이미 관계 문장의 순차적 해석도 몇 번 다루었기에 그리 어려운 점은 없을 것이다. 'zu et. gehören'은 '-에 속하다'라는 표현인데, 'zu'와 'et.'는 분리할 수 없다. 따라서 '-에'라는 의미의 'zu'와 '그것들'이라는 관계 대명사 또한 분리할 수 없다. 결국 '전치사+관계 대명사'의 형태에 의해 '그것들에'라는 표현이 형

성될 수 있다.

⑨ 바로 앞 문장에 나온 명사를 가리킬 경우에는 지시 대명사를 사용할 수 있다. 지시 대명사는 2격과 복수 3격을 제외하고는 정관사 형태와 동일하다.

'복잡하게'는 '구성된'이라는 형용사를 수식하는 부사이므로 어미변화와는 아무 상관이 없다.

'konstruieren'은 '-을 구성하다'라는 의미의 타동사이다. 타동사의 과거분사는 형용사로 사용될 수 있으며 수동의 의미를 지닌다. 따라서 'konstruiert'는 '구성된'이라는 형용사적 의미를 갖는다. '-ieren'으로 끝나는 동사는 과거분사에서 'ge-'가 붙지 않는다.

⑩ 'der erstere'는 '전자', 'der letztere'는 '후자'라는 의미를 갖는다. 지시하는 명사에 상응하여 정관사 및 형용사 변화한다.

'모사된다'라는 표현은 동작 수동이며 '모사되어 있다'는 상태 수동의 표현이다. 동작 수동은 'werden + 과거분사', 상태 수동은 'sein + 과거분사'의 형태로 사용된다.

'동전에'는 '동전 (표면) 위에'를 의미한다.

⑪ 앞에서 설명했지만 'für'는 '-에게(는)'라는 의미를 지니며, 문장의 주체나 대상을 표현한다. 중요한 용법이므로 유의하여 기억하자.

⑫ '생략' 가능한 부분에 주의하여 작문해 보자.

'gehören'은 'jm. gehören' 또는 'zu et. gehören'의 형태로 사용된다.

2. Die Stadt Gyeongju

①Gyeongju war einmal die Hauptstadt des Silla-Reiches(57 v. Chr. – 935 n. Chr.) und hatte im 10. Jahrhundert mehr als eine Million Einwohner. ②Die Stadt und ihre Umgebung sind die wahre Schatzkammer mit vielen Überresten der koreanischen Geschichte und Kultur: Tempel, Königgräber, Pagoden und Runien alter Paläste und Festungen.

③Die repräsentativen Schätze von Gyeongju sind der Bulguksa-Tempel und die Felsengrotte Seokguram, die auf dem Gipfel des Berges Tohamsan liegt. ④Sie ist bekannt für den Hauptbuddha, der allein in der Mitte des Hauptraums sitzt. ⑤Die Statue gehört zu den schönsten buddhistischen Kunstwerken der Welt.

⑥Der Bulguksa-Tempel ist einer der schönsten Tempel in Korea. ⑦Er wurde im Jahr 751 als Haupttempel des Vereinten Silla-Reiches errichtet. ⑧Der Tempel beherbergt sechs Nationalschätze, zu denen zwei Steinpagoden aus dem 8. Jahrhundert gehören. ⑨Die sind die dreistufige schlichte Seokgatap und die kompliziert konstruierte Dabotap. ⑩Die letztere ist auf der aktuellen 10-Won-Münze abgebildet.

⑪Gyeongju ist für Touristen sehr empfehlenswert. ⑫Seokguram und Bulguksa gehören seit 1995, das Gebiet um Gyeongju seit 2000 zum UNESCO-Welterbe.

3. 고려대장경(팔만대장경)

①해인사에 있는 고려대장경은 전체의 불교경전이 새겨져 있는 81258개의 목판본으로 구성되어 있다. ②이 목판들의 제작을 위한 방대한 작업들은 북으로부터 몽고의 침략에 대한 부처의 보호를 기원하기 위하여 시작되었고 1251년까지 16년 동안 지속되었다. ③그것들의 보관을 위한 내부 공간은 아주 이상적인 환기와 온도조절을 처리할 수 있어서 그 사각의 목판들은 오늘날까지 완벽하게 보존되어 있다. ④그것들의 제작 이후로 600년이 경과하면서 해인사에서의 몇몇 화재에도 불구하고 그 내부 공간은 결코 함께 손상된 적이 없다.
⑤해인사와 고려대장경은 1995년 유네스코 세계문화유산 목록에 추가되었다.

단어

① die Tripitaka Koreana: f. 고려대장경, 팔만대장경 / aus et. bestehen: -로 구성되다 / der hölzerne Druckstock: m. 목판본 / vollständig: 완전한, 전체의 / Sutra: n. (불교)경전; pl. Sutren / die buddhistischen Sutren: 불교경전 / einschneiden: 새겨 넣다, 새기다

② umfangreich: 광범위한, 방대한 / Tafel: f. 판, 도판, 칠판 / Erstellung: f. 건립, 작성, 제작 / Mongoleneinfall: m. 몽고의 침략 / Schutz: m. 보호; Schutz vor et.[3]: -로부터의 보호, -에 대한 보호 / erflehen: 탄원하다, 간청하다, 기원하다 / dauern: 지속되다

③ Halle: f. 강당, 홀 / Aufbewahrung: f. 보존, 보관 / über et[4] verfügen: -을 처리할 수 있다, 다루다 / ideal: 이상적인, 최적의 / Belüftung: f. 환기, 통풍 / Klimaregelung: f. 온도조절, 온도제어 / Blöcke: pl. (대체로 사각형의) 목판, 석판, 금속판 / bis zum heutigen Tag: 오늘날까지 / vollkommen: 완전한, 완벽한 / erhalten: 보존하다, 유지하다

④ trotz et.[2]: -에도 불구하고 / Brand: m. 화재 / im Laufe der Zeit: 시간이 경과하면서, 시간이 지나면서 / niemals: -한 적이 없다, 결코 -않다 / jn./et[4] in Mitleidenschaft ziehen: -을 함께 손상시키다, 훼손하다, -에게 함께 피해를 주다

⑤ et.[3] et.[4] hinzufügen: -에 -을 추가하다, 부가하다, 첨부하다, 첨가하다 / die Liste des UNESCO-Weltkulturerbes: 유네스코 세계문화유산 목록

이번 단원에는 구성이 다소 복잡하고, 여러 가지 문법 사항들이 적용된 문장들이 등장하는데, 이는 문어체 문장의 일반적인 특성이다. 끈기와 집중력을 발휘하여 작문을 완료할 수 있기 바란다.

① 문장의 주요 구성 성분은 '고려대장경은 -로 구성되어 있다'이다.
'전체의 불교경전이 새겨져 있는'이라는 구성 성분은 문장으로서 '81258개의 목판본'이라는 명사를 수식한다. 이는 '관계 문장'을 구성해야 함을 의미한다. 우선 다음의 예문을 살펴보자: Man schneidet einen Namen auf dem Stein ein(사람들이 어떤 이름을 그 돌 위에 새긴다). → Ein Name wird auf dem Stein eingeschnitten(어떤 이름이 그 돌 위에 새겨진다). → der Stein, auf dem ein Name eingeschnitten wird(그 돌, 그 위에 어떤 이름이 새겨진다 / 어떤 이름이 새겨지는 그 돌). 능동문, 수동문, 관계 문장의 순서로 구성된 문장들이다. 관계 문장은 순차적으로도 역순으로도 해석될 수 있다. 순차적 해석에서는 '그 위에(전치사+관계 대명사)'라는 표현이 나타나지만, 역순의 해석에서는 '그 위에(전치사+관계 대명사)'라는 표현이 생략된다. 그렇지만 해석되지 않는다고 해서 관계 문장에서 관계 대명사가 존재하지 않는 것은 아니다. 일반적으로 관계 문장은 역순으로 해석된다. 이 때 '관계 대명사'나 '전치사+관계 대명사'가 해석되지 않는 경우가 있을지라도, 독일어 문장에는 반드시 존재함을 기억하자.
본문에서는 '새겨져 있다'라는 상태 수동이 사용되고 있음에 유의하자.

② 문장의 주요 구성 요소는 '작업들은 시작되었고, 지속되었다'이다. 'beginnen'은 자동사로도 타동사로도 사용될 수 있는데, 여기에서는 타동사의 성격을 이용하여 수동문을 구성해 보자. 'dauern'은 '지속되다'라는 자동사이므로 수동형은 불가능하다.
'für'와 'zu'는 둘 다 '-을 위한'이라는 의미를 지니는데, 전자는 사람이나 대상과 결합하며 후자는 (일반적으로 행위를 나타내는) 동사의 명사형과 결합한다: für meine Frau; für Freiheit und Demokratie; zum Überleben; zur Kontrolle; zur Erinnerung
'um - zu -' 구문은 '-하기 위하여'라는 의미를 지니며 자주 사용되는 관용적인 표현이다. 본문에서 여기에 해당하는 부분은 '북으로부터 몽고의 침략에 대한 부처의 보호를 기원하기 위하여'이다.

'부처의 보호를'이라는 문장 성분은 다음과 같이 표현될 수 있다: Buddhas Schutz = den Schutz von Buddha = den Schutz Buddhas 고유명사가 처음에 오면 정관사 역할을 대신하므로, 정관사를 사용하지 않는다.

③ 다소 복잡한 구성의 문장이다. 문장의 주요 구성 요소는 '내부 공간은 - 처리할 수 있어서 목판들은 - 보존되어 있다'이다. 지금까지 다루어지지 않은 형태의 문장 구조인데 '(아주, 정말) -해서 -하다'라는 표현에 주목해야 한다. 'so - , dass -'는 '-해서 -하다'라는 원인과 결과를 나타내는 표현이다. 이는 자주 사용되는 관용적인 표현이므로 아래의 '문법해설'에서 자세하게 다루고 있다. 우선 '문법해설'을 읽고 그 용법을 이해한 후 다시 본문으로 돌아오자.

본문의 주문장에는 '이상적인'이라는 형용사가 있기 때문에 'so'는 그 앞에 사용할 수 있다. 따라서 독일어로 작문할 경우 '그것들의 보관을 위한 내부 공간은 아주 이상적인 환기와 온도제어를 처리할 수 있어서'는 'so'를 사용하여 원인을 표현하는 주문장이 되며, '그 사각의 목판들은 오늘날까지 완벽하게 보존되어 있다'는 'dass 문장'을 사용하여 결과를 표현하는 부문장이 된다.

'dass 문장'에서 동사의 형태는 상태 수동이다.

이전에도 설명했지만 독일어의 형용사는 대부분 부사로도 사용된다. 'vollkommen' 또한 '완전한, 완벽한'이라는 의미의 형용사로도, '완전하게, 완벽하게'라는 부사의 의미로도 사용된다.

주어진 문장이 다소 길어 작문에 어려움이 있을 수도 있다. 그렇지만 문장을 구성하는 주요성분인 주어와 동사, 문장의 골격을 구성하는 주문장과 부문장의 연관 관계, 개별적인 문장 성분 사이의 수식 관계 등을 차례대로 주의 깊게 파악한다면, 다소 긴 문장의 작문에도 익숙해 질 수 있을 것이다. 우선은 주어와 동사의 확인 및 문장 골격의 파악에 익숙해지도록 하자.

④ 주문장을 수식하는 부가어로서 'ⓐ그것들의 제작 이후로 ⓑ600년이 경과하면서 ⓒ 해인사에서(의) ⓓ몇몇 화재에도 불구하고'는 네 개의 전치사구로 이루어져 있다. 전치사구는 일반적으로 뒤에서 앞의 문장 성분을 수식한다. 따라서 내용상 네 개의 전치사구는 'ⓓ←ⓒ←ⓑ←ⓐ' 순서로 배열되어야 한다. 네 개의 전치사구가 문장 처음에 오면 주문장은 당연히 도치(동사+주어)된다.

문장 처음의 전치사구가 너무 길다고 생각할 경우에는 마지막에 콤마를 사용하여 주문장과 구분하는 것도 좋은 방법이다. 예전과 달리 최근의 정서법 규정에서는, 문장을 구성하는 사람이 필요하다고 생각되는 (대부분의) 위치에 콤마를 사용할 수 있도록 규정하고 있다. 즉 이 조항은 원칙보다 작성자나 독자의 이해를 더 중요하게 생각하는 부분이다: Sie verspricht(,) ihrem Vater(,) einen Brief zu schreiben(,) und verabschiedet sich(그녀는 그녀의 아버지에게 편지를 쓸 것을 약속하고는 작별한다). 예문에서 콤마는 사용하지 않을 수도 있고, 사용해도 무방하다.

본문에서 문장의 주요 구성 성분인 주어와 동사는 '그 내부 공간은 함께 손상된 적이 없다'이다. 'et.^{4} in Mitleidenschaft ziehen'은 '-을 함께 손상시키다'라는 의미의 표현이다. 다음 예문을 살펴보자: Die Brände zogen niemals die Halle in Mitleidenschaft(그 화재들은 그 내부 공간을 결코 함께 손상시킨 적이 없다). → Die Halle wurde niemals durch die Brände in Mitleidenschaft gezogen(그 내부 공간은 그 화재들에 의해 결코 함께 손상된 적이 없다). 본문의 주어진 문장에서도 수동태의 기본 원리만 이해하고 있다면 작문에 큰 어려움은 없을 것이다.

⑤ 주어진 문장은 동작 수동의 문장이다. 'et.^{3} et.^{4} hinzufügen'은 '-에 -을 추가하다'라는 표현으로서 수동이 되면 '-이 -에 추가되다'라는 표현이 된다. 즉 능동문의 3격은 수동문에서도 여전히 3격이며, 격이 바뀌어야 할 하등의 이유가 없다: Man fügte der Liste den Tempel hinzu(사람들은 그 목록에 그 사찰을 추가했다). → Der Tempel wurde der Liste hinzugefügt(그 사찰은 그 목록에 추가되었다).

3. Die Tripitaka Koreana

①Die Tripitaka Koreana im Haeinsa-Tempel besteht aus 81258 hölzernen Druckstöcken, auf denen die vollständigen buddhistischen Sutren eingeschnitten sind. ②Die umfangreichen Arbeiten zur Erstellung dieser Tafeln wurden begonnen, um Buddhas Schutz vor den Mongoleneinfällen aus dem Norden zu erflehen, und dauerten 16 Jahre bis 1251.

③Die Halle für ihre Aufbewahrung verfügt über eine so ideale Belüftung und Klimaregelung, dass die Blöcke bis zum heutigen Tag vollkommen erhalten sind. ④Trotz einiger Brände im Haeinsa im Laufe der 600 Jahre seit ihrer Errichtung, wurde die Halle niemals in Mitleidenschaft gezogen.

⑤Der Haeinsa-Tempel und die Tripitaka Koreana wurden 1995 der Liste des UNESCO-Weltkulturerbes hinzugefügt.

문법

so - , dass - / - , so dass -

'so - , dass - ' 또는 ' - , so dass - '는 원인과 결과를 나타내는 표현으로서 '(정말, 너무) -해서 -하다'라고 해석된다. 'so'는 주문장에 형용사나 부사가 있으면 이들 앞에 오고, 형용사나 부사가 없으면 ' - , so dass - '의 형태로 사용된다. 'so - , dass - ' 구문은 자주 사용되는 중요한 표현이다. 다음의 예문을 참고하여 용법을 확실히 익혀두도록 하자.

Sie war **so** traurig, **dass** sie weinte. - "그녀는 (너무) 슬퍼서 울었다." 주문장에 'traurig'라는 형용사가 있기 때문에 'so'는 그 앞에 온다.

Er lernte **so** fleißig, **dass** er eine gute Note bekommen konnte. – "그는 (정말) 열심히 공부했다, 그래서 그는 좋은 점수를 받을 수 있었다." 'so'는 주문장의 'fleißig'라는 부사 앞에 위치했다.

Er war **so** faul, **dass** er die Prüfung nicht bestehen konnte. – "그는 너무 게을러서 시험을 합격할 수 없었다." 예문과 같은 부정의 결과문은 'zu - , um - zu - (너무 -해서 -할 수 없다)' 구문으로 바꿀 수 있다: Er war zu faul, um die Prüfung bestehen zu können. 문장 그대로 해석하면 '그는 시험을 합격할 수 있기 위하여 너무 게을렀다'가 되는데, 통상 '그는 너무 게을러서 시험을 합격할 수 없었다'로 해석한다. 부정으로 해석되었지만 'um - zu -' 구문 안에 부정어(nicht)가 없음을 유의하자.

Sie hatte Angst vor dem Hund, **so dass** sie in das Haus nicht gehen konnte. – "그녀는 개를 무서워했다, 그래서 그녀는 그 집 안으로 들어갈 수 없었다." 주문장에 형용사나 부사가 없으므로 ' - , so dass - '의 형태로 사용되었다. 예문은 다음과 같이 전환될 수도 있다: Sie hatte **solche** Angst vor dem Hund, **dass** sie in das Haus nicht gehen konnte(그녀는 개에 대한 커다란 두려움을 가져서 그 집 안으로 들어갈 수 없었다).

4. 공휴일

①한국의 공휴일은 가족 범위 내에서 보내지거나 또는 나들이를 위하여 활용된다. ②많은 공휴일들은 종교적 공휴일이거나 명절이다. ③다른 공휴일들은 국경일이다. ④일상생활에서 서력이 통용될지라도, 일련의 공휴일과 종교적 축일은 음력에 따라 결정된다.

1월 1일: 신정

1월 1일(음력): 설날(구정)

3월 1일: 삼일절(독립운동의 날)

4월 8일(음력): 석가탄신일

5월 5일: 어린이날

6월 6일: 현충일

8월 15일: 광복절(해방의 날)

8월 15일(음력): 추석

10월 3일: 개천절(국가건립일)

10월 9일: 한글날(한글반포일, 한글의 날)

12월 25일: 크리스마스

단어

① Feiertag: m. 공휴일 / Kreis: m. 범위, 영역; Familienkreis: 가족 범위 / verbringen: (시간을) 보내다 / Ausflug: m. 소풍, 나들이; zum Ausflug: 나들이하러, 나들이를 위하여 / nutzen: 이용하다, 활용하다

② religiös: 종교의, 종교적인 / Volksfest: n. 민속 축제, 명절

③ nationale Gedenktage: 국경일(들)

④ täglich: 일상의, 일상적인 / der Gregorianische Kalender: 서력, 예수가 태어난 해를 기원으로 하는 책력 / gelten: 유효하다, 통용되다 / eine Reihe von -: 일련의 / religiöse Feste: 종교적 축일(들) / Mondkalender: m. 음력 / festlegen: 확정하다, 결정하다

도움말

① 여기에서 공휴일은 하나가 아니므로 복수를 사용하자.

'verbringen'은 '-을 보내다'라는 의미의 타동사이며 'nutzen'은 '-을 활용하다'라는 의미의 타동사이다. 주어진 문장을 능동문으로 바꾸면 다음과 같다: 사람들은 한국의 공휴일을 가족 범위 내에서 보내거나 또는 나들이로 활용한다. → Man verbringt koreanische Feiertage im Familienkreis oder nutzt zu Ausflügen. 이 문장을 본문에서 주어진 수동문으로 바꾸는 것은 그리 어렵지 않을 것이다.

② '많은 공휴일'과 '종교적 공휴일'은 각각 'viele Feiertage'와 'religiöse Feiertage'로 표현할 수 있다. 그렇지만 앞 문장에서 '공휴일'이라는 표현을 사용했으므로 여기에서는 '공휴일'이라는 표현을 생략해도 의미 파악에 아무런 문제가 없다.

④ 'obwohl'과 'obgleich'는 동일한 의미와 용법으로 사용되며, '-일지라도'라는 의미의 부문장을 형성하는 종속 접속사이다.

'eine Reihe von -'은 '일련의 -'라는 표현이다: eine Reihe von Musikern(일련의 음악가들); eine Sorte von Metall(일종의 금속)

'festlegen'은 '-을 결정하다'라는 의미의 타동사이며, 주어진 문장은 수동태이다.

전치사 'nach'는 '-에 따라, -에 의하면'이라는 용법으로도 빈번하게 사용된다: nach dem Befehl(명령에 따라); nach meiner Meinung(내 생각에 의하면)

4. Öffentliche Feiertage

①Koreanische Feiertage werden im Familienkreis verbracht oder zu Ausflügen genutzt. ②Viele sind religiöse oder Volksfeste. ③Andere sind nationale Gedenktage. ④Obgleich im täglichen Leben der Gregorianische Kalender gilt, werden eine Reihe von Feiertagen und religiösen Festen nach dem Mondkalender festgelegt.

1. Januar: Neujahr

1. Januar(Mondkalender): Seollal(Mondneujahr)

1. März: Tag der Unabhängigkeitsbewegung

8. April(Mondkalender): Buddhas Geburtstag

5. Mai: Kindertag

6. Juni: Gefallenengedenktag

15. August: Tag der Befreiung

15. August(Mondkalender): Chuseok

3. Oktober: Staatsgründungstag

9. Oktober: Hangeul-Tag (auch Tag der Verkündung des Hangeul
oder Tag des koreanischen Alphabets)

25. Dezember: Weihnachten

독일 (Deutschland)

독일어를 배우는 사람이라면 언젠가는 독일의 도시나 문화에 대해 소개할 기회가 주어
질 것이다. 또한 독일어를 배우는 외국인들은 서로에게 자신의 독일에 대한 지식을 전
달할 경우도 있을 것이다. 이번 장에서는 독일어를 배우는 사람이 기본적으로 알아두면
좋을 독일의 도시와 문화에 대한 정보를 제공하고자 한다.

1. 독일의 도시들

①독일의 수도는 베를린이다. ②베를린은 거의 30년 동안 베를린 장벽에 의해 분리되어 있었다. ③베를린은 350만 이상 인구를 갖고 있는 독일의 가장 큰 도시이고 정치적, 경제적, 문화적 중심지이다.

④함부르크는 독일의 가장 큰 항구도시이다. ⑤함부르크는 북해 연안에 놓여 있다. ⑥함부르크 항구에서부터 독일의 생산품들은 전 세계로 간다.

⑦독일 남쪽에 있는 예술의 도시 뮌헨은 가장 아름답고, 가장 중요한 도시들에 속한다. ⑧녹색의 이자르 강가에 있는 이 아름답고 오래 된 도시의 중심은 고딕 양식의 시청을 갖고 있는, 그리고 그 뒤쪽에 솟아 오른 프라우엔 교회의 탑들을 갖고 있는 마리엔 광장이다.

⑨쾰른은 라인 강변에 있는 오래 되고 큰 도시이다. ⑩쾰른 성당은 독일에서 가장 큰 고딕 양식의 교회이다. ⑪쾰른 성당을 완성하기 위하여 사람들은 600년을 필요로 했다. ⑫프랑크푸르트는 유럽의 가장 큰 공항을 갖고 있다. ⑬그리고 가장 위대한 독일 시인 요한 볼프강 폰 괴테가 프랑크푸르트 암 마인에서 태어났다.

⑭하이델베르크는 1386년에 창립된 가장 오래된 독일 대학을 갖고 있다. ⑮또한 하이델베르크 성도 아주 유명하다. ⑯그것은 독일 르네상스의 가장 아름답고 멋진 폐허들 가운데 하나이다.

단어

① Hauptstadt: f. 수도
② fast: 거의, 대략 / die Berliner Mauer: 베를린 장벽 / teilen: 나누다, 분리하다
③ über -: -이상 / Einwohner: m. 주민, 인구 / politisch: 정치의, 정치적인 / wirtschaftlich: 경제의, 경제적인 / kulturell: 문화의, 문화적인 / Zentrum: n. 중심, 중심지
④ Hafen: m. 항구; Hafenstadt: f. 항구도시
⑤ Nordsee: f. 북해; an der Nordsee: 북해 연안에
⑥ von: -에서(부터), -로부터 / der Hamburger Hafen: 함부르크 항 / Produkt: n. 산물, 생산품

⑦ Kunststadt: f. 예술의 도시 / bedeutend: 중요한

⑧ Mittelpunkt: m. 중점, 중심, 중심지 / Isar: f. 이자르 강, Donau 강의 지류 / Marienplatz: m. 마리엔 광장 / gotisch: 고딕 양식의 / Rathaus: n. 시청, 구청, 주민 센터 / dahinter: 그 뒤에 / aufragen: 솟아오르다 / Turm: m. 탑 / Frauenkirche: f. 프라우엔 교회

⑨ Rhein: m. 라인 강

⑩ der Kölner Dom: 쾰른 성당

⑪ vollenden: 완성하다

⑫ Flughafen: m. 공항; der Frankfurter Flughafen: 프랑크푸르트 공항

⑬ Frankfurt am Main: 마인 강가에 있는 프랑크푸르트; Frankfurt an der Oder: 오더 강가에 있는 프랑크푸르트 / gebären-gebar-geboren: 낳다, 분만하다

⑭ gründen: 창립하다, 창설하다

⑮ das Heidelberger Schloss: 하이델베르크 성 / großartig: 멋진, 훌륭한 / Ruine: f. 폐허 / die deutsche Renaissance: 독일 르네상스

도움말

① '독일의 수도'는 다음과 같이 표현할 수 있다: Die Hauptstadt Deutschlands = Die Hauptstadt von Deutschland = Deutschlands Hauptstadt

② 'teilen'은 '-을 분리하다'라는 의미의 타동사이다. '분리되어 있었다'는 과거 시제이며 동사의 형태는 상태 수동이다.

수동문의 행위자 표시에 있어 사람일 경우에는 'von'을, 방법이나 원인일 경우에는 'durch'를 사용한다.

도시 명에 '-er'이 붙으면 '-의'라는 의미의 형용사가 된다. 그렇지만 어미 '-er'은 어떤 경우에도 어미변화하지 않는다. 즉 성과 격에 상관없이 도시 명의 형용사 어미는 항상 '-er'로 고정된다.

③ 'über -'는 '-이상'이라는 의미를 지닌다: über zehn Meter(10미터 이상); über die Hälfte(절반 이상)

독일어에서는 소수점 대신 콤마를 사용함에 유의하자: 3,14(drei komma eins vier)

이번 단원에서는 형용사의 최상급 표현이 자주 등장한다. 이전에도 형용사의 최상급을 사용하여 작문을 했지만, 이제 아래의 '문법해설' 부분에서 형용사와 부사의 최상급에 관하여 좀 더 자세하게 설명하고자 한다. '문법해설'을 참고하여 형용사와 부

사의 최상급에 관한 용법을 확실히 이해하기 바란다.

④ 독일의 가장 큰 항구도시: die größte Hafenstadt Deutschlands = die größte Hafenstadt von Deutschland = Deutschlands größte Hafenstadt

⑧ 문장의 주요 구성 요소는 '중심은 마리엔 광장이다'이다.

강 이름은 항상 정관사와 함께 사용되며, 모든 강이 동일한 정관사를 갖지는 않는다. 이전에 설명했지만 '형용사, 형용사 명사 = 형용사 und 형용사 명사'와 '형용사 형용사 명사'는 다소 의미 차이가 있다. 전자의 경우는 형용사가 각각 명사를 수식하며, 후자의 경우는 첫 번째 형용사가 '두 번째 형용사+명사'를 수식한다: die schöne, alte Stadt = die schöne und alte Stadt(그 아름답고 오래 된 도시); die schöne alte Stadt(그 아름다운 오래 된 도시, 그 아름다운 옛 도시)

'명사 + mit -'는 '-을 갖고 있는'이라는 표현이 된다.

'그 뒤쪽에 솟아 오른 프라우엔 교회의 탑들'은 다소 긴 명사구이다. 아마 '솟아 오른'이라는 표현이 문제가 될 것이다. 'aufragen'은 '솟아오르다'라는 의미의 동사이며, '동사원형+d'는 현재분사로서 형용사의 역할을 한다. 따라서 'aufragend'는 '솟아 오른'이라는 형용사가 된다. 명사구에서, 관사는 항상 처음에 위치하고 명사는 마지막에 위치한다. 물론 '프라우엔 교회'는 2격이므로 명사 뒤에 위치한다.

⑨ '오래 되고 큰 도시'와 '오래 된 큰 도시'는 다소 의미 차이가 있다. 표현에 유의하자.

⑩ 도시 명에 사용된 '-er'은 결코 어미변화 하지 않음에 유의하자.

⑫ 유럽의 가장 큰 공항: Europas größter Flughafen = der größte Flughafen Europas = der größte Flughafen von Europa

⑬ '가장 위대한 독일 시인'과 '요한 볼프강 폰 괴테'는 동격이다. 독일어에서는 콤마를 사용한 동격의 표현이 자주 사용된다. 동격의 용법은 아래의 '문법해설'에서 자세하게 설명하고 있으니 참고하도록 하자.

'gebären'은 '-를 낳다, 분만하다'라는 의미의 타동사이다. 그렇지만 이 동사는 대부분 '태어나다'라는 의미의 수동태로 사용된다: Beethoven wurde 1770 in Bonn geboren.

⑭ '1386년에 창립된'이라는 문장 구성 성분은 문장으로서 '가장 오래된 독일 대학'이라는 명사를 수식한다. 즉 관계 문장을 구성해야 한다는 의미이다: '가장 오래된 독일 대학, 그것은 1386년에 창립되었다'

⑯ '-가운데 하나'는 2격을 사용하여 표현할 수 있다: eins der schönsten Bilder der deutschen Renaissance(독일 르네상스의 가장 아름다운 그림들 가운데 하나) 동일

한 명사를 생략하는 대신, 부정관사 'ein'은 생략된 명사의 정관사 어미변화를 한다. 생략된 명사가 중성 명사일 경우 1격이나 4격은 'eines'가 아니라 'eins'라고 표현함에 유의하자.

1. Städte in Deutschland

①Die Hauptstadt Deutschlands ist Berlin. ②Berlin war fast 30 Jahre durch die Berliner Mauer geteilt. ③Berlin ist die größte Stadt Deutschlands mit über 3,5(drei komma fünf) Millionen Einwohnern und ein politisches, wirtschaftliches und kulturelles Zentrum.

④Hamburg ist die größte Hafenstadt Deutschlands. ⑤Hamburg liegt an der Nordsee. ⑥Vom Hamburger Hafen gehen deutsche Produkte in alle Welt.

⑦Die Kunststadt München im Süden Deutschlands gehört zu den schönsten, bedeutendsten Städten. ⑧Der Mittelpunkt dieser schönen, alten Stadt an der grünen Isar ist der Marienplatz mit dem gotischen Rathaus und den dahinter aufragenden Türmen der Frauenkirche.

⑨Köln ist eine alte, große Stadt am Rhein. ⑩Der Kölner Dom ist die größte gotische Kirche in Deutschland. ⑪Um den Kölner Dom zu vollenden, brauchte man 600 Jahre.

⑫Frankfurt hat Europas größten Flughafen. ⑬Und Johann Wolfgang von Goethe, der größte deutsche Dichter, wurde in Frankfurt am Main geboren.

⑭Heidelberg hat die älteste deutsche Universität, die im Jahre 1386 gegründet wurde. ⑮Auch sehr bekannt ist das Heidelberger Schloss. ⑯ Es ist eine der schönsten und großartigsten Ruinen der deutschen Renaissance.

문법 ▪▬▪▬▪▬▪▬▪▬▪▬▪▬▪▬▪▬▪▬▪▬▪▬▪▬▪▬▪▬▪

형용사와 부사의 비교급과 최상급 

1) 형용사의 원급, 비교급, 최상급

원 급	비교급 → (··)er	최상급 → (··)st
alt (나이 든)	älter(더 나이 든)	ältest(가장 나이 든)
dunkel(어두운)	dunkler(더 어두운)	dunkelst(가장 어두운)
groß(큰)	größer(더 큰)	größt(가장 큰)
gut(좋은)	besser(더 좋은)	best(가장 좋은)
hoch(높은)	höher(더 높은)	höchst(가장 높은)
kurz(짧은)	kürzer(더 짧은)	kürzest(가장 짧은)
lang(긴)	länger(더 긴)	längst(가장 긴)
nah(e)(가까운)	näher(더 가까운)	nächst(가장 가까운)
viel(많은)	mehr(더 많은)	meist(가장 많은)
wenig(작은/적은)	weniger/minder	wenigst/mindest

① 단음절의(모음이 하나만 사용된) 형용사는 비교급과 최상급에서 대부분 변모음(Umlaut)
한다. 'Umlaut'는 모음 'a, o, u'에서만 사용되며 'e, i'에서는 사용되지 않는다. 다음은 비교급
과 최상급에서 변모음 하는 형용사들이다: alt(오래된), dumm(어리석은), hart(단단한),
jung(어린, 젊은), kalt(추운), klug(영리한), krank(아픈), kurz(짧은), lang(긴), rot(붉은),
scharf(날카로운, 매운), stark(강한), schwach(약한), warm(따뜻한), gesund(건강한)
② 형용사의 어미가 '-d, -t, -ts, -z, -sch, -ß'로 끝나면 발음상 최상급에서 '-**est**'를 붙인다:
ältest, kürzest
③ 형용사의 어미가 '-el, -er, -en'으로 끝나면 발음상 비교급에서 어간의 '-e-'를 생략한다:
dunkler
④ 몇몇 형용사의 경우 비교급, 최상급에서 불규칙 변화 한다: gut, viel, wenig
⑤ 'hoch'가 명사를 수식하는 부가적 용법으로 사용될 경우 'ch'가 'h'로 바뀐 후 형용사 변화
한다: ein hoher Berg(높은 산), hohe Preise(높은 가격)
⑥ 'in der nächsten Woche'는 '다음주에'라는 의미이다. '가장 가까운 주에'라고 해석되므로
결국 '다음주'가 된다. 'im nächsten Monat'도 동일한 맥락에서 '다음달에'라는 의미가 된다.
'in der letzten Woche'는 '가장 늦은 주, 가장 마지막 주'라는 의미이므로 '지난주'가 된다.
동일한 맥락에서 'im letzten Jahr'는 '지난해'라는 의미가 된다.

⑦ 'wenig'는 양과 수의 표현 모두에 사용되며, 'wenig'의 비교급과 최상급의 두 가지 형태는 최근에 구분 없이 사용된다.

2) 형용사의 최상급

① 부가적 용법: 정관사 + _ste_ (가장 -한, 형용사 어미변화)

형용사의 최상급 앞에는 정관사를 사용한다. 왜냐하면 최고가 되는 대상은 하나밖에 없기 때문이다. 즉 유일한 존재이므로 정관사를 사용한다.

Thomas ist **der** flei**ß**ig**ste** Schüler in seiner Klasse. – "토마스는 그의 반에서 가장 성실한 학생이다."

Na-Young ist **die** schön**ste** (Schwester) unter den Schwestern. – "나영은 자매들 가운데 가장 아름답다(가장 아름다운 자매이다)." '-가운데'라는 의미로는 'unter'와 'von'이 그리 큰 구분 없이 사용된다.

Von allen Jahreszeiten ist der Winter **die** kälte**ste** (Jahreszeit). – "모든 계절 가운데 겨울이 가장 추운 계절이다."

Heute haben wir **den** läng**sten** Tag des Jahres. – "오늘은 일 년 중 낮이 가장 긴 날이다."

② 술어적 용법: sein + am _sten (가장 -하다)

Wein ist billig; Bier ist billiger; Wasser ist am billigsten. – "와인은 싸다, 맥주는 더 싸다, 물은 가장 싸다."

Er ist am fleißigsten kurz vor der Prüfung. – "그는 시험 직전에 가장 부지런하다(가장 열심이다)."

Es ist im Januar durchschnittlich am kältesten. – "평균적으로 1월에 가장 춥다."

3) 부사의 원급, 비교급, 최상급

	원 급	비교급 → (··)er	최상급 → am (··)sten
규칙변화	schnell(빨리) früh(일찍) spät(늦게)	schneller früher später	am schnellsten am frühsten am spätesten
불규칙변화	gern(즐겨, 기꺼이) viel(많이) wohl(건강히)	lieber mehr besser	am liebsten am meisten am besten

4) 부사의 최상급

① 동사를 수식하는 경우: am _sten (가장 -하게)

Das Mädchen singt am schönsten in ihrer Klasse. – "그 소녀는 그녀의 반에서 가장 아름답게 노래한다."
Der Sportler spielt heute am schlechtesten in seiner Mannschaft. – "그 선수는 오늘 그의 팀에서 가장 나쁘게 경기를 한다(경기를 제일 못한다)."

② 부사의 최상급이 독립적으로 사용되는 경우

i) _st: höchst = äußerst (매우, 극히, 지나치게)
ii) _stens: höchstens(기껏해야), schnellstens(빨라도), spätestens(늦어도), wenigstens(적어도), mindestens(적어도) – '_stens'로 끝나는 부사의 최상급은 자주 사용되는 표현이며, 원래의 뜻과는 상반되는 의미를 지니므로 주의해야 한다.
iii) aufs _ste: aufs schönste(매우 아름답게), aufs freundlichste(매우 친절하게)

Die Sache ist höchst(=äußerst) kompliziert. – "그 일은 극히 복잡하다."
Ich bleibe höchstens 2 Tage in Paris. – "나는 기껏해야 이틀간 파리에서 머문다."
Ich gebe dir das Buch spätestens bis Freitag zurück. – "나는 너에게 그 책을 늦어도 금요일까지 돌려준다."
Wenigstens komme ich nicht zu spät. – "적어도 나는 지각은 하지 않는다."
Im Stadion gibt es mindestens 50000 Zuschauer. – "경기장에는 적어도 오만 명의 관중들이 있다."
Sie antwortet aufs freundlichste auf meine Frage. – "그녀는 매우 친절하게 내 질문에 대답한다."

동 격

동격은 명사를 보충 설명하는 역할을 한다. 대부분 명사 바로 뒤에서 사용되며 앞뒤의 콤마를 통해 다른 문장 성분들과 구분된다. 동격과 이에 의해 수식받는 명사는 문장 내에서 동일한 기능을 하므로 동격은 앞에 있는 명사와 격이 같아야 한다.

Goethe, der größte deutsche Dichter, repräsentiert mit Schiller die deutsche Aufklärung. – "독일의 가장 위대한 작가 괴테는 쉴러와 함께 독일 계몽주의를 대표한다." 'Goethe'는 1격으로 사용되었기 때문에 뒤에 나오는 동격도 1격으로 사용되었다.

In den Ferien bleibe ich bei **meinem Onkel, einem berühmten Schauspieler und Dirigenten eines Orchesters**. – "방학 동안 나는 유명한 연극배우이자 오케스트라 지휘자인 삼촌 집에 머무를 것이다." 'meinem Onkel'은 3격 지배 전치사 뒤에서 3격으로 사용되었으므로 뒤에 나오는 동격도 동일하게 3격 지배 전치사의 격 지배를 받는다.

Das Geburtshaus **Beethovens, des größten deutschen Komponisten**, liegt in Bonn. – "독일의 가장 위대한 작곡가 베토벤의 생가는 본에 있다." 'Beethovens'는 2격으로 사용되었다. 따라서 뒤에 나오는 동격도 동일하게 2격으로 사용되어야 한다.

✎ 'als'는 '-로서'라는 의미를 지니고 있으며 동격을 대체하는 표현으로 사용될 수 있다. 동격을 나타내는 경우 'als' 앞뒤에는 콤마를 사용하지 않는다. 'als' 뒤에 오는 명사는 'sein' 동사의 술어처럼 취급되므로 신분, 직업, 국적을 나타낼 경우 관사를 사용하지 않는다.

Mein Onkel **als** Schauspieler und Dirigent hält oft einen Vortrag über das moderne Theater. – "배우이자 지휘자인 나의 삼촌은 종종 현대극에 관한 강연을 한다." 'als' 이하는 주어와 동격이다.

Ich halte viel von **ihm als** erfahrenem Erzieher. – "나는 경험 있는 교육자로서의 그를 높이 평가한다." 'als' 뒤의 명사는 앞에 나온 대명사와 동일한 격으로 사용되었다. 'viel(wenig) von jm. halten'은 '-를 높이(낮게) 평가하다'라는 의미의 관용어이다.

Der Ruf des Mannes **als Arzt** ist ausgezeichnet. – "의사로서 그 남자의 명성은 뛰어나다." 동격의 'als' 앞에 사용된 명사가 2격일 경우 'als'와 결합하는 명사는 예외적으로 (대부분) 1격을 사용한다. 'Arzt'의 2격은 'Arztes'이다.

2. 휴가

①독일 연방 공화국에서 사람들은 통상적으로 3주 또는 4주까지 휴가를 받는다. ②그와 동시에 모든 근로자들이 법적으로 이 휴가를 받아야 한다는 사실이 흥미롭다. ③독일 사람들은 즉, 사람들이 건강하게 지내고 집중적으로 일할 수 있기 위하여 휴가가 무조건 필요하다고 믿는다.

④대도시들에는 많은 여행사들이 있다. ⑤사람들은 그들에게 전화하거나 그들을 방문하고 여행을 예약한다. ⑥많은 사람들은 휴가 중에 이탈리아, 스페인 또는 그리스로 가고 싶어 한다, 왜냐하면 남쪽에서 사람들은 햇빛을 기대할 수 있기 때문이다. ⑦또한 스칸디나비아도 인기가 있다. ⑧사람들은 거기에서 평온하게 자연을 즐길 수 있다.

단어

① die Bundesrepublik Deutschland: 독일 연방 공화국 / gewöhnlich: 습관적인, 통례의, 일상적인 / Urlaub bekommen = Urlaub nehmen: 휴가를 받다

② intcressant: 흥미 있는, 관심을 끄는 / dabei: 그때, 그와 동시에 / Arbeitnehmer: m. pl. 노동자, 근로자 / nach dem Gesetz: 법에 따라, 법적으로

③ deutsch: 독일의, 독일인의, 독일어의 / nämlich: 즉 / unbedingt: 무조건 / nötig: 필요한 / damit: 종속 접속사. -하기 위하여 / gesund bleiben: 건강하게 지내다 / intensiv: 집중적인

④ Reisebüro: n. 여행사

⑤ jn. oder bei jm. anrufen: -에게 전화하다 / buchen: 예약하다

⑥ im Urlaub: 휴가 중에, 휴가 기간에 / Italien: 이탈리아 / Spanien: 스페인 / Griechenland: 그리스 / Sonne: f. 해, 태양, 햇빛 / mit et. rechnen: -을 고려하다, 기대하다

⑦ Skandinavien: 스칸디나비아 / beliebt: 인기 있는

⑧ in Ruhe: 평온하게 / Natur: f. 자연, 본성 / genießen: 즐기다

도움말

② 문장의 주어는 '모든 근로자들이 법적으로 이 휴가를 받아야 한다는 사실'이며 동사
와 술어는 '흥미롭다'이다. 문장이 주어일 경우 'dass 문장(-라는 것, -라는 사실)'을
사용해야 한다. 'zu 부정사'나 'dass 문장'처럼 주어가 길 경우에는 가주어 'es'를 문
두에 두고 진주어는 문장 끝에 두는 것이 좋은 표현이다: Dass - , ist dabei
interessant. → Es ist dabei interessant, dass - .

③ 'deutsch'는 '독일의'이라는 뜻의 형용사이며, 형용사는 명사화할 수 있다: der
Deutsche(그 독일남자), die Deutsche(그 독일여자), ein Deutscher(어떤 독일남
자), eine Deutsche(어떤 독일여자), Deutsche(독일 사람들), die Deutschen(그 독
일 사람들)

'독일 사람들은' 앞에서(독일 연방 공화국에서 사람들은) 이미 언급되었으므로 정관
사를 사용한다.

주어진 문장의 주어와 동사는 '독일 사람들은 믿는다'이고, 목적어는 '휴가가 무조건
필요하다'라는 'dass 문장'이다. 그리고 '사람들이 건강하게 지내고 집중적으로 일할
수 있기 위하여'는 'dass 문장'을 수식하는 부문장이다. '-하기 위하여'는 'um - zu
-' 구문을 사용할 수 있는데, 주어와 동사가 있는 문장의 형태일 경우 종속 접속사인
'damit'를 사용한다. 여기에서 'damit 문장'은 의미상 'dass 문장'에 포함되므로
'dass 문장' 뒤에 위치해야 한다. 따라서 다음과 같은 형태의 문장이 구성된다: Die
Deutschen glauben, dass - , damit - .

⑥ 'Sonne'가 '해, 태양'이라는 의미로 사용될 경우 유일무이한 것이기 때문에 정관사를
사용해야 하지만, '햇빛'이라는 의미로 사용될 경우에는 물질명사가 되기 때문에 정
관사를 사용하지 않을 수도 있다.

2. Urlaub

①In der Bundesrepublik Deutschland bekommt man gewöhnlich 3 bis 4 Wochen Urlaub. ②Es ist dabei interessant, dass alle Arbeitnehmer nach dem Gesetz diesen Urlaub nehmen müssen. ③Die Deutschen glauben nämlich, dass der Urlaub unbedingt nötig ist, damit man gesund bleibt und intensiv arbeiten kann.

④In den großen Städten gibt es viele Reisebüros. ⑤Man ruft bei ihnen an oder besucht sie und bucht eine Reise. ⑥Viele Leute möchten im Urlaub nach Italien, Spanien oder Griechenland fahren, denn im Süden kann man mit Sonne rechnen. ⑦Auch Skandinavien ist beliebt. ⑧Man kann dort in Ruhe die Natur genießen.

3. 옥토버페스트

①옥토버페스트는 유럽의 가장 큰 민속 축제이다. ②이 축제를 사람들은 또한 맥주 축제라고도 부른다. ③그것은 매년 9월 마지막 주와 10월 첫 주에 거행된다. ④재미와 즐거움이 가득한 16일! ⑤만약 옥토버페스트가 없다면, 많은 뮌헨 사람들에게 삶은 단지 절반 정도만 아름다울 것이다. ⑥이 축제의 즐거움은 단지 그들 자신만을 위한 것은 아니다. ⑦전 독일에서 그리고 다른 나라들로부터 수백만의 방문객들이 해마다 이곳으로 온다.

단어

① Fest: n. 축제; Oktoberfest: n. 옥토버페스트 / Volksfest: n. 민속 축제

② nennen: -을(를) -라 부르다 / Bierfest: n. 맥주 축제

③ stattfinden: 개최되다, 행해지다, 거행되다 / jedes Jahr: 매년, 해마다 / in der letzten Septemberwoche: 9월 마지막 주에 / in der ersten Oktoberwoche: 10월 첫 주에

④ voller -: -로 가득한, -로 가득 찬 / Spaß: m. 재미, 즐거움 / Vergnügen: n. 즐거움

⑤ es gibt et.⁴ : -이 있다 / Münchner = Münchener: m. pl. 뮌헨 사람 / so halb: 절반 정도

⑥ nicht nur: 단지 -뿐만은 아닌; nicht nur für sie allein: 단지 그들 자신만을 위한 것은 아닌

⑦ Millionen von -: 수백만의 / Besucher: m. pl. 방문객, 손님 / aus ganz Deutschland: 전 독일에서 / hierher kommen: 여기로 오다, 이곳으로 오다

도움말

② 'jn./et.⁴ et.⁴ nennen'은 '-를(을) -라 부르다'라는 표현이다. 여기에서 'nennen'은 두 개의 목적어를 필요로 한다. 본문을 수동문으로 전환하면 다음과 같다: 이 축제는 맥주 축제라고 불린다. → Dieses Fest wird das Bierfest genannt. 능동문의 4격은 수동문에서 1격으로 변하므로, 두 개의 4격 또한 모두 1격으로 전환됨에 주의하자.

④ 'voller –'는 '–로 가득한, –로 가득 찬'이라는 표현이며, 이 경우 'voller'는 어미변화 하지 않는다: voller Freude(기쁨으로 가득한); Der Platz ist voller Menschen(그 광장은 사람들로 가득 차 있다).

⑤ 주어진 문장은 실제로는 불가능한 비현실의 조건문이다. 비현실의 조건문은 접속법 2식을 사용하여 표현한다. 접속법 2식을 사용한 '겸손한 표현'은 이전에 다루었다. 이제 접속법 2식의 또 다른 중요한 용법인 비현실의 조건문 즉 '이루어질 수 없는 소원'과 '이루어질 수 없는 조건'에 대해 알아보자. 접속법 2식은 독일어 문법 가운데 에서 가장 어려운 부분인 동시에 가장 중요한 부분에 속한다. 따라서 아래의 '문법해설'에서 접속법 2식을 상세하게 설명하고 있으니, 여러 번에 걸친 반복 학습을 통해 서라도 접속법 2식의 개념과 용법은 꼭 이해하기 바란다. 우선 '문법해설' 부분의 '접속법 2식'을 읽고 난 후 본문으로 돌아오자.

주어진 문장은 현재의 '이루어질 수 없는 조건'을 표현하므로, 접속법 2식 현재를 사용해야 한다. '옥토버페스트가 없다'라는 표현은 'es gibt das Oktoberfest nicht'이므로 부문장의 동사는 'gäbe' 또는 'geben würde'가 되어야 한다. 최근에는 후자의 표현을 사용하는 것이 일반적이다.

'많은 뮌헨 사람들에게'처럼 문장의 주체나 대상을 나타낼 경우에는 전치사 'für'를 사용한다.

'삶은 아름답다'라는 표현은 'das Leben ist schön'이므로, '삶은 아름다울 텐데'라는 표현은 'das Leben wäre schön'이 된다.

주어진 문장을 직설법으로 바꾸면 다음과 같다: 옥토버페스트가 있다, 그래서 많은 뮌헨 사람들에게 삶은 전적으로 아름답다. → Es gibt das Oktoberfest, deswegen ist das Leben für viele Münchner voll und ganz schön. 'voll und ganz'는 '완전히, 전적으로'라는 의미이다.

⑦ '전 독일에서 그리고 다른 나라들로부터'는 전치사구이며, 전치사구는 수식하는 명사 바로 뒤에 위치한다.

3. Oktoberfest

①Das Oktoberfest ist das größte Volksfest Europas. ②Dieses Fest nennt man auch das Bierfest. ③Es findet jedes Jahr in der letzten Septemberwoche und in der ersten Oktoberwoche statt. ④Sechzehn Tage voller Spaß und Vergnügen! ⑤Wenn es das Oktoberfest nicht geben würde, wäre das Leben für viele Münchner nur so halb schön. ⑥ Das Vergnügen dieses Festes ist nicht nur für sie allein. ⑦Millionen von Besuchern aus ganz Deutschland und aus anderen Ländern kommen jedes Jahr hierher.

문법

접속법 2식 〉〉〉〉

접속법 2식의 형태와 접속법 2식의 용법인 '겸손한 표현'은 '제3장: 편지 – 학업허가 신청서' 부분에서 이미 다루었다. 이를 참고하면서 여기에서는 접속법 2식의 또 다른 중요한 용법인 '이루어질 수 없는 소원'과 '이루어질 수 없는 조건'에 관하여 알아보자.

1) 이루어질 수 없는 소원

이전에 조금 다루었지만 접속법 2식은 이루어지지 않은 사실을 나타낸다. 이것은 역으로, 이루어지지 않은 사실을 표현함으로써 마음속에 내재된 소원을 표출하려는 의도라고 생각할 수도 있다. 이런 맥락에서 접속법 2식은 이루어질 수 없는 소원을 비는 표현에도 사용될 수 있다.

Wenn ich **doch nur** ein Vogel **wäre!** = **Wäre** ich **doch nur** ein Vogel**!** – "내가 새라면 (좋을 텐데, 얼마나 좋을까)!" 소원문은 대부분 조건을 나타내는 접속사 'wenn'과 함께 사용

된다. 그리고 조건문의 끝에는 항상 감탄 부호(!)를 사용하고 'doch, bloß, nur, doch nur' 등의 단어를 함께 사용함으로써 소원의 표현을 더욱 강조할 수 있다. 문장의 시제는 현재이므로 현재의 소원을 나타낸다. 접속법 2식의 형태를 과거 시제 또는 과거형과 혼동하지 말자. 접속법 2식에서 과거는 항상 완료 시제로 표현된다. 일반적인 조건문이 그러하듯이 예문의 접속사 'wenn'은 생략될 수 있으며 이 경우 동사는 문장 처음에 위치한다. 예문의 접속법 2식은 이루어질 수 없는 소원을 나타내는 조건문이므로 직설법으로 고치면 현재의 부정적인 상태를 표현해야 한다: Ich bin (jetzt) **kein** Vogel. 이 문장은 '나는 (지금) 새가 아니다'라는 의미이며 현실의 부정적인 상황을 나타내는 직설법의 표현이다.

Wäre ich doch gesund**!** = **Wenn** ich doch gesund **wäre!** = Ich bin **nicht** gesund. – 첫 번째와 두 번째 문장은 '내가 건강하다면 좋을 텐데'라는 의미의 접속법 2식 구문이며, 마지막 문장은 현재의 상태를 나타내는 직설법이다.

Wenn ich doch nur ihre Adresse **gewusst hätte!** = **Hätte** ich doch nur ihre Adresse **gewusst!** – "내가 그녀의 주소를 알았다면 (좋았을 텐데)!" 접속법 2식의 조건문이며 완료 시제가 사용되었기 때문에 과거 사실에 대한 소원을 나타낸다. 이 문장은 과거에 하지 못한 사실에 대한 후회를 의미하므로, 과거의 부정적인 상황이나 상태를 표현하는 직설법으로 전환할 수 있다: Ich **habe** (damals) ihre Adresse **nicht gewusst.** '나는 (그 당시에) 그녀의 주소를 몰랐다'라는 의미로서 과거의 소망과 반대되는 상태를 표현하는 직설법 문장이다.

Wäre sie doch zu uns **gekommen!** = **Wenn** sie doch zu uns **gekommen wäre!** = Sie ist **nicht** zu uns gekommen. – "그녀가 우리에게 왔었다면 좋았을 텐데! = 그녀는 우리에게 오지 않았다."

2) 이루어질 수 없는 조건

Wenn ich Zeit **hätte, würde** ich eine Reise **machen.** = **Wenn** ich Zeit **hätte, machte** ich eine Reise. – "내가 시간이 있다면, 여행을 할 텐데…." 접속법 2식은 이루어지지 않는 (또는 않은) 사실을 나타내므로 이 문장을 직설법으로 고치면 다음과 같은 의미이다: Ich habe **keine Zeit,** deswegen kann ich **keine Reise** machen(나는 시간이 없다, 그래서 나는 여행을 할 수가 없다). 동사의 접속법 2식은 점점 'würde_ + 동사원형'의 형태로 대체되고 있다. 예문에서 'machen' 동사의 접속법 2식은 과거형과 동일하기 때문에 용법의 구분이 쉽지 않다. 이런 경우에는 특히 'würde_ + Infinitiv'의 형태를 사용하여 접속법 2식임을 명확하게 표시하는 것이 좋다. 'sein, haben, **화법 조동사**'는 'würde_ + Infinitiv'의 형태로는 (거의) 사용되지 않는다는 사실을 기억하자.

Wenn ich ein Vogel **wäre, flöge** ich zu dir. = **Wäre** ich ein Vogel, **würde** ich zu dir

fliegen. = Ich bin kein Vogel, deswegen kann ich zu dir nicht fliegen. – "내가 새라면, 너에게로 날아갈 텐데…. = 나는 새가 아니다, 그래서 나는 너에게로 날아갈 수 없다."
Wenn er nicht betrunken **gewesen wäre**, **wäre** er nicht **verletzt worden**. = **Wäre** er nicht betrunken **gewesen**, **wäre** er nicht **verletzt worden**. = Er **war** betrunken, deswegen **wurde** er **verletzt**. – "그가 취하지 않았다면, 부상당하지 않았을 텐데…. = 그는 취했다, 그래서 그는 부상당했다." 주문장은 완료 시제의 수동문이다. 접속법 2식이 사용된 주문장과 부문장은 완료 시제로서, 이루어지지 않은 과거 사실을 표현한다. 따라서 이 문장은 과거의 부정적인 상태를 표현하는 직설법으로 전환될 수 있다. 직설법의 시제는 현재 완료이든 과거이든 무방하다.
Wenn er die Prüfung **bestanden hätte**, **würde** er eine Reise **machen**. = Er **hat** die Prüfung **nicht bestanden**, deshalb **kann** er (jetzt) **keine** Reise **machen**. – "그가 시험을 합격했다면, (지금) 여행을 할 텐데… = 그는 시험을 합격하지 못했다, 그래서 그는 (지금) 여행을 할 수 없다." 부문장은 과거의 이루어지지 못한 사실을 나타내고, 주문장은 현재의 이루지 못하는 사실을 나타낸다. 예문처럼 접속법 2식의 비현실 화법에서는 과거와 현재 시제가 혼합되어 사용될 수도 있다.

3) 이루어지지 않은 과거 사실의 표현

Es wäre besser gewesen, wenn du mit uns Sport getrieben hättest. – "네가 우리와 함께 운동했다면, 더 좋았을 텐데." 이루어지지 않은 사실을 표현하는 접속법 2식의 완료 시제이다.
Ich hätte den Bus fast verpasst. – 접속법 2식의 완료 시제는 이루어지지 않은 사실을 표현하므로 '나는 거의 버스를 놓칠 뻔 했다'라고 해석된다. 결국은 가까스로 버스를 탔다는 의미이다.
Er hat ein Taxi genommen, sonst **wäre** er zu spät **gekommen**. – "그는 택시를 탔다, 그렇지 않았으면 그는 지각했을 것이다." 직설법과 접속법 2식이 혼합되어 사용되었다. 접속법 2식이 사용되었으므로 결국 지각하지 않았다는 의미이다.

☙ 다음에 소개되는 문장들은 화법 조동사를 사용하여 과거의 이루어지지 않은 사실을 표현한다. 일상생활에서 널리 사용되므로 용법을 잘 기억하도록 하자.

Ich **hätte** nach ihrer Adresse **fragen sollen**. – "나는 그녀의 주소를 물어봐야 했는데…." 접속법 2식의 완료 시제로서 이루어지지 않은 사실을 표현한다. 실제로는 '그녀의 주소를 물어보지 못했다'라는 의미이며, 예문은 이 사실에 대한 후회를 나타낸다.

Ich **hätte** mich mit der schönen Frau **befreunden können.** - "나는 아름다운 그녀와 친해질 수 있었는데…." 역시 이루어지지 않은 과거 사실을 나타내며 결국 '아름다운 그녀와 친해지지 않았다'라는 의미이다.

Ich **hätte** damals fleißig Deutsch **lernen müssen.** - "나는 그 당시에 독일어를 열심히 배워야 했는데…." 그 당시에 독일어를 열심히 공부하지 않았다는 의미이다.

Ich **hätte** gern in meine Heimat **zurückkehren wollen.** - "나는 기꺼이 고향으로 돌아가고 싶었는데…." 고향으로 돌아가지 못했다는 의미이다.

Ich **hätte** ins Kino **gehen dürfen.** - "나는 극장에 가는 것이 허락되었는데…." 결국 극장에 가지 못했다는 의미이다.

Der Bus **hätte** schon vor zehn Minuten **kommen müssen.** - "버스는 이미 10분전에 와야 했는데…." 버스가 오지 않았다는 의미이다.

4) 비현실적인 비교 문장: 'als ob + 접속법 2식' (마치 - 인 것처럼)

Er arbeitet, **als ob** er eine Maschine **wäre.** - "그는 마치 기계인 것처럼 일한다." 'als ob + 접속법 2식'은 비현실적인 비교를 나타내며, 'ob'이 생략될 수도 있는데 이 경우 부문장은 도치된다: Er arbeitet, **als wäre** er eine Maschine.

Er redet, **als ob** er in Amerika **gewohnt hätte.** = Er redet, **als hätte** er in Amerika **gewohnt.** - "그는 마치 미국에서 살았던 것처럼 이야기한다."

Er verhält sich, **als ob** er mich nicht **kennen würde.** = Er verhält sich, **als würde** er mich nicht **kennen.** - "그는 마치 나를 모르는 것처럼 행동한다."

5) 비현실적인 결과 문장: 'zu - , als dass + 접속법 2식' (너무 - 해서 - 할 수 없다)

Er ist **zu** schwach, **als dass** er die Arbeit machen **könnte.** - "그는 너무 약해서, 그는 그 일을 할 수 없다." 접속법 2식의 현재는 이루어지지 않는 사실을 나타내므로 'als dass 문장'은 부정어(nicht, kein)의 사용 없이 부정적 상황을 표현한다는 사실에 유의하자. 이 문장은 이전에 배운 형태를 사용하여 직설법의 형태로 전환할 수 있다: Er ist **zu** schwach, **um** die Arbeit machen **zu** können. = Er ist **so** schwach, **dass** er die Arbeit **nicht** machen kann. 첫 번째 문장은 'zu - , um - zu -' 구문으로서 '-하기에는 너무 -하다, 너무 -해서 -할 수 없다'라는 의미의 용법이다. 두 번째 예문은 원인과 결과를 나타내는 '(정말, 너무) -해서 -하다'라는 의미의 'so - , dass 문장'이다. 결과를 나타내는 'dass 문장'은 직설

법이므로 여기에서는 의미상 부정어 'nicht'를 사용해야 함에 주의하자.

이상으로 접속법에 관한 설명을 마친다. 복잡한 구조로 인해 배우기도 어렵거니와 용법이 다양하여 이해하기에도 힘이 들었을 것이다. 그렇지만 위의 내용에서 짐작할 수 있듯이 접속법을 사용하지 않고 섬세하고 다양한 표현을 한다는 것은 거의 불가능하다. 시간이 걸리더라도 꾸준한 반복 학습을 통해 접속법에 익숙해지기 바란다.

어린 왕자 (Der kleine Prinz)

한국에서든 독일에서든 외국인과 대화를 하다보면 생텍쥐페리의 "어린 왕자"를 모르는 사람이 거의 없다는 사실을 알게 된다. "어린 왕자"는 동화 같은 내용이지만, 때로는 해학적으로 때로는 철학적으로 삶의 의미와 세상의 본질을 직시한다. 즉 많은 이들이 쉽게 다가갈 수 있는 작품이지만, 단숨에 읽고 덮을 수 있는 가벼운 동화는 아니다. 이런 특성으로 인해 "어린 왕자"는 독일어를 배우는 (성인) 외국인들 사이의 대화 소재로서 상당히 적합하다.

이번 장에서는 "어린 왕자"에서 어린 왕자와 여우의 만남과 이별 장면을 소개한다. 필자는 유학 시절에 "어린 왕자"의 많은 구절을 외우고 작문에 응용하였는데, 여러분이 "어린 왕자"에서 마음에 드는 구절을 암송할 수 있다면 독일어의 활용에도 많은 도움이 되리라 생각한다.

1. 어린 왕자 ①

①"안녕", 여우가 말했다.

②"안녕", 어린 왕자가 예의바르게 대답하고 뒤돌아보았다. 하지만 그는 아무 것도 보지 못했다.

③"나는 여기 있어", 그 목소리가 말했다, "사과나무 아래…"

④"너는 누구니?", 어린 왕자가 말했다. "너는 참 예쁘구나…"

⑤"나는 여우야", 여우가 말했다.

⑥"와서 나랑 놀자", 어린 왕자가 그에게 제안했다. "나는 정말 슬퍼…"

⑦"나는 너와 함께 놀 수 없어", 여우가 말했다. "나는 아직 길들여지지 않았거든!"

⑧"아, 미안해!", 어린 왕자가 말했다.

⑨하지만 잠시 생각한 후 어린 왕자가 덧붙였다: "길들인다는게 무슨 뜻이야?"

⑩"길들인다, 이건 잊혀진 사실이야", 여우가 말했다. "그건 친해진다는 뜻이지."

⑪"친해진다고?"

⑫"그래", 여우가 말했다. "⑬아직 너는 나에게 단지, 수십만 명의 소년들과 완전히 똑같은 어떤 소년일 뿐이야. ⑭나는 너를 필요로 하지 않고, 너 또한 나를 필요로 하지 않아. ⑮나는 너에게 단지 수십만 마리의 여우들과 같은 한 마리 여우일 뿐이야. ⑯하지만 네가 나를 길들인다면, 우리는 서로를 필요로 하게 될 거야. ⑰너는 나에게 세상에서 단 하나뿐인 존재가 될 거고. ⑱나는 너에게 세상에서 단 하나뿐인 존재가 될 거야…"

⑲"나는 이해하기 시작해", 어린 왕자가 말했다. "한 송이 꽃이 있어… 나는 그것이 나를 길들였다고 생각해…"

⑳"그럴 수도 있어", 여우가 말했다.

단어

① Fuchs: m. 여우

② höflich: 정중한, 예의바른 / der kleine Prinz: 어린 왕자 / sich umdrehen: 뒤돌아보다

③ Ich bin da: (누가 찾을 경우) 나는 여기 있습니다. / Stimme: f. 목소리, 음성 / Apfelbaum: m. 사과나무

④ hübsch: 예쁜, 귀여운

⑥ vorschlagen: 제안하다

⑦ zähmen: 길들이다

⑧ Verzeihung!: 미안합니다, 실례합니다.

⑨ Überlegung: f. 숙고, 고려; nach einiger Überlegung: 잠시 숙고한 후, 잠시 생각한 후 / hinzufügen: 부가하다, 첨부하다, 덧붙이다

⑩ in Vergessenheit geraten: 잊혀지다 / Sache: f. 일, 사건, 사실 / sich mit jm./et. vertraut machen: -와 친해지다, 친숙하게 되다

⑫ gewiss: 확실한, 확실히, 틀림없이; Gewiss!: 그래, 맞아.

⑬ nichts als = nur, bloß: 단지 / Junge: m. 남자 아이; ein kleiner Junge: 소년 / hunderttausend: 수십만의 / völlig: 완전히 / jm./et.³ gleichen: -와 닮다, -와 같다

⑯ einander: 서로

⑰ einzig: 유일한, 단 하나의

⑲ beginnen zu Infinitiv: -하기 시작하다 / glauben: 생각하다, 믿다

도움말

⑥ 도치된 문장에서 대명사는 명사 주어 앞에 위치한다.

⑦ 'zähmen'은 '-을 길들이다'라는 의미의 타동사이다. 여기에서는 수동태로 사용되었는데, 의미상 과거의 동작 수동이나 현재의 상태 수동 둘 다 가능하다.

⑩ 기능 동사구는 '동사와 명사' 또는 '동사와 전치사구'가 관용적으로 결합된 형태를 의미한다: eine Rede halten(연설하다); et. in Ordnung bringen(-을 정돈하다)
기능 동사구는 과거에는 거의 사용되지 않거나 존재하지 않았지만 관료 제도와 산업 사회가 요구하는 공식적인 표현에 적합하기 때문에 근대와 현대에 급격하게 발달한 동사적 형태이다. 이 책의 부록에는 기능 동사구로 사용되는 관용적 표현들이 실려 있다. 틈틈이 익힌다면, 작문과 독해에 많은 도움이 될 것이다.
'잊혀진 사실'은 명사구이다. 우선 '잊혀진'이라는 표현에 대해 알아보자. 'in Vergessenheit geraten'은 기능 동사구로서 '잊혀지다'라는 의미이다. 동사의 과거 분사는 형용사로 사용될 수 있는데 이 경우 자동사는 완료의 의미를, 타동사는 수동

의 의미를 지닌다. 기억이 나지 않는다면 '문법해설'의 과거분사 부분을 참고하자. 'geraten(-geriet-geraten)'은 자동사이므로, 과거분사로 사용된 'in Vergessenheit geraten'은 '잊혀진'이라는 의미의 형용사적 표현이 된다.

명사구에서 관사는 처음에, 명사는 마지막에, 과거분사는 (또는 현재분사는) 명사 바로 앞에 위치한다. 따라서 '잊혀진 사실'은 'eine in Vergessenheit geratene Sache'라고 표현될 수 있다. 'in Vergessenheit geraten'은 과거분사, 즉 형용사로 사용되었으므로 형용사 어미변화 해야 한다.

'잊혀진 사실'은 다음과 같은 관계 문장으로 표현될 수도 있다: (어떤) 사실, 그것은 잊혀졌다. = eine Sache, die in Vergessenheit geriet(=geraten ist). 명사를 수식할 경우 과거분사의 (또는 현재분사의) 형용사적 성격을 이용할 것인지, 관계 문장의 형용사적 성격을 이용할 것인지는 전적으로 언어 사용자의 몫이다. 글의 성격, 글의 대상, 문체 등을 고려하여 적절한 표현을 사용하도록 하자.

'원형 부정사(=동사원형)'나 'zu 부정사(=zu Infinitiv)'는 명사적 용법으로 사용될 수 있으며, 이 경우 주어나 목적어의 역할을 한다: 그것은 친해짐을(친해진다는 것을) 의미한다. → Es bedeutet, sich vertraut machen. = Es bedeutet, sich vertraut zu machen. 'zu 부정사'는 '명사적 용법, 형용사적 용법, 부사적 용법'으로 사용될 수 있지만, '원형 부정사'는 오로지 명사적 용법으로만 사용될 수 있다.

가주어 'es'와 함께 사용되는 동사구의 형태는 반드시 'zu 부정사'이며, '원형 부정사'는 올 수 없다: Es ist nicht leicht, einen Arbeitsplatz *zu* finden(일자리를 발견하는 것은 쉽지 않다). 'Es'는 아무 의미 없는 형식상의 주어이며, 문장의 진주어는 'einen Arbeitsplatz *zu* finden'이다. 앞에서 표현된 'Es bedeutet, sich vertraut machen'이라는 문장에서 'Es'는 가주어가 아니라 '그것'이라는 의미의 인칭 대명사 주어이다.

⑬ 문장의 주요 구성 요소는 '너는 어떤 소년이다'이다.

'수십만 명의 소년들과 완전히 똑같은'은 문장의 형태로서 '어떤 소년'을 수식하므로 다음과 같은 관계 문장을 구성해야 한다: 어떤 소년, 그는(관계 대명사, 남성 1격) 수십만 명의 소년들과 완전히 똑같다.

⑭ 부정어 'nicht'는 일반적으로 목적어 뒤에 사용되며, 문장 성분 가운데 특히 목적어를 부정할 경우에는 목적어 앞에 사용된다.

⑮ '수십만 마리의 여우들과 같은'은 문장의 형태로서 '한 마리 여우'라는 명사를 수식한다.

⑯ 문장의 시제에 주의하자.

⑰ 'einzig sein'은 '유일하다, 하나뿐인 존재이다'라는 의미이며, 'werden'과 함께 사용되면 '하나뿐인 존재가 될 것이다'라는 표현이 된다.

주어진 문장은 다음과 같이 표현할 수 있다: Du wirst für mich einzig sein in der Welt. 전치사구는 수식어 바로 뒤에 와야 하므로 'in der Welt'는 'einzig' 뒤에 위치해야 한다. 그렇지만 문장의 의미상 'einzig sein'은 분리하지 않는 것이 좋으므로 'sein'은 'in der Welt' 앞에 오게 되었다. 문법적으로는 'sein'이 문장 끝에 오는 것이 바람직하지만, 'sein'이 'in der Welt' 앞에 사용될 경우 이해의 측면에서는 더욱 명확한 표현이 된다. z. B. Hör jetzt mit deiner Arbeit auf! → Hör jetzt auf mit deiner Arbeit! – 이제 너의 일을 멈춰라! 'mit et. aufhören'은 '-을 멈추다'라는 의미의 관용어이다. 후자의 표현이 이해의 측면에서는 좀 더 명확하다.

⑲ 'glauben'은 'dass 문장'과 결합하여 '-을 믿다, -라고 생각하다'라는 표현으로 사용된다. 여기에서 'dass'는 생략할 수 있는데, 이 경우 문장은 정치(주어+동사)한다. 회화체에서는 과거형보다 현재 완료를 주로 사용한다.

⑳ '그럴 수도 있어'는 '그것은 가능하다'와 동일한 의미이다. 이 책의 첫 부분에서 다음과 같은 표현도 다루어졌다: Es kann sein; Es mag sein. – 그럴 수도 있다, 그럴지도 모른다.

1. Der kleine Prinz ①

①„Guten Tag", sagte der Fuchs.

②„Guten Tag", antwortete der kleine Prinz höflich und drehte sich um. Aber er sah nichts.

③„Ich bin da", sagte die Stimme, „unter dem Apfelbaum ..."

④„Wer bist du?", sagte der kleine Prinz. „Du bist sehr hübsch ..."

⑤„Ich bin Fuchs", sagte der Fuchs.

⑥„Komm und spiel mit mir", schlug ihm der kleine Prinz vor. „Ich bin so traurig ..."

⑦„Ich kann nicht mit dir spielen", sagte der Fuchs. „Ich bin noch nicht gezähmt!"

⑧„Ah, Verzeihung!", sagte der kleine Prinz.

⑨Aber nach einiger Überlegung fügte er hinzu: „Was bedeutet *zähmen*?"

⑩„*Zähmen*, das ist eine in Vergessenheit geratene Sache", sagte der Fuchs. „Es bedeutet, sich vertraut machen."

⑪„Sich vertraut machen?"

⑫„Gewiss", sagte der Fuchs. „⑬Noch bist du für mich nichts als ein kleiner Junge, der hunderttausend kleinen Jungen völlig gleicht. ⑭Ich brauche dich nicht, und du brauchst auch mich nicht. ⑮Ich bin für dich nur ein Fuchs, der hunderttausend Füchsen gleicht. ⑯Aber wenn du mich zähmst, werden wir einander brauchen. ⑰Du wirst für mich einzig sein in der Welt. ⑱Ich werde für dich einzig sein in der Welt ..."

⑲„Ich beginne zu verstehen", sagte der kleine Prinz. „Es gibt eine Blume ... ich glaube, sie hat mich gezähmt ..."

⑳„Das ist möglich", sagte der Fuchs.

2. 어린 왕자 ②

①여우는 어린 왕자를 오랫동안 바라보았다. ②"제발... 나를 길들여줘!", 그가 말했다.
③"나도 그러고 싶긴 한데", 어린 왕자가 대답했다, "하지만 나는 시간이 많지 않아. 난
친구들을 사귀어야 하고 또 많은 것들을 알아 가야 해."
④"사람들은 단지 길들이는 것들만을 알고 있어", 여우가 말했다. "⑤사람들은 더 이상
어떤 것을 알게 될 시간이 없어. ⑥그들은 완성되어 있는 모든 것을 가게에서 구입해.
⑦하지만 친구를 파는 가게들은 없기 때문에, 그들은 더 이상 친구가 없어. ⑧네가 친구
를 원한다면, 나를 길들여!"
⑨"나는 무엇을 해야 하니?", 어린 왕자가 말했다.
⑩"너는 매우 참을성이 있어야 해", 여우가 대답했다. "⑪너는 처음에는 나에게서 조금
떨어져 풀밭에 앉는 거야. ⑫나는 너를 곁눈질로 쳐다볼 거고, 넌 아무 말도 하지 않을
거야. ⑬말은 오해의 근원이지. ⑭하지만 날마다 너는 조금씩 더 가까이 앉을 수 있을
거야..."

단어

① anschauen: 바라보다
③ - wohl, aber: -이긴 하지만 / Freunde finden: 친구를 찾다, 친구를 얻다 / Ding: n. 물건, 사물,
-인 것 / kennenlernen: 알다, 알게 되다
⑤ irgend etwas: 어떤 것
⑥ sich³ et.⁴ kaufen: -을 사다, 구입하다 / fertig: 완성된, 끝난 / Geschäft: n. 가게, 상점
⑦ Kaufladen: m. 상점, 가게
⑩ geduldig: 참을성 있는
⑪ zuerst: 첫째로, 우선 / ein wenig: 조금 / abseits von -: -에서 떨어져
⑫ jn. aus dem Augenwinkel anschauen: -를 곁눈질로 바라보다
⑬ Sprache: f. 말, 언어 / Quelle: f. 샘, 근원, 원천 / Missverständnis: n. 오해
⑭ jeden Tag: 매일, 날마다 / ein bißchen: 조금 / näher: 더 가까이; nahe-näher-nächst

도움말

② 이번 단원에서는 명령법이 종종 사용된다. 문어체와는 달리 회화체에서는 명령법이 자주 사용되므로, 이번 기회에 '문법해설' 부분에서 명령법을 자세하게 다루고자 한다. 어려운 사항은 없지만, 회화에서 자주 사용되는 만큼 용법을 확실히 이해하고 넘어가도록 하자.

④ 이 문장에서 문제가 되는 것은 '길들이는 것들'이라는 표현일 것이다. '것들'은 'Dinge'라는 표현을 사용할 수 있다. 길들이는 주체는 사람들이므로 다음과 같은 관계 문장이 가능해진다: '것들, 그것들을(관계 대명사, 복수 4격) 사람들이 길들이다' 이 관계 문장은 '(사람들이) 길들이는 것들'이라는 해석이 가능하다. '것들'은 관계 문장에 의해 의미가 한정되므로 정관사를 사용해야 한다.

⑤ Ich habe keine Zeit mehr(나는 더 이상 시간이 없다); Ich mache die Arbeit nicht mehr(나는 더 이상 그 일을 하지 않는다); Ich studiere nicht mehr(나는 더 이상 [대학에서] 공부하지 않는다).

'어떤 것을 알게 될'은 '시간'을 수식한다. 따라서 'zu 부정사'의 형용사적 용법을 사용할 수 있다.

⑥ 문제가 되는 것은 '완성되어 있는 모든 것'이라는 표현일 것이다. 지금까지 배운 대로라면 '모든 것, 그것은 완성되어 있다'라는 관계 문장을 사용할 수 있다. 그렇지만 선행사가 'alles(모든 것)'일 경우, 지금까지 사용해 왔던 관계 대명사 'der'형이 아니라 관계 대명사 'was'형을 사용해야 한다. 관계 대명사 'was'의 용법은 매우 중요하다. 따라서 '문법해설' 부분에서 상세하게 그 용법을 설명한다. 관계 대명사 'was'형 이외에 'wer'형도 있는데, '문법해설'에서 함께 다룰 것이다. 우선 아래의 '문법해설'을 읽고 관계 대명사 'was'와 'wer'의 용법을 이해한 후, 다시 본문으로 돌아오자. 이제 '완성되어 있는 모든 것'을 표현해 보자. 그리 어렵지는 않을 것이다. '완성되어 있는 모든 것 = 모든 것, 그것은 완성되어 있다 = alles, was fertig ist'

⑦ 종속 접속사 'da'와 'weil'은 의미와 용법에서 차이가 없다. 둘 다 '-때문에'라는 의미의 부문장을 형성한다.

'친구를 파는 가게들'은 문맥상 'Kaufläden für Freunde'라고 표현하자.

⑧ 조건의 부문장 다음에 사용되는 'so'나 'dann' 등의 부사들은 부문장과 주문장을 매끄럽게 연결시켜주는 역할을 한다. '그러면' 정도의 의미를 시니지만 굳이 해석할 필

요는 없다: Wenn du gut auf Deutsch schreiben willst, dann lerne fleißig! ‘auf Deutsch’는 ‘독일어로’라는 표현이다.

⑩ 너는 참을성이 있다(Du bist geduldig); 너는 참을성이 있어야 한다(Du musst geduldig sein); 너는 참을성이 있어야 할 것이다(Du wirst geduldig sein müssen).

⑪ ‘setzen’은 타동사로서 ‘-를 앉히다’라는 표현이며 ‘sich setzen’은 ‘자신을 앉히다’ 즉 ‘앉다’라는 의미이다. 장소를 나타내는 3/4격 지배 전치사가 ‘정지 상태’를 의미하는 경우는 3격 목적어와 함께, ‘동작’ 또는 ‘이동’을 의미하는 경우는 4격 목적어와 함께 사용된다. ‘setzen’은 ‘-를 -로 앉히다’라는 의미이고 ‘동작’을 나타내므로, 함께 사용되는 전치사의 목적어는 4격이 되어야 한다: sich *in das* Gras setzen(풀밭에[풀밭으로] 앉다); *im* Gras sitzen(풀밭에 앉아 있다)

⑫ 주어진 문장의 시제는 미래이다.

⑬ 여기에서 ‘오해’는 의미상 복수형을 사용하자.

⑭ 문장의 시제는 미래이다.

2. Der kleine Prinz ②

①Der Fuchs schaute den kleinen Prinzen lange an. ②„Bitte ... zähme mich!", sagte er.

③„Ich möchte wohl", antwortete der kleine Prinz, „aber ich habe nicht viel Zeit. Ich muss Freunde finden und viele Dinge kennenlernen."

④„Man kennt nur die Dinge, die man zähmt", sagte der Fuchs. „⑤Die Menschen haben keine Zeit mehr, irgend etwas kennenzulernen. ⑥Sie kaufen sich alles, was fertig ist, in den Geschäften. ⑦Aber da es keine Kaufläden für Freunde gibt, haben sie keine Freunde mehr. ⑧Wenn du einen Freund willst, so zähme mich!"

⑨„Was muss ich tun?", sagte der kleine Prinz.

⑩„Du musst sehr geduldig sein", antwortete der Fuchs. „⑪Du setzt dich zuerst ein wenig abseits von mir ins Gras. ⑫Ich werde dich aus dem Augenwinkel anschauen, und du wirst nichsts sagen. ⑬Die Sprache ist die Quelle der Missverständnisse. ⑭Aber jeden Tag wirst du dich ein bißchen näher setzen können ..."

문법

명 령 법 ⟫⟫⟫

명령은 상대방에게 직접적으로 자신의 의사를 강하게 전달하는 어법이므로, 2인칭(du, ihr, Sie)에 대해서만 그리고 현재 시제로만 가능하다.

1) 형태

명령형에서 존칭 이외의 주어는 생략되고 동사는 다음과 같이 어미변화 한다.

현재형	du -(e)st	ihr -(e)t	Sie -en
명령형	-(e)!	-(e)t!	-en Sie!

현재형	Du arbeitest fleißig.	Ihr arbeitet fleißig.	Sie arbeiten fleißig.
명령형	Arbeite fleißig!	Arbeitet fleißig!	Arbeiten Sie fleißig!

예문의 명령형은 각각 "열심히 일해라!; 너희들 (모두) 열심히 일해라!; 열심히 일하시오!"로 해석될 수 있다.

2) 주의 사항

① 'du'에 대한 동사의 현재 인칭 변화에서 어간이 변하지 않는 일반적인 동사의 경우, 'du'에 대한 명령에서 어미 'e'를 붙이는 경우가 있다. 이것은 단지 발음상의 문제에 기인하는 것으로, 명령 동사 자체를 편하게 발음하기 위한 또는 다음 단어로 부드럽게 넘어가기 위한 발음상의 장치이다. 어간이 변하지 않는 동사 가운데 어간이 'd-, t-, ig-' 및 'n-'으로 끝나는 동사의 경우가 이에 대당한다: **Rede** nicht so viel!(그렇게 많이 말하지 마라!); **Arbeite** nicht so faul!(그렇게 게으르게 일하지마라!); **Lerne** fleißig Deutsch!(열심히 독일어를 배워라!); **Öffne** das Fenster!(창문을 열어라!)

② 'du'에 대한 동사의 현재 인칭 변화에서 어간의 자음과 모음이 변화했을 경우 명령형에서도 변화된 어간을 그대로 사용한다. 하지만 어간의 Umlaut(¨)와 어미 'e'는 반드시 생략한다.
Du **fähr**st zu schnell. (너는 너무 빨리 운전한다.)
→ **Fahr** langsam! (천천히 차를 몰아라!)
Du **gib**st mir wenig Geld. (너는 나에게 돈을 조금 준다.)
→ **Gib** mir viel Geld! (나에게 많은 돈을 달라!)

③ 'sein' 동사는 예외 변화 한다.

	du	ihr	Sie
현재형	Du bist sehr laut.	Ihr seid sehr laut.	Sie sind sehr laut.
명령형	**Sei** ruhig!	**Seid** ruhig!	**Seien Sie** ruhig!

④ 'haben'과 'werden' 동사도 'du'에 대한 명령에서 예외적으로 변화한다.

Du **hast** Angst. → **Hab** keine Angst! (두려워하지 마라!)

Du **wirst** böse. → **Werd(e)** nicht böse! (화내지 마라!)

⑤ 예외적인 명령형

i) 공공장소나 공공시설에서 불특정 다수를 향한 요청일 경우에는 동사의 원형을 사용한다.

Bitte, nicht *einsteigen*, Zug endet hier! – "승차하지 마시오! 종점입니다."

Nicht *eintreten!* – "들어가지 마시오!"

ii) 즉각 실행되어야 할 명령일 때는 과거분사 형태를 사용한다.

Aufgepasst! – "주의하시오!"

관계 대명사 'wer': '‒ 하는 사람'

관계 대명사 'wer'는 '‒하는 사람'이라는 의미를 지니며 선행사 없이 사용된다. 즉 그 자체로 서 선행사와 관계 대명사의 역할을 동시에 한다. 관계 대명사 'wer'의 격변화 형태는 의문사 'wer'의 그것과 동일하다: 'wer ‒ wessen ‒ wem ‒ wen'

1) 관계 대명사 'wer' ‒ 1격

Derjenige, der zuletzt lacht, lacht am besten. – "최후에 웃는 (그러한) 사람이 가장 잘 웃는다(최후에 웃는 사람이 진정한 승자이다)." 'derjenige'는 '그런 사람'이라는 의미의 지시 대명사이며, 성과 격에 따라 정관사 변화 및 형용사 어미변화 한다. 지시 대명사 'derjenige' 형은 대부분 관계 대명사의 선행사로 사용된다. 이 문장은 다음과 같이 바꿔 쓸 수 있다: **Wer** zuletzt lacht, lacht am besten. 관계 대명사 'wer'는 선행사 'derjenige'와 관계 대명사 'der'를 대체할 수 있다.

2) 관계 대명사 'wessen' ‒ 2격

Derjenige, dessen Herz rein ist, lebt glücklich. – "마음이 순수한 (그런) 사람이 행복하 게 산다." 관계 문장의 구조는 완전해야 하는데 주이와 동사, 술어, 즉 모든 문장 싱분이 충족

되어 있으므로 여기에서는 관계 대명사 2격이 올 수밖에 없다. 관계 문장 자체는 '그의 마음이 순수하다'로 해석될 수 있다. 이 문장은 다음과 같이 전환될 수 있다: **Wessen** Herz rein ist, **der** lebt glücklich. 관계 대명사 'wer'형은 선행사와 관계 대명사를 동시에 표현하므로 이와 같은 문장 형태가 되는데 주의해야 할 것은 주문장의 'der'이다. 관계 대명사 'wessen'은 2격의 형태이며, 전체 문장에서 관계 문장 자체는 동사 'leben'의 주어, 즉 1격 역할을 한다. 관계 대명사의 격과 관계 문장 자체의 격이 다를 경우, 주문장의 처음에 지시 대명사 'der'형을 사용하여 관계 문장 자체의 격을 표시해야 한다. 예문에서는 관계 대명사와 관계 문장 자체의 격이 다르므로 'der'를 사용하여 관계 문장이 1격, 즉 동사 'leben'의 주어 역할임을 표시했다. 관계 대명사와 관계 문장의 격이 같을 경우 관계 문장 자체의 격을 표시하는 지시 대명사 'der'형은 생략될 수 있다: **Wer** zuletzt lacht, (der) lacht am besten. 이 문장의 관계 대명사 'wer'는 1격 형태이고, 관계 문장 자체도 1격, 즉 주어의 역할을 하므로 관계 문장의 격을 표시하는 'der'는 생략될 수 있다.

3) 관계 대명사 'wem' - 3격

Wem er vertrauen kann, **den** braucht er. - "그가 신뢰할 수 있는 사람을 그는 필요로 한다." 관계 문장의 'vertrauen'은 3격 지배 동사이므로 관계 대명사는 3격 목적어의 형태로 사용되었다. 예문은 다음 문장과 동일한 의미이다: **Denjenigen, dem** er vertrauen kann, braucht er. 'denjenigen'은 타동사 'brauchen'의 4격 목적어이다. 예문에서 관계 대명사 'wem'은 3격의 형태이고, 관계 문장 자체는 'brauchen' 동사의 4격 목적어 역할을 한다. 따라서 관계 대명사와 관계 문장 자체의 격이 다르므로 지시 대명사 'den'을 사용하여 관계 문장의 격을 표시했다.

Wem du vertraust, (dem) kann ich helfen. - "네가 신뢰하는 사람을 나는 도울 수 있다." 'helfen'은 3격 지배 동사이다. 관계 대명사와 관계 문장의 격이 동일하므로 지시 대명사 'dem'은 생략될 수 있다.

4) 관계 대명사 'wen' - 4격

Wen ich nicht kenne, **dem** glaube ich nicht. - "내가 모르는 사람을 나는 믿지 않는다." 'glauben'은 3격 지배 동사이다. 관계 대명사는 4격의 형태이고 관계 문장은 'glauben' 동사의 3격 목적어 역할을 하므로 지시 대명사 'dem'을 사용하여 관계 문장 자체의 격을 표시했다. 예문은 다음 문장과 동일한 의미이다: **Demjenigen, den** ich nicht kenne, glaube ich nicht.

관계 대명사 'was': '-인 것'

관계 대명사 'was'는 '-인 것'이라는 의미를 지니며 선행사 없이 사용된다. 즉 관계 대명사 'wer'형과 마찬가지로 그 자체로서 선행사와 관계 대명사의 역할을 동시에 한다. 관계 대명사 'was'의 격변화 형태는 의문사 'was'의 그것과 동일하다: 'was – wessen – 없음 – was'

1) 관계 대명사 'was' – 1격

Dasjenige, das billig ist, ist selten gut. – "값이 싼 (그러한) 것은 거의 좋지 않다." 'dasjenige'는 관계 대명사의 선행사로서 사물을 나타내며 '그런 것'이라는 의미를 지닌다. 이 경우 선행사와 관계 대명사는 'was'로 대체될 수 있다: **Was** billig ist, (das) ist selten gut. 여기에서 관계 대명사 'was'는 1격이고 관계 문장 자체도 1격의 역할을 하므로 사물을 가리키는 중성의 지시 대명사 'das'는 생략될 수 있다.

2) 관계 대명사 'wessen' – 2격

Wessen du dich bedienen kannst, **das** gibt es hier nicht. – "네가 이용할 수 있는 것이 여기에는 없다." 'sich et.² bedienen'은 관용 어구로서 '-을 이용하다'라는 의미이다. 예문에서 관계 대명사 'wessen'은 'bedienen'의 2격 목적어로 사용되었다. 그렇지만 관계 문장 자체는 4격의 역할을 한다. 왜냐하면 'es gibt'는 항상 4격 목적어와 결합하기 때문이다. 관계 대명사의 격과 관계 문장의 격이 다르므로 주문장의 처음에 지시 대명사를 사용하여 관계 문장이 4격임을 표시하였다. 예문은 다음 문장과 동일한 의미이다: **Dasjenige, dessen** du dich bedienen kannst, gibt es hier nicht.

3) 관계 대명사 'was' – 4격

Was man versprochen hat, (das) muss man einhalten. – "사람들이 약속한 것을 사람들은 지켜야 한다." 관계 대명사와 관계 문장은 모두 4격이므로 4격의 지시 대명사 'das'는 생략될 수 있다. 이 문장은 다음 문장과 동일한 의미를 지닌다: **Dasjenige, das** man versprochen hat, muss man einhalten.

4) 관계 대명사 'was'의 전치사 결합형

Dasjenige, nach dem du dich sehnst, ist Phantasie. – "네가 동경하고 있는 (그런) 것은 환상이다." 'sich nach et. sehnen'은 '-을 동경하다'라는 의미의 관용어구이다. 의문사 **'was'** 가 전치사와 결합할 경우에는 **'wo + 전치사'**의 형태를 사용한다: z. B. Woran denkst du? (너는 무엇을 생각하느냐?) 이 규칙은 관계 대명사 'was'의 경우에도 동일하게 적용된다. 따라서 예문은 다음과 같이 전환될 수 있다: **Wonach** du dich sehnst, **das** ist Phantasie. 여기에서 'wo_'는 관계 대명사 'was'를 의미하는 동시에, 선행사 'dasjenige' 및 관계 대명사 'dem'을 대체하는 표현이다. 관계 대명사와 관계 문장의 격이 다르므로 (또는 관계 대명사의 격을 알 수 없으므로) 주문장의 처음에 관계 문장의 격을 표시했다.

Woran die Hauptfigur des Films sich erinnert, **das** ist vom Arzt manipuliert. – "그 영화의 주인공이 기억하고 있는 것은 의사에 의해 조작되어 있다." 'sich an et.[4] erinnern'은 '-을 기억하다'라는 의미의 관용어구이다. 여기에서 'woran'은 'dasjenige, an das'와 동일한 표현이다. 주문장은 상태 수동의 표현이다.

5) 관계 대명사 'was'의 특수 용법

① 선행사가 특정한 명사가 아닐 경우, 예를 들어 선행사가 **das**(그것), **etwas**(어떤 것), **nichts**(없음, 무), **alles**(모든 것), **vieles**(많은 것) 등일 경우에 관계 대명사는 'was'형을 사용한다.
② 형용사의 최상급이 중성 명사화 되어 선행사로 사용될 경우 관계 대명사는 'was'형을 사용한다.
③ 선행사가 앞 문장 전체 또는 일부일 경우 관계 대명사는 'was'형을 사용한다.

Das Absurde ist **etwas, was** aus der irrationalen Welt entsteht. – "부조리는 불합리한 세계에서 생겨나는 어떤 것이다." 관계 문장 자체는 '그것은 불합리한 세계에서 생겨난다'라고 해석될 수 있다. 'was'는 관계대명사 1격으로 사용되었다. 'aus et. entstehen'은 '-에서 생겨나다'라는 의미이다.

Das ist **alles, was** ich tun kann. – "이것이 내가 할 수 있는 모든 것이다." 관계 문장 자체는 '그것을 내가 할 수 있다'라고 해석될 수 있다. 'was'는 관계 대명사 4격이다.

Die Spende ist **das Schönste, was** ich neulich erfahren habe. – "그 기부는 내가 최근에 경험한 가장 아름다운 것이다." 관계 문장 자체는 '그것을 내가 최근에 경험했다'라고 해석될 수 있다. 선행사 'das Schönste'는 최상급 형용사의 중성화된 명사이므로 관계 대명사는 'was'형을 사용한다. 'was'는 관계 대명사 4격이다.

Das war **das Beste, was** ich tun konnte. – "이것은 내가 할 수 있었던 최선의 것이었다." 선행사는 최상급 형용사의 중성화된 명사이다.

Mein Freund hat die Prüfung bestanden, **was** mich erfreut hat. – "내 친구가 시험을 합격했고, 그것이 나를 기쁘게 했다." 관계 대명사 'was'의 선행사는 내용상 앞 문장 전체이다. 앞 문장 전체가 선행사일 경우 해석은 순차적으로 하는 것이 좋다. 왜냐하면 관계 대명사가 특정 단어를 수식하는 경우 역순의 해석이 가능하지만 문장 전체를 수식하는 경우 역순의 해석은 거의 불가능하기 때문이다.

3. 어린 왕자 ③

①"안녕", 어린 왕자가 말했다.

②"안녕", 여우가 말했다. "③여기 나의 비밀. ④그것은 아주 간단해: ⑤사람들은 오직 마음으로만 잘 볼 수 있어. ⑥중요한 것은 눈에는 보이지 않아."

⑦"중요한 것은 눈에 보이지 않아", 어린 왕자는 그것을 기억하기 위하여 반복했다.

⑧"네가 너의 장미를 위해 바친 시간이 네 장미를 그토록 소중하게 만드는 거야."

⑨"내가 내 장미를 위해 바친 시간...", 어린 왕자는 그것을 기억하기 위하여 말했다.

⑩"사람들은 이 진실을 잊어버렸어", 여우가 말했다. "⑪하지만 너는 그것을 잊어선 안 돼.

⑫너는 평생 네가 길들인 것에 대해 책임이 있어. ⑬너는 네 장미에 대해 책임이 있어..."

⑭"나는 내 장미에 대해 책임이 있어...", 어린 왕자는 그것을 기억하기 위하여 반복했다.

단어

① Adieu: 아듀, 안녕(작별 인사)

③ Geheimnis: n. 비밀

④ einfach: 간단한, 단순한

⑤ mit dem Herzen: 마음으로

⑥ wesentlich: 본질적인, 중요한 / unsichtbar: 보이지 않는

⑦ wiederholen: (비분리동사) 반복하다 / sich^3 et^4 merken: -을 기억하다, 명심하다

⑧ verlieren(-verlor-verloren): 잃다, 잃어버리다, 바치다 / wichtig: 중요한, 소중한

⑩ Wahrheit: f. 진리, 진실 / vergessen(-vergaß-vergessen): 잊다, 잊어버리다

⑫ zeitlebens: 평생 / für et. verantwortlich sein: -대해 책임이 있다

도움말

⑥ 'wesentlich'는 '본질적인, 중요한'이라는 의미의 형용사이다. 형용사는 명사화 할 수

있는데, 중성 명사화 되면 '-인 것'이라는 의미를 지니게 된다: das Wesentliche(본질적인 것, 중요한 것); das Formale(형식적인 것); das Besondere(특별한 것, 특수성), das Allgemeine(일반적인 것, 일반성)

여러 차례 설명한 것처럼 'für'는 '-에게(는)'라는 의미를 지니며 문장의 주체나 대상을 나타낸다.

⑦ 'es'는 앞에 나온 문장이나 단어 등을 지시할 수 있다.

'-하기 위하여'는 중요한 표현이므로 반드시 기억하자.

인칭 대명사 4격은 인칭 대명사 3격이나 재귀 대명사 3격 앞에 위치한다.

⑧ '네가 너의 장미를 위해 바친'은 문장으로서 '시간'이라는 명사를 수식한다. 따라서 다음과 같은 관계 문장이 구성될 수 있다: 시간, 그것을(관계 대명사, 여성 4격) 네가 너의 장미를 위해 바쳤다.

'jn. 형용사 machen'은 '-를 하게 만들다'라는 표현이다: Das macht mich traurig (그것은 나를 슬프게 한다)

'so'가 형용사나 부사 앞에 사용되면 의미를 강조하는 역할을 하는데, 이 경우 '정말, 아주, 매우 / 그리, 그토록, 그렇게' 등으로 해석될 수 있다.

⑪ '-해서는 안 된다'는 'dürfen + 부정어'로 표현한다.

⑫ '네가 길들인 것'은 관계 문장을 사용하여 표현할 수 있다. 선행사가 '것, 그것'일 경우 'das Ding'이라는 표현을 쓸 수도 있지만, 일반적으로는 'das(그것)'라는 지시 대명사를 사용한다. 선행사가 'das'일 경우 관계 대명사는 'was'형을 사용해야 한다고 이미 설명했다. 따라서 다음과 같은 관계 문장이 형성된다: 그것, 그것을 네가 길들였다. → das, was du gezähmt hast.

'für et. verantwortlich sein'은 '-대해 책임이 있다'라는 표현이므로 주어진 문장 전체는 다음과 같이 표현할 수 있다: Du bist zeitlebens für das verantwortlich, was du gezähmt hast. 일반적으로 선행사와 관계 문장은 분리되지 않기에 'verantwortlich'가 문장 끝으로 가야한다. 그렇지만 관계 문장 뒤에 어떤 문장 성분이 홀로 동떨어져 있는 것은 이해의 측면에서도 문체적 측면에서도 좋지 않으므로, 'verantwortlich'는 관계 문장 앞에 위치시킨다. z. B. Er hat ein Auto gekauft, das sehr teuer ist; Ich will den Mann treffen, der mich Deutsch gelehrt hat.

3. Der kleine Prinz ③

①„Adieu", sagte der kleine Prinz.

②„Adieu", sagte der Fuchs. „③Hier mein Geheimnis. ④Es ist ganz einfach: ⑤Man kann nur mit dem Herzen gut sehen. ⑥Das Wesentliche ist für die Augen unsichtbar."

⑦„Das Wesentliche ist für die Augen unsichtbar", wiederholte der kleine Prinz, um es sich zu merken.

⑧„Die Zeit, die du für deine Rose verloren hast, macht deine Rose so wichtig."

⑨„Die Zeit, die ich für meine Rose verloren habe ...", sagte der kleine Prinz, um es sich zu merken.

⑩„Die Menschen haben diese Wahrheit vergessen", sagte der Fuchs. „⑪ Aber du darfst sie nicht vergessen. ⑫Du bist zeitlebens für das verantwortlich, was du gezähmt hast. ⑬Du bist für deine Rose verantwortlich ..."

⑭„Ich bin für meine Rose verantwortlich ...", wiederholte der kleine Prinz, um es sich zu merken.

독일어 학습을 위한 조언
(Tips zum Deutsch-Lernen)

이번 장에서는 독일어 학습자들을 위한 조언들을 소개한다. 언어의 습득에는 왕도가 없지만, 일반적으로 통용되는 몇몇 조언은 언어 학습의 능률 향상에 도움이 될 경우가 많다. 이번 장에서는 작문과 동시에 그 내용에도 주목하면서 언어 학습에 도움이 되는 좋은 습관을 체득하기 바란다.

지금까지 우리는 다소 평이한 문장들을 다루어 왔다. 그렇지만 앞으로는 좀 더 전문적인 언어 사용 영역인 수필, 문학, 논설 등이 다루어지므로 다소 어려운 표현들이 등장한다. 지금까지 해 왔던 것을 돌이켜보면, 독일어 작문은 단어와 문법을 이용한 퍼즐 맞추기와 비슷하다. 앞으로 다루어 질 텍스트들의 작문도, 구성이 다소 복잡하고 난이도가 조금 높은 퍼즐 맞추기와 다르지 않다. 따라서 지금보다 조금만 더 집중력을 발휘한다면 앞으로의 작문에도 큰 문제가 없을 것이다. 인내와 집중력을 갖고 나머지 부분들의 작문도 잘 해내기 바란다.

1. 비상시 도움이 되는 질문

①사람들이 외국어를 배울 때, 사람들은 종종 자신이 고립되어 있고, 외롭고, 의지할 데 없다고 느낀다. ②이 단어는 무엇을 의미하는가? ③내가 방금 아무 것도 이해하지 못했나? ④저기 앞에 있는 저 사람은 방금 뭐라고 말했나? … ⑤사람들은 종종, 빨리 실제적인 해결책들을 수반하는 언어적인 의사소통 수단들을 갖고 있지 않다.
⑥의지할 데 없는 상황들을 위하여 간단하고, 분명하고, 쉽게 발음할 수 있는 질문 문장들 또는 요구 문장들을 작성하고 그것들을 외워라!

⑦여기에 몇몇 예들이 있다:

⑧이 단어는 무엇을 의미하는가?
⑨나에게 마지막 문장을 한 번 더 반복해 주시겠습니까?
⑩미안해, 나는 그것을 완전히 이해하지는 못했어.
⑪그가 방금 뭐라고 말했지? 당신은 방금 뭐라고 말씀하셨습니까?
⑫너, 나에게 그것을 한 번 소리 내어 읽어 줘!
⑬텍스트에 무엇이 쓰여 있는지를 네가 나에게 짧게 설명해 줄 수 있겠니?
⑭내가 여기에 쓴 것이 맞니?
⑮도대체 뭐가 틀렸지?
⑯너는 나를 이해했니?

단어

① Nothelfer: m. 구해주는 사람 / Nothelfer-Fragen: 비상시 도움이 되는 질문들 / Fremdsprache: f. 외국어 / sich 형용사 fühlen: -자신이 -하다고 느끼다 / isoliert: 고립된, 단절된 / allein: 홀로, 외로운 / hilflos: 기댈 곳 없는, 의지할 데 없는
⑤ besitzen: 소유하다, 갖다 / sprachlich: 언어상의, 언어적인 / kommunikativ: 의사소통적인 / Mittel: n. pl. 수단, 방법 / konkret: 구체적인, 실제적인 / Lösung: f. 해결, 해결책 /

herbeiführen: 야기하다, 초래하다, 수반하다

⑥ formulieren: 작성하다 / Situation: f. 상황, 사정 / klar: 명료한, 분명한 / aussprechbar: 발음할 수 있는 / Frage- oder Aufforderungssätze: 질문 문장들 또는 요구 문장들 / auswendig lernen: 외우다, 암기하다

⑩ verstehen(-verstand-verstanden): 이해하다

⑪ gerade: 방금, 막

⑫ vorlesen: 소리 내어 읽다, 낭독하다

⑬ erklären: 설명하다 / stehen: 쓰여 있다

⑭ richtig: 옳은, 바른, 맞는

⑮ falsch: 틀린, 그른

도움말

① 'wenn'과 'als'는 '때'를 나타내는 종속 접속사로서 부문장을 형성한다. 전자는 현재의 일회적 사건 또는 과거의 반복적 사건을 표현할 때 사용되며, 후자는 과거의 일회적인 사건을 표현할 때 사용된다: Jedesmal wenn ich ihn besuchte, war er nicht zu Hause(내가 그를 방문했을 때마다 그는 집에 없었다); Als ich in Deutschland angekommen bin, konnte ich nicht so gut Deutsch sprechen(내가 독일에 도착했을 때, 나는 독일어를 그렇게 잘 말할 수 없었다).

④ 'der da'는 '저기 저(그) 사람'이라는 표현이며 'der'는 지시 대명사로서 '그(저) 사람'이라는 의미를 갖는다. 'der da vorne'는 '저기 앞에 있는 그(저) 사람'이라는 표현이다.

⑤ '빨리 실제적인 해결책들을 수반하는'은 문장으로서 '언어적인 의사소통 수단들'을 수식한다. 따라서 다음과 같은 관계 문장을 구성해야 한다: 언어적인 의사소통 수단들, 그것들은(관계 대명사, 복수 1격) 빨리 실제적인 해결책들을 수반한다.
'언어적인 의사소통 수단들'은 관계 문장에 의해 의미가 한정되므로 정관사를 사용한다.

⑥ 주어진 문장은 'du'에 대한 명령문이다.
'간단하고, 분명하고, 발음할 수 있는'은 '질문 문장들 또는 요구 문장들'을 수식하는 형용사들이다.

‘쉽게 발음할 수 있는’에서 ‘쉽게’는 ‘발음할 수 있는’이라는 형용사를 수식하는 부사이다. 부사에는 어미변화가 존재하지 않는다.

⑨ 주어진 문장은 앞에서 배운 접속법 2식을 사용하여 겸손하게 표현할 수 있다: Würden Sie bitte – ! = Könnten Sie bitte – !

⑩ ‘완전히 이해하지는 못하다’와 ‘완전히 이해 못하다’는 의미 차이가 있다. 전자는 부분 부정이고 후자는 전체 부정이다: Ich verstehe nicht ganz(완전히 이해하지는 못하다); Ich verstehe nichts(완전히 이해 못하다, 전혀 이해 못하다).

⑬ ‘텍스트에 무엇이 쓰여 있는지를’은 ‘설명하다’라는 타동사의 목적어, 정확하게 말하면 목적절이다. 간접 의문문은 부문장에 해당되므로 동사는 마지막에 위치한다.

⑭ ‘내가 여기에 쓴’은 문장으로서 ‘것’이라는 명사를 수식한다. ‘(그)것’은 ‘das’라는 표현을 사용할 수 있는데, 선행사가 ‘das’일 경우 관계 대명사는 ‘was’형을 사용해야 한다. 결국 ‘그것, 그것을 내가 여기에 썼다’라는 관계 문장을 구성해야 한다.

관계 문장 뒤에 어떤 문장 성분이 홀로 동떨어져 있는 것은 이해의 측면에서도 문체적 측면에서도 그리 좋지 않다.

1. Nothelfer-Fragen

①Wenn man eine Fremdsprache lernt, fühlt man sich oft isoliert, allein und hilflos. ②Was bedeutet dieses Wort? ③Habe ich gerade nichts verstanden? ④Was hat der da vorne gerade gesagt? ... ⑤Man besitzt oft nicht die sprachlichen kommunikativen Mittel, die schnell konkrete Lösungen herbeiführen.

⑥Formuliere für die hilflosen Situationen einfache, klare und leicht aussprechbare Frage- oder Aufforderungssätze und lerne sie auswendig!

⑦Hier sind einige Beispiele:

⑧Was bedeutet dieses Wort?

⑨Würden Sie mir bitte den letzten Satz noch einmal wiederholen?

⑩Entschuldigung, ich habe das nicht ganz verstanden.

⑪Was hat er gerade gesagt? Was haben Sie gerade gesagt?

⑫Du, lies mir das bitte einmal vor!

⑬Kannst du mir kurz erklären, was in dem Text steht?

⑭Ist das richtig, was ich hier geschrieben habe?

⑮Was war denn falsch?

⑯Hast du mich verstanden?

2. 사전에서 손을 떼라!

①독일어 텍스트를 읽는 많은 사람들은 텍스트를 한 단어씩 읽는다. ②모르는 단어가 나타나면, 그들은 그것을 자동적으로 독일어-모국어 사전에서 찾는다. ③그러면 일분 또는 그 이상이 지나간다. ④책읽기는 힘들고, 많은 것은 불확실하거나 잘못 이해한 체 남아있다. ⑤책읽기는 재미없으며 향상을 가져다주지도 않는다.

⑥책을 읽을 때 사전에서 손을 떼라!

⑦개별적인 단어들을 읽지 말고 텍스트를 읽어라! ⑧처음 볼 때 너에게 알려지지 않거나 불분명하게 나타나는 단어들 가운데 많은 것들은 문맥을 통해 추론될 수 있다; ⑨또는 그것들은 전혀 중요하지 않았을지도 모른다; ⑩또는 네가 갑자기 다시 기억해 낸다...

⑪개별적인 단어들이 이해되어야 하는 것이 아니라 전체 텍스트의 의미가 이해되어야 한다. ⑫실제로 근본적인 핵심 단어에 관계될 경우에만, 사전에서 찾는 것은 의미가 있다. ⑬그 밖에는 대부분 의미가 없다.

단어

① viele: 많은 사람들 / Wort für Wort: 한 단어씩, 한마디 한마디씩

② unbekannt: 알려지지 않은, 모르는 / auftauchen: 떠오르다, 나타나다 / automatisch: 자동(적)으로 / et.⁴ im Wörterbuch nachschlagen: -을 사전에서 찾다 / das deutsch-muttersprachliche Wörterbuch: 독일어-모국어 사전; das deutsch-koreanische Wörterbuch: 독한사전

③ dann: 그러면, 그 경우에, 그 후에 / vergehen: (시간이) 지나가다, 흐르다

④ mühsam: 힘이 드는, 어려운 / vieles: 많은 것 / unklar oder falsch bleiben: 불확실하거나 잘못 이해한 체 남아있다

⑤ Spaß machen: 재미있다, 재미를 주다 / Fortschritt bringen: 향상을 가져오다

⑥ weg von -: -에서 떨어져; Finger weg vom Wörterbuch!: 사전에서 손(가락)을 떼라!

⑦ nicht A, sondern B: A가 아니라, (오히려) B / einzeln: 개별적인

⑧ von -: -가운데 / beim ersten Anschauen: 처음 볼 때 / jm. 형용사 erscheinen: -에게 -하게 나타나다 / Kontext: m. 문맥, 맥락 / erschließen: 추론하다; sich erschließen: 추론되다

⑨ mögen: -일지도 모른다 / gar nicht = überhaupt nicht: 결코(전혀) -않은

⑩ plötzlich: 갑자기 / sich (an jn./et.⁴) erinnern: (-를/을) 기억하다, 기억해 내다

⑪ Sinn: m. 의미 / der ganze Text: 전체 텍스트

⑫ falls = wenn: -라면, -일 경우에 / wirklich: 실제로, 정말로 / es handelt sich um et.⁴ = es geht um et.⁴ : -에 관한 문제이다, -이 중요하다, -에 관계되다 / zentral: 중심이 되는, 근본적인 / Schlüsselwort: n. 핵심 단어 / sinnvoll: 의미 있는

⑬ sonst: 그밖에 / meistens: 대개, 대부분, 대체로 / sinnlos: 의미 없는

도움말

① '독일어 텍스트를 읽는'이라는 구성 성분은 문장으로서 '많은 사람들'이라는 명사를 수식한다. 따라서 다음과 같은 관계 문장을 구성해야 한다: 많은 사람들, 그들은 독일어 텍스트를 읽는다.

③ '일분 또는 그 이상'을 주어로 사용할 수도 있고, 주어가 길어 문두에 오는 것이 어색하다고 생각되면 가주어 'es'를 문두에 사용할 수도 있다.

④ 독일어에서 대부분의 동사들은 명사화될 수 있다. 이 경우 대문자로 시작하고 성은 중성이 된다: das Lesen(읽기, 독서); das Sein(있음, 존재), das Suchen(찾음, 탐색)

⑦ 주어진 문장은 'du'에 대한 명령문이다.

⑧ 문장의 주어와 동사는 '많은 것들은 추론될 수 있다'이다.

우선 '추론될 수 있다'라는 표현부터 알아보자. 'erschließen'은 '-을 추론하다'라는 의미의 타동사이다. 독일어에서 대부분의 타동사들은 수동태로 사용될 수 있으며, 특정한 타동사들은 재귀 동사로도 사용될 수 있다: Er wird geärgert; Er ärgert sich. 'ärgern'은 '-를 화나게 하다'라는 타동사이며, 예문은 모두 '화나게 되다'라는 표현이다. 즉 수동태와 재귀 동사는 동일하게 자동사처럼 해석된다. 그렇지만 어떤 타동사가 수동태로도 재귀 동사로도 모두 사용될 수 있을 경우, 재귀 동사로 사용하는 것이 일반적이며 문체적으로도 더 좋다. 'erschließen'은 재귀 동사로 사용될 수 있는 타동사이므로 '추론될 수 있다'는 다음과 같이 표현될 수 있다: 'können sich erschließen'

'단어들 가운데 많은 것들'은 정확하게 말하자면 '단어들 가운데 많은 단어들'이라는 표현이다. 따라서 'viele Wörter von den Wörtern'이라고 표현해야 하는데, 중복되

는 앞의 'Wörter'는 생략한다. 'Wörtern'은 문장 내에서 수식어에 의해 의미가 한정되고 있으므로 정관사를 사용한다.

'처음 볼 때 너에게 알려지지 않거나 불분명하게 나타나는'이라는 구성 성분은 문장으로서 '단어들'이라는 명사를 수식한다. 따라서 다음과 같은 관계 문장을 구성해야 한다: 단어들, 그것들은 처음 볼 때 너에게 알려지지 않거나 불분명하게 나타난다. 인칭 대명사(dir)나 재귀 대명사(sich)는 일반적인 문장 성분들 앞에 위치한다.

⑨ 주어진 문장의 시제는 현재(-일지 모른다)이며, 추측의 대상은 과거 사실(중요하지 않았다)이다. 이러한 문장 구성은 화법 조동사의 특수한 용법에 해당한다. 화법 조동사의 특수한 용법은 작문에 있어 매우 중요한 부분이므로 '문법해설'에서 상세하게 설명한다. 우선 아래의 '문법해설' 부분을 읽고 화법 조동사의 특수한 용법을 이해한 후 다시 본문으로 돌아오자.

주어진 문장에서는, 추측의 화법 조동사 'mögen'을 사용할 수 있으며 완료 형태를 이용하여 '중요하지 않았다'라는 과거 사실을 표현할 수 있다: sie mögen nicht wichtig gewesen sein.

⑪ 'nicht -, sondern -' 구문에서 'nicht'는 부정하고자 하는 말 바로 앞에 위치해야 하며, 'sondern'은 문두에 또는 'nicht'와 비교·대조되는 문장 성분 바로 앞에 위치한다: Er kommt nicht zu mir, sondern ich komme zu ihm; Sie liebt nicht mich, sondern meinen Freund.

주어진 문장은 화법 조동사와 결합된 수동문이다. 'sollen'은 '당위성'을 표현할 경우에, 'müssen'은 '주어의 의지'를 표현할 경우에 사용된다.

반복되는 문장 구성 성분(들)은 생략할 수 있다.

⑫ 'es handelt sich um et.⁴ = es geht um et.⁴ = es kommt auf et.⁴ an'은 빈번하게 사용되는 중요한 관용어구로서 '-에 관한 문제이다, -이 중요하다, -에 관계되다'라는 의미를 갖는다.

'찾는 것'은 동사의 명사화를 이용하여 표현할 수 있다.

2. Finger weg vom Wöterbuch!

①Viele, die einen deutschen Text lesen, lesen den Text Wort für Wort. ②Wenn ein unbekanntes Wort auftaucht, schlagen sie es automatisch im deutsch-muttersprachlichen Wörterbuch nach. ③Es vergeht dann eine Minute oder mehr. ④Das Lesen ist mühsam, und vieles bleibt unklar oder falsch. ⑤Das Lesen macht keinen Spaß und bringt keinen Fortschritt.

⑥Beim Lesen Finger weg vom Wörterbuch!

⑦Lies nicht die einzelne Wörter, sondern den Text! ⑧Viele von den Wörtern, die dir beim ersten Anschauen unbekannt oder unklar erscheinen, können sich durch den Kontext erschließen; ⑨oder sie mögen gar nicht wichtig gewesen sein; ⑩oder du erinnerst dich plötzlich wieder ...

⑪Nicht die einzelne Wörter sollen verstanden werden, sondern der Sinn des ganzen Textes. ⑫Nur falls es sich wirklich um ein zentrales Schlüsselwort handelt, ist das Suchen im Wörterbuch sinnvoll. ⑬Sonst meistens sinnlos.

문법

화법 조동사의 특수한 용법

몇몇 화법 조동사는 완료형과 결합하여 원래의 의미와는 다른 의미를 갖는 경우가 있다. 이러한 예들을 살펴보기 전에 우선 화법 조동사가 왜 완료형과 결합하는지에 대해서 알아보도록 하자.

Er mag die Prüfung nicht bestehen. – 'mag'은 원형이 'mögen'으로서 '-을 좋아하다'라는 의미 이외에 '-일지도 모른다'라는 추측의 의미가 있다. 따라서 이 문장은 '그가 시험에 떨어질지도 모른다'라고 해석된다. 이 문장을 바탕으로 '그가 시험에 떨어졌을지도 모른다'라는 과거 사실에 대한 추측의 문장을 만들 수도 있을 것이다. 그렇다면 문제는 '시험에 떨어졌다'라는 과거 사실을 어떻게 추측을 나타내는 'mögen' 동사와 함께 표현하느냐 하는 것이다. „Er mag die Prüfung nicht bestand.(X)"라는 문장에서 'bestand'라는 동사는 'bestehen'이라는 동사의 과거형으로서 과거의 의미를 지니지만 화법 조동사는 항상 동사의 원형과 결합하므로, 문법적으로 이 문장은 성립될 수 없다. 그렇다면 방법은 과거와 동일한 의미를 갖는 완료 형태를 사용하는 것 밖에 없다. 왜냐하면 완료를 나타내는 동사인 'sein'이나 'haben' 동사가 화법 조동사와 결합하여 원형으로 쓰여도 완료 자체는 여전히 과거의 의미를 지니기 때문이다. 즉 „Er mag die Prüfung nicht bestanden haben."이라는 문장에서 'bestanden haben'은 완료 형태로서 과거 사실을 나타내고 있으며, 'haben'은 원형으로서 화법 조동사와의 결합에 아무런 문제가 없으므로, 이 문장은 내용상 문법상 올바른 문장이 된다. 화법 조동사 'können'도 '-일 수 있다'라는 가능성 또는 추측의 의미를 지니므로 „Er kann die Prüfung nicht bestanden haben."이라는 문장도 앞 문장과 거의 비슷한 의미를 지닌다.

결국 화법 조동사와 완료형의 결합은 현재의 시점에서 과거 사실에 대한 추측이나 짐작, 판단을 나타내기 위하여 사용된다고 볼 수 있다. 위의 사항들을 화법 조동사의 과거 시제와 혼동하지 말자: Er konnte die Prüfung nicht bestehen(과거, 그는 시험을 합격할 수 없었다); Er hat die Prüfung nicht bestehen können(현재 완료, 그는 시험을 합격할 수 없었다).

이제 지금까지 언급된 문법적 지식을 바탕으로 화법 조동사의 특별한 용례에 관하여 알아보도록 하자.

1) sollen – 소문 (man sagt, dass -)

Der berühmte Künstler soll in Amerika gestorben sein. – 'gestorben sein'은 완료형으로서, 상태 변화를 의미하기 때문에 'sein' 동사와 결합했다. 이미 설명했듯이 독일어에서는 시제를 나타내는 동사가 동사 배열의 우선순위를 점한다. 그리고 문법상의 중요도에 따라서 마지막 자리부터 역순으로 동사가 배치된다. 이 문장에서 시제를 나타내는 동사는 'soll'로서 현재를 나타내며 동사의 원래 위치인 두 번째 자리를 차지하고 있다. 그 다음으로 완료 시제를 나타내는 동사인 'sein' 동사가 문미에 위치하며, 그 바로 앞에 완료 시제와 결합하는 과거분사 'gestorben'이 자리하고 있다. 'sollen' 동사 원래의 의미대로라면 이 문장은, '그 유명한 예술가는 미국에서 사망했어야 한다'라고 해석된다. 하지만 내용상 이해할 수 없는 문장이 되어 버린다. 'sollen' 동사는 '-해야 한다'라는 의미 이외에 '-라는 소문이다, -라고 말한다'라는 표현으로도 사용된다. 따라서 예문은 '그 유명한 예술가는 미국에서 사망했다고 한다'라고 해석될 수 있다. 이 문장은 내용상 다음과 같은 문장으로 바꿔 쓸 수 있다: **Man sagt**, dass der berühmte Künstler in Amerika gestorben ist. 여기에서는 'dass 문장' 전체가 'sagen'이 라는 타동사의 목적어가 된다. 해석을 하자면, '사람들은 그 유명한 예술가가 미국에서 사망했다고 말한다'가 된다. 이 두 형태의 문장 전환은 중요한 문법적 사항이므로 유의하여 기억하도록 하자.

Hier soll eine Straße entstehen. - "여기에 거리가 생긴다고 한다."

Der alte Student soll das Magisterexamen bestanden haben. - "그 나이 많은 학생이 석사 시험을 합격했다는 소문이다."

2) wollen - 주어의 주장 (behaupten, dass -)

Die alte Frau will früher schön gewesen sein. - "그 노부인은 옛날에는 아름다웠다고 주장한다."

예문을 다루기전에 'gewesen sein'의 문장 구성에 관해 알아보도록 하자. Sie ist schön. - "그녀는 아름답다." 이 문장의 과거는 „Sie war schön." 또는 „Sie ist schön gewesen."이다. 뒤의 문장은 현재 완료 형태로서 의미는 과거와 동일하고, 'ist'는 현재 완료를 나타내는 동사이며 'gewesen'은 술어인 'schön'과 결합하는 본동사인 'sein'의 과거분사이다. 본동사로서 'sein' 동사는 완료에서 'haben'이 아닌 'sein' 동사와 결합하므로, 예문에서 'ist'가 사용되었다. 많은 사람들이 'sein'과 'sein'의 중복사용에 대해 의아해하는데, 위의 현재완료 문장에서 처음의 'sein' 동사(ist)는 아무런 의미 없이 형식적으로 완료를 표현하는 문법적 동사이고, 두 번째 'sein' 동사(gewesen)는 현재 시제에서 나타나는 것처럼 형용사 'schön'을 술어로 갖는 불완전 자동사(-이다)로서의 'sein' 동사이다.

이제 예문으로 돌아가자. 화법 조동사는 과거 사실에 관한 진술을 하는 경우라도 본동사의 과거형(war)과 함께 사용될 수 없으므로, 동사원형을 이용하여 과거 사실을 표현할 수 있는 완료 형태(gewesen sein)와 함께 사용되었다는 사실에 유의하자. '그 노부인은 옛날에는 아름다웠고자 한다'는 아무래도 어색한 해석이다. 'wollen'은 '-하고자 한다'라는 의미 이외에 '주장하다'라는 뜻이 있다. 따라서 예문은 '그 노부인은 옛날에는 아름다웠다고 주장한다'가 된다. 이 문장은 다음과 같은 문장으로 바꿔 쓸 수 있다: Die alte Frau behauptet, dass sie früher schön gewesen ist.

결론적으로 화법 조동사 'wollen'은 주어의 주장이라는 특수한 용법을 가진다. 다음 예문을 참고하면서 'wollen'의 의미를 잘 익히도록 하자:

Der arme Mann will vor wenigen Jahren eine Reise nach Europa gemacht haben. – "그 가난한 남자는 몇 해 전에 유럽으로 여행을 했다고 주장한다." 'eine Reise machen'은 '여행 하다'라는 의미의 관용 어구이며 'machen'은 'eine Reise'라는 목적어를 갖는 타동사이므로 완료에서 'haben'과 함께 사용되었다.

3) 추측과 짐작을 나타내는 화법 조동사

화법 조동사 'müssen, können, dürfen, mögen'은 모두 추측이나 짐작의 의미를 갖고 있다. 'müssen'은 확실한 추측을 나타내며 나머지 화법 조동사들은 어느 정도의 가능성을 표현한 다.

Er muss den Brief noch nicht erhalten haben.
– "그는 그 편지를 아직 못 받았음에 틀림없다. (이것은 거의 확실하다.)"
Er kann den Brief noch nicht erhalten haben.
– "그는 그 편지를 아직 못 받았을 수도 있다. (이럴 가능성도 있지만 확실하지는 않다.)"
Er mag(darf) den Brief noch nicht erhalten haben.
– "그는 그 편지를 아직 못 받았을지도 모른다. (그럴지도 모른다는 생각이다.)
Sie sieht blass aus. Sie muss krank gewesen sein.
– "그녀는 창백해 보인다. 그녀는 아팠음에 틀림없다. (이것은 거의 확실하다.)"
Sie sieht blass aus. Sie kann krank gewesen sein.
– "그녀는 창백해 보인다. 그녀는 아팠을 수도 있다. (그렇지만 확실하지는 않다.)"
Sie sieht blass aus. Sie darf(mag) krank gewesen sein.
– "그녀는 창백해 보인다. 그녀는 아팠을지도 모른다. (단지 그럴지도 모른다는 생각이다.)"

4) 화법 조동사의 전환

① Er **kann** Deutsch sprechen. = Er **ist fähig**, Deutsch **zu** sprechen. = Er **ist im Stande**, Deutsch **zu** sprechen. = Er **ist in der Lage**, Deutsch **zu** sprechen.
② Er **will** Deutsch lernen. – Er **hat die Absicht**, Deutsch **zu** lernen.

③ Das Kind **darf** ins Kino gehen. = Das Kind **hat die Erlaubnis**, ins Kino **zu** gehen.

④ Er **muss** Deutsch lernen. = Er **hat die Notwendigkei**t, Deutsch **zu** lernen.

⑤ Er **muss** in der letzten Woche in Düsseldorf geblieben sein. = **Es ist fast sicher, dass** er in der letzten Woche in Düsseldorf geblieben ist.

⑥ Der Kranke **soll** einen Monat lang kein Alkohol trinken. = Der Kranke **ist gezwungen(gefordert)**, einen Monat lang kein Alkohol **zu** trinken.

⑦ Er **mag(darf, kann)** in der Bibliothek gewesen sein. = **Es ist möglich, dass** er in der Bibliothek gewesen ist.

❧ 해석을 하면 다음과 같다.

① 그는 독일어를 말할 수 있다. = 그는 독일어를 말하는 능력이 있다. = 그는 독일어를 말할 수 있는 상태에 있다. = 그는 독일어를 말할 수 있는 상태에 있다.

② 그는 독일어를 배우고자 한다. = 그는 독일어를 배우려는 의도를 갖고 있다.

③ 그 아이는 극장에 가는 것이 허락되어 있다. = 그 아이는 극장에 가도 좋다는 허락을 받는다.

④ 그는 독일어를 배워야한다. = 그는 독일어를 배워야 할 필연성을 갖고 있다.

⑤ 그는 지난주에 뒤셀도르프에 머물렀음에 틀림없다. = 그가 지난주에 뒤셀도르프에 머물렀다는 것은 거의 확실하다.

⑥ 그 환자는 한 달 동안 술을 마시지 않아야한다. = 그 환자는 한 달 동안 술을 마시지 않도록 강요(요구)되어 있다. (상태 수동)

⑦ 그는 도서관에 있었을지도 모른다. = 그가 도서관에 있었다는 것도 가능성이 있다.

화법 조동사의 특수한 용법들은 독일어 능력 시험에서 빈번하게 출제되는 항목이다. 다소 어렵고 까다롭겠지만 의미와 용법, 문장의 문법적인 구성, 문장 전환 등에 유의하면서 정확하게 이해하기 바란다.

3. 단어군

①독일어를 배우는 많은 사람들은 단어들을 따로따로, 즉 개별단어들로서 배운다. ②단어를 익히는 사람은 그의 주의력을 개별적인 단어에 집중시키는 것뿐만 아니라, 전체 단어군으로 향하게 해야 한다. ③너의 단어와 관계있는 다른 단어들을 찾아라! ④너에게 다양한 관계들을 분명하게 하라!

⑤동사들일 경우에: 명사화는 어떻게 불리는가?

(서명하다/서명)

⑥명사들일 경우에: 사람들은 그것으로 무엇을 할 수 있는가?

(성 또는 교회: 관람하다/복원하다/수리하다)

⑦많은 단어들은 반대(어)들과 부정(어)들을 갖고 있다:

허락하다/금지하다, 일/여가

⑧많은 단어들은 대체군 안에 있다:

비/눈/폭풍/뇌우

⑨동사들/명사들은 형용사들을 갖고 있다:

테러하다/테러/테러의

단어

① isoliert: 고립된, 따로 따로 / Einzelwort: n. 개별단어 / lernen: 배우다, 익히다, 학습하다

② Aufmerksamkeit: f. 주의(력), 관심, 집중력 / nicht nur A, sondern (auch) B: A뿐만 아니라 B도 / et.⁴ auf et.⁴ konzentrieren: -을 -에 집중시키다 / et.⁴ auf et.⁴ richten: -을 -로 향하게 하다 / Wortgruppe: f. 단어군

③ mit et. in Beziehung stehen: -와 관계가 있다

④ jm. et.⁴ klarmachen: -에게 -을 분명하게 하다, 설명하다 / verschieden: 다른, 여러 가지의, 다양한 / Beziehung: f. 관계, 관련

⑤ bei: -에, -에서, -일 경우에 / Verb: n. 동사 / heißen: -라 불리다 / Nominalisierung: f. 명사화

/ unterschreiben: 서명하다; Unterschrift: f. 서명

⑥ Nomen: n. pl. 명사 / damit: 그것을 가지고, 그와 함께, 그것으로 / besichtigen: 관람하다 / restaurieren: 복원하다 / renovieren: 수리하다

⑦ Gegenteil: m. 반대 / Negation: f. 부정 / erlauben: 허락하다, 허가하다 / verbieten: 금지하다 / Freizeit: f. 여가, 자유 시간

⑧ Gruppe: f. 그룹, 집단, 군 / Alternative: f. 대안, 대체 / in einer Gruppe von Alternativen stehen: 대체군 안에 있다 / Regen: m. 비 / Schnee: m. 눈 / Sturm: m. 폭풍 / Gewitter: n. 뇌우

⑨ Adjektiv: n. 형용사 / terrorisieren: 위협하다, 테러하다 / Terror: m. 테러, 공포 / terroristisch: 테러의, 공포심을 주는, 위협하는

도움말

① 이번 단원의 독일어 제목은 'Wort-Grüppchen(단어군)'이다. '-chen, -lein'은 특정한 단어와 결합하여 '작음'을 표현하는 축소형 어미이며, 단어의 성은 '중성'이 된다: die Gruppe(그룹) → das Grüppchen(소그룹); der Vogel(새) → das Vögelchen oder Vögelein(작은 새); das Mädchen(소녀)

'독일어를 배우는'은 문장으로서 '많은 사람들'이라는 명사를 수식한다. 따라서 다음과 같은 관계 문장을 구성해야 한다: 많은 사람들, 그들은 독일어를 배운다.

'따로따로'와 '즉 개별단어들로서'는 동일한 의미이므로 콤마를 사용하여 동격으로 표현할 수 있다.

② '-하는 사람'이라는 표현은 관계 대명사 'wer'형을 사용할 수 있다: Derjenige, der ein Wort lernt = Wer ein Wort lernt

'Wer ein Wort lernt(단어를 익히는 사람)'라는 관계 문장이 주어진 문장의 주어이다. 화법 조동사 'sollen'은 '당위성'을 표현한다.

'nicht nur A, sondern (auch) B'는 'A뿐만 아니라 B도'라는 표현이며, 이 경우 'nicht nur'는 비교·대조되는 대상 바로 앞에 위치하며, 'sondern (auch)'은 문두 또는 비교·대조되는 대상 바로 앞에 위치한다: Nicht nur ich, sondern auch meine Schwester treiben gern Sport(나뿐만 아니라 나의 누이도 즐겨 운동한다); Er ist nicht nur klug, sondern auch weise(그는 영리할 뿐만 아니라, 현명하기까지 하다).

③ 주어진 문장은 'du'에 대한 명령문이다.

'너의 단어와 관계있는'은 문장으로서 '다른 단어들'이라는 명사를 수식한다. 따라서 다음과 같은 관계 문장을 구성해야 한다: 다른 단어들, 그것들은 너의 단어와 관계가 있다.

④ 주어진 문장 또한 'du'에 대한 명령문이다.

3. Wort-Grüppchen

①Viele, die Deutsch lernen, lernen die Wörter isoliert, als Einzelwörter.
②Wer ein Wort lernt, soll seine Aufmerksamkeit nicht nur auf das
einzelne Wort konzentrieren, sondern auf die ganze Wortgruppe richten.
③Suche die anderen Wörter, die mit deinem Wort in Beziehung stehen!
④Mach dir verschiedene Beziehungen klar!

⑤Bei Verben: Wie heißt die Nominalisierung?
(unterschreiben/Unterschrift)
⑥Bei Nomen: Was kann man damit machen?
(Schloss oder Kirche: besichtigen/restaurieren/renovieren)
⑦Viele Wörter haben Gegenteile oder Negationen:
erlauben/verbieten, Arbeit/Freizeit
⑧Viele Wörter stehen in einer Gruppe von Alternativen:
Regen/Schnee/Sturm/Gewitter
⑨Verben/Nomen haben Adjektive:
terrorisieren/Terror/terroristisch

4. 외우기

①여러 사람들은 생각한다: 외우기는 지적이지 않은 것이다. ②하지만 이것은 옳지 않다. ③외우기는 적절한 정신적 활동이다. ④외우기를 통해 사람들은 텍스트를 실제로 습득할 수 있다. ⑤이 텍스트의 언어 또한 마찬가지로.
⑥외우기에 적합한 텍스트들을 선택하라: 시들, 노래 가사들, 자작 텍스트들, 짧은 문학 텍스트들 등등.

⑦중요한 기준들은 다음과 같다:
⑧텍스트는 네 마음에 들어야 한다, 심지어: 아주 마음에 들어야 한다.
⑨그것은 너무 길지 않아야 한다. (예. 열 줄에서 스무 줄까지; 사분의 삼 페이지보다 더 길지 않게, 오히려 더 짧게)
⑩너는 그것을 잘 외워야 한다. 그 텍스트는 상주하고 있어야 한다.

⑪정기적으로 텍스트를 외워라! ⑫너의 텍스트를 방에서, 거울 앞에서, 청중 또는 관객 앞에서 낭독하고 암송하라!

단어

① manch: 여럿의, 다수의, 많은; manche: 여러 사람들 / auswendig lernen: 외우다 / intelligent: 지적인

③ qualifiziert: 자격 있는, 적절한 / geistig: 정신의, 정신적인 / Tätigkeit: f. 활동, 일

④ sich³ et.⁴ aneignen: -을 습득하다, 배우다

⑤ ebenso: 똑같이, 마찬가지로

⑥ auswählen: 선택하다, 선발하다 / geeignet: 적합한 / Gedicht: n. 시 / Liedtext: m. 노래 가사 / selbst geschrieben 자필의, 자작의 / literarisch: 문학의, 문학적인

⑦ Kriterium: n. 기준 / wie folgt: 다음과 같은, 다음과 같이

⑧ jm. gefallen: -의 미음에 들다 / sogar: 심지어, 게다가, 더욱이

⑨ zu: 너무 / Zeile: f. 행, 줄 / Seite: f. 쪽, 페이지 / eher: 오히려

⑩ sitzen: 앉아있다, 거주하다, 상주하다

⑪ regelmäßig: 규칙적인, 정기적으로

⑫ rezitieren: 낭독하다 / deklamieren: 암송하다 / Spiegel: m. 거울 / Zuhörer: m. 청중, 방청객 / Publikum: n. 관객, 청중

도움말

① 원형 부정사(=동사원형)는 (부가어와 함께) 명사적 용법으로 사용될 수 있다.

형용사는 'etwas'나 'nichts'와 결합하여 명사화 될 수 있는데, 이 경우 형용사는 대문자로 시작하고 중성 강변화 한다: etwas Schönes(아름다운 것); nichts Schönes(아름답지 않은 것); etwas Wesentliches(본질적인 것); nichts Wesentliches(본질적이지 않은 것)

⑥ 주어진 문장은 'du'에 대한 명령문이다.

'외우기에 적합한 텍스트들'은 '외우기 위하여 적합한 텍스트들'과 동일한 표현이다. 'zu'는 동사적 의미의 명사와 결합하여 '-을 위하여'라는 의미로 사용된다. 이 경우 'zu'와 동사적 의미의 명사 사이에는 (거의 대부분) 정관사가 사용된다: zur Kontrolle(검사를 위하여); zum Überleben(살아남기 위하여, 생존을 위하여)

⑨ '-하지 않아야 한다'라는 금지의 표현은 'dürfen + 부정어'의 형태를 사용한다.

'비교급 als'는 '-보다 더 -한'이라는 의미를 지닌다.

분수의 표현에는 서수가 사용된다. 서수와 분수는 일상생활에서 자주 사용되므로 아래의 '문법해설'에서 이들의 용법을 자세히 다룬다.

⑩ 'müssen'과 'sollen'은 둘 다 '-해야 한다'라는 표현이지만 전자는 '주어의 의지'나 '필연성'을, 후자는 '타인의 의지'나 '당위성'을 나타낸다. 자신이 표현하고자 하는 바에 따라 선택하여 사용하도록 하자.

⑪ 주어진 문장은 'du'에 대한 명령문이다.

⑫ 주어진 문장 또한 'du'에 대한 명령문이다.

4. Auswendig Lernen

①Manche denken: Auswendiglernen ist nichts Intelligentes. ②Das ist aber nicht richtig. ③Auswendiglernen ist eine qualifizierte geistige Tätigkeit. ④Durch Auswendiglernen kann man sich einen Text wirklich aneignen. ⑤Ebenso die Sprache dieses Textes.

⑥Wähle geeignete Texte zum Asuwendiglernen aus: Gedichte, Liedtexte, selbst geschriebene Texte, kurze literarische Texte usw.

⑦Wichtige Kriterien sind wie folgt:

⑧Der Text muss dir gefallen, sogar: sehr gefallen

⑨Er darf nicht zu lang sein. (z. B. zehn bis zwanzig Zeilen; nicht länger als eine dreiviertel Seite, eher kürzer)

⑩Du musst ihn gut auswendig lernen. Der Text muss sitzen.

⑪Lerne regelmäßig einen Text auswendig! ⑫Rezitiere und deklamiere deinen Text im Zimmer, vor dem Spiegel, vor einem Zuhörer oder Publikum!

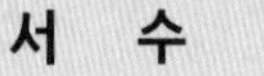

1) 서수의 형태

1.(**erst**), 2.(zweit), 3.(**dritt**), 4.(viert), 5.(fünft), 6.(sechst), 7.(siebent), 8.(**acht**), 9.(neunt), 10.(zehnt), 11.(elft), 12.(zwölft), 13.(dreizehnt), 14.(vierzehnt), 15.(fünfzehnt), 16.(sechzehnt), 17.(siebzehnt), 18.(achtzehnt), 19.(neunzehnt), 20.(zwanzig**st**), 30.(dreißigst) – 100.(hundertst), 1000.(tausendst)

① 서수를 숫자로 표시할 때는 반드시 Punkt(서수점)를 사용해야 한다.

② 서수는, 1에서 19까지는 '기수 + t'의 형태이며, 20 이상은 '기수 + st'의 형태이다. 그러나 서수 'erst, dritt, acht'는 예외적인 형태를 취한다.

③ 서수는 차례나 순서, 날짜 등을 표현할 때 사용된다.

④ 명사 앞의 서수는 형용사 어미변화 하며, 구체적인 대상을 지시하므로 원칙적으로 정관사와 함께 사용되어야 한다.

2) 차례, 순서

Er ist der 1.(=erste) Absolvent in der Hochschule. – "그는 그 대학에서 첫 번째 졸업생이다." 'der erste'는 순서의 처음을 나타내고 'der letzte'는 순서의 마지막을 나타낸다.

Wir wohnen im 3.(=dritten) Stock. – "우리는 3층에 산다." 3층은 우리식으로 생각하면 4층이 된다. 독일에서 1층은 'Erdgeschoss'라는 표현을 쓴다. 'Keller'는 지하실을 의미한다.

das 5.(=fünfte) Kapitel = Kapitel 5(=fünf)

die 8.(=achte) Seite = Seite 8(=acht)

das 2.(=zweite) Zimmer = Zimmer 2(=zwei)

Der Nächste bitte! – "다음 사람 (들어오시오)!" 관용적으로 사용되는 표현이다.

Der wievielte bist du? Ich bin der dritte. – "너는 (순서가) 몇 번째냐? 나는 세 번째다." 'wieviel'은 원래 '얼마나 많은, 얼마나 많이'라는 의미를 갖는다.

Peter und Anna bleiben zu Hause. Der erstere(=Jener) sieht fern, die letztere(=diese) hört Musik. – "페터와 안나는 집에 머무른다. 전자는 TV를 보고, 후자는 음악을 듣는다." 'der erstere –, der letztere –'는 비교급의 형태로서 '전자'와 '후자'라는 의미로 사용된다. 정관사 부분은 지시하는 대상의 성을 따르며 뒷부분은 형용사 어미변화 한다. 동일한 표현으로는 'jen_ –, dies_ –'의 형태가 있다.

3) 날짜

① 날짜를 묻고 답할 때

Welches Datum ist heute? = Welches Datum haben wir heute? = Der wievielte (Tag) ist heute? = Den wievielten (Tag) haben wir heute? = "오늘은 며칠입니까?"

Heute ist der 11.(=elfte) März. = Heute haben wir den 11.(=elften) März. – "오늘은 3월 11일입니다."

Welchen Tag haben wir heute? Freitag. – "오늘은 무슨 요일입니까? 금요일입니다."

② 날짜의 표현

Am 7.(=sieben**ten**) Februar mache ich meine Doktorprüfung. – "2월 7일에 나는 박사학위 시험을 친다."
Bonn, **den** 9.(=neun**ten**) Mai(=fünf**ten**) 2015 – "본에서 2015년 5월 9일에." 편지의 오른쪽 가장 위쪽에 사용되는 표현으로 장소와 날짜를 나타낸다. 4격을 사용한 부사적인 표현이다.
Ich danke Ihnen für Ihren Brief **vom** 10.(=zehn**ten**) September(=neun**ten**). – "저는 9월 10일자의 편지에 대해 당신에게 감사드립니다."

4) 분수(Bruchzahl): 기수(분자) + 서수el(분모)

$^1/_3$ → ein drittel
$^1/_4$ → ein viertel
$^3/_5$ → drei fünftel
$^1/_2$ → ein halb

$1^1/_2$ → ein und einhalb = eineinhalb = anderthalb
$2^1/_2$ → zwei und einhalb = zweieinhalb = dritthalb
$3^1/_2$ → drei und einhalb = dreieinhalb = vierthalb
$7^5/_9$ → sieben und fünfneuntel

분수가 명사를 수식하는 형용사적 용법으로 사용될지라도 어미변화는 하지 않는다. 분수가 독립적으로 사용될 경우 분모는 대문자로 쓴다. 예문을 통해 알아보자.

eine viertel Stunde – "15분(사분의 일 시간)" 'Stunde'는 여성 명사이므로 수사 'ein_'의 형태는 'eine'이며, 분수 자체(eine viertel)는 명사를 수식하는 형용사적 용법으로 사용되었을지라도 어미변화 하지 않는다.
drei viertel Stunde – "45분(사분의 삼 시간, 한 시간의 사분의 삼)"
ein Drittel meiner Bücher – "내 책의 삼분의 일" 분수가 독립적으로 사용되면 분모는 대문자로 사용된다.
drei Viertel der Bevölkerung – "인구의 사분의 삼"
ein halbes Kilo – "0.5 킬로" 'Kilo'는 중성 명사이므로 수사 'ein_'의 1격 형태는 'ein'이다. 'halb'는 '반'을 나타내는 – 분수가 아닌 – 형용사이므로 어미변화 한다.

ein und einhalbes Jahr – "일 년 반"

5) 분류수: 서수 + ens

erstens(첫째로), zweitens(둘째로), drittens(셋째로), neuntens(아홉 번째로), siebzehntens(열일곱 번째로), neunundneunzigstens(아흔아홉 번째로)

수필 (Essay)

언어는 자신의 견해를 표현하고 타인의 사고를 수용하는 수단이다. 외국어를 배운다는 사실은 자신을 표현할 수 있는 가능성의 확장을 의미한다.

이번 장에서 소개하는 "토요일 오후"라는 수필은 독일 유학 시절, 소모임에서 발표를 위해 쓴 짧은 글이다. 모국어가 아닌 다른 나라의 말이었지만, 발표 후 참석자들의 공감대를 형성하며 함께 토론하던 경험은 지금도 여전히 소중하고 특별한 기억이다. 수필 "토요일 오후"의 한국어 지문은 두 가지가 실려 있다. 하나는 독일어 작문 연습을 위한 직역본이고, 하나는 "예술, 철학을 만나다"라는 필자의 저서에 실린 번역본이다. 작문을 할 때는 첫 번째 지문인 직역본을 이용하고, 번역에 관심이 있는 독자들은 두 번째에 실린 번역본을 살펴보는 것도 나쁘지 않을 것이다.

"한국의 외국인 노동자"는 어학 과정에 있을 때 발표를 위해 작성한 글이다. 발표 당시 독일어 선생님과 외국인 친구들의 호기심 어린 시선이 아직도 눈에 선하다. 비교적 긴 발표문이었지만, 작문에 적당한 분량으로 요약했다.

1. 토요일 오후

①토요일 오후이다. ②드디어 나는 일상의 분주함에서 벗어나 있다. ③사람들이 일상에서 정신적인 자유를 누릴 수 없다는 사실은 나를 슬프게 한다, 비록 이것이 우리의 무의식에서 수행될지라도.
④주말에 다소 시간이 있다면, 나는 라인 강을 따라 산책을 하곤 한다. ⑤이것은 나에게 있어, 나를 진지하게 지나간 시간에 대해 생각하게 하는 소중한 체험이다.
⑥라인(Rhein)처럼 강은 쉼 없이, 자신에 대한 의심 없이 흐른다. ⑦이 영원성은 항상 나를 매료시킨다. ⑧이 불멸성 앞에 나는 나 자신이 항상 작다고 느낀다. ⑨그와 동시에 나는 점점 더 겸손해진다. ⑩그리고 나는 시간의 존재 앞에 서 있는 인간이란 무엇을 의미하는가를 묻는다.
⑪집으로 가는 도중에 나는 라인 강에서 그리 멀리 떨어져 있지 않은 공원묘지를 즐겨 방문한다. ⑫나는 공원묘지에서의 분위기를 좋아한다. ⑬영원한 휴식, 영원한 평화, 영원한 자유. ⑭나는 항상 그것을 동경한다. ⑮그것은 아마 우리의 근원적 감정이며 우리의 동경일지도 모른다. ⑯이제 나는 시간을 느끼지 못하고 죽은 자들 앞에서 숨 쉰다. ⑰하지만 언젠가 나는 그들과 함께 영원히 숨 쉴 것이다. ⑱절대적 평온과 고요를 함께 하며. ⑲이 순간 다른 세상에 대한 나의 두려움은 사라진다. ⑳지금에서야 나는 인간이 시간의 사슬에 결박되어 있는 존재일 뿐임을 깨닫는다.

토요일 오후 (번역본)

①토요일 오후. ②드디어 일상의 분주함에서 벗어난다. ③의식하지는 못할지라도 일상에서 정신의 자유를 누릴 수 없음은 슬픈 일이다.
④주말에는 시간이 날 때 마다 라인 강을 산책한다. ⑤이는 지나온 날들을 진지하게 되새기는 소중한 체험의 시간이다.
⑥라인(Rhein)처럼 강은 자신에 대한 의심 없이, 쉼 없이 흐른다. ⑦나는 언제나 그 영

원성에 매료된다. ⑧⑨그리고 언제나 그 불멸성 앞에 작아지며 겸손해진다. ⑩시간의 존재 앞에 서 있는 인간이란 무엇인가? 묻고 또 묻는다.

⑪집으로 가는 길에는 항상 공원묘지에 들른다. 라인 강에서 그리 멀지 않은 곳이다. ⑫나는 공원묘지의 분위기를 좋아한다. ⑬영원한 휴식, 영원한 평화, 영원한 자유. ⑭그것은 언제나 나에게 동경의 대상이다. ⑮그것은 우리가 소망하는 근원적 감정일지도 모른다. ⑯이제 나는 시간을 느끼지 못하고 죽은 자 앞에서 숨 쉰다. ⑰하지만 언젠가는 영원히 그들과 함께 숨 쉴 것이다. ⑱절대적 평온과 고요를 함께 하며. ⑲이 순간 다른 세상에 대한 두려움은 사라진다. ⑳지금에서야 나는 인간이란 시간의 사슬에 결박된 존재일 뿐임을 깨닫는다.

단어

① Samstagnachmittag: m. 토요일 오후

② endlich: 드디어, 결국 / jn. von(aus) et. befreien: -를 -에서(-로부터) 자유롭게 하다, 해방하다 / täglich: 일상의, 매일의, 나날의 / Hektik: f. 분주함

③ Tatsache: f. 사실; die Tatsache, dass -: -라는 사실 / am Alltag: 일상에서 / geistig: 정신의, 정신적인 / Freiheit: f. 자유 / genießen: 즐기다, 누리다 / jn. 형용사 machen: -를 -하게 하다, -를 -하게 만들다 / dies: 이것; das: 이것, 그것 / Unbewusstsein: n. 무의식 / durchführen: 수행하다, 실행하다

④ am Wochenende: 주말에 / etwas: 조금, 다소 / pflegen – zu Infinitiv: -하곤 하다 / am Rhein entlang: 라인 강을 따라

⑤ wertvoll: 가치 있는, 귀중한 / Erlebnis: n. 체험 / ernsthaft: 진지한 / vergehen: (시간이) 지나가다, 흐르다 / jn. an et.⁴ erinnern: -를 -에 대해 기억하게 하다, 생각하게 하다

⑥ Fluss: m. 강 / fließen: 흐르다 / Pause: f. 쉼, 휴식 / Zweifel an -: -에 대한 의심, 의혹

⑦ Ewigkeit: f. 영원(성) / faszinieren: 매료시키다, 매혹하다, 사로잡다

⑧ Unsterblichkeit: f. 불멸(성) / sich 형용사 fühlen: 자신이 -하다고 느끼다

⑨ dabei: 그때에, 그와 동시에 / bescheiden: 겸손한

⑩ jn. nach et. fragen: -에게 -에 대해 묻다, 질문하다 / heißen: 의미하다 / Existenz: f. 존재

⑪ auf dem Weg: 도중에; auf dem Weg zu(nach) -: -로 가는 도중에 / Friedhof: m. 공원묘지 / weit entfernt von -: -에서 멀리 떨어진

⑫ Stimmung: f. 분위기

⑬ ewig: 영원한 / Ruhe: f. 휴식, 평온, 고요 / Frieden: m. 평화

⑭ sich nach et. sehnen: -을 동경하다

⑮ vielleicht: 아마도 / urtümlich: 근원적인, 태고의 / Gefühl: n. 감정, 느낌 / Sehnsucht: f. 동경, 그리움

⑯ empfinden: 느끼다 / atmen: 숨 쉬다, 호흡하다

⑰ irgendwann: 언젠가 / für immer: 영원히

⑱ absolut: 절대적인

⑲ im Augenblick: 지금, 이 순간 / verschwinden: 사라지다 / Angst vor et.: -에 대한 두려움, 공포 / die andere Welt: 다른 세상, 사후 세계

⑳ erst: -에서야 (비로소); erst jetzt: 지금에서야 (비로소) / erkennen: 인식하다, 깨닫다 / Sein: n. 존재 / Kette: f. 사슬 / mit et. verbunden sein: -와 결합(연결, 접속)되어 있다

도움말

① 시간의 표현에는 비인칭 주어 'es'를 사용한다.

② 'jn. von(aus) et. befreien'은 '-를 -로부터 자유롭게 하다, 해방시키다'라는 표현이다. 'sich von(aus) et. befreien'은 재귀 동사로서 '-에서 해방되다, 벗어나다'라는 의미를 지닌다. 'von(aus) et. befreit sein'은 상태 수동으로서 '-에서 해방되어 있다, 벗어나 있다'라는 표현이 된다.

③ 'et. macht mich traurig'는 '-이 나를 슬프게 한다'라는 표현이다.
주어진 문장의 주어는 '-라는 사실'이며, 이는 'die Tatsache, dass -'의 형태로 표현될 수 있다. 이때 'die Tatsache'와 'dass 문장'은 동격을 형성한다. 'dass 문장' 자체도 '-라는 사실, -라는 것'을 의미하므로 'die Tatsache'는 생략될 수 있다. 그렇지만 'die Tatsache'를 사용하는 경우 'dass 문장'의 내용 자체가 더 강조된다.
'obwohl'은 부문장을 형성하는 종속 접속사인데, 여기에서는 '이것'이라는 표현 때문에 부문장이 주문장 뒤에 위치해야 한다.
'durchführen'은 '-을 수행하다'라는 의미의 타동사로서, 여기에서는 동작 수동의 형태로 사용된다.

⑤ 문장의 주요 구성 요소인 주어와 동사는 '이것은 소중한 체험이다'이다.
'-에게(는), -에게 있어'와 같이 문장의 주체나 대상을 표현하는 경우는 전치사 'für'

를 사용한다.

'나를 진지하게 지나간 시간에 대해 생각하게 하는'은 문장으로서 '소중한 체험'이라는 명사를 수식한다. 따라서 다음과 같은 관계 문장을 구성해야 한다: 소중한 체험, 그것은 나를 진지하게 지나간 시간에 대해 생각하게 한다.

'지나간 시간'은 특정한 시간이므로 정관사를 사용한다.

'vergangen'은 'vergehen(지나가다)'이라는 자동사의 과거분사이다. 과거분사는 형용사로 사용될 수 있고 자동사의 과거분사는 완료의 의미를 지니므로, 'vergangen'은 '지나간'이라는 형용사적 의미의 표현이 된다.

⑥ '라인처럼'과 '강'은 동격의 주어로 이해할 수 있다.

⑨ '비교급 werden'은 '점점 더 -하게 되다, 점점 -해 지다'라는 표현이며, 'noch, viel, weit'는 비교급 수식어구로서 '더욱, 훨씬'이라는 의미를 지닌다.

⑩ 'jn. nach et. fragen'은 '-에게 -을 묻다'라는 관용 어구이다. 전치사의 목적어가 명사가 아니라 동사구나 문장인 경우, 우선 'da+전치사'의 형태를 사용한 후 전치사의 목적어 역할을 하는 동사구나 문장을 표현한다. 다시 말해 'da+전치사'는 전치사의 목적어로서 동사구나 문장이 등장할 것임을 암시하는 표현이다: Ich frage ihn danach, wo die Universität ist(나는 그에게 대학이 어디 있는지를 묻는다).

주어진 문장에서 전치사 'nach'의 목적어는 '인간이란 무엇을 의미하는가'라는 문장이다. '인간이란'이라는 표현은 정확하게 '인간이라는 것은, 인간이라는 사실은'을 의미한다. 이는 'zu 부정사'의 명사적 용법을 사용하여 'ein Mensch zu sein'이라고 표현할 수 있다. 따라서 '인간이란 무엇을 의미하는가'라는 간접 의문문 즉 부문장은 'was es heißt, ein Mensch zu sein'이라고 표현할 수 있다. 부문장에서 'zu 부정사'가 직접 주어로 사용되는 경우는 (거의) 없으므로 가주어 'es'를 주어 자리에 위치시키고 진주어는 뒤로 보낸다.

'시간의 존재 앞에 서 있는'이라는 표현은 문장으로서 '인간'이란 명사를 수식하므로 다음과 같은 관계 문장을 구성해야 한다: 인간, 그는 시간의 존재 앞에 서 있다.

⑪ 문장의 주어, 동사, 목적어는 '나는 공원묘지를 방문한다'이다.

'라인 강에서 그리 멀리 떨어지지 않은'은 문장으로서 '공원묘지'라는 명사를 수식한다. 따라서 다음과 같은 관계 문장을 구성해야 한다: 공원묘지, 그것은 라인 강에서 그리 멀리 떨어져 있지 않다.

문장에서 '그리, 그다지'라는 의미로 'so'를 사용하는 경우, 부정어는 대부분 'so' 앞에 사용된다.

⑭ 'sich nach et. sehnen'은 '-을 동경하다'라는 의미의 관용 어구이다. 전치사의 목적어가 문장이나 동사구일 경우뿐만 아니라, 전치사의 목적어가 앞 문장 또는 앞에서 언급된 대상(사물)일 경우에도 'da+전치사'의 형태를 사용한다. 주어진 문장에서 전치사 'nach'의 목적어는 앞 문장이다.

전치사의 목적어가 앞에서 언급된 사람일 경우에는 '전치사+인칭대명사'의 형태를 사용하고, 전치사의 목적어가 앞에서 언급된 사물이나 대상일 경우 'da+전치사'의 형태를 사용한다: Denkst du an deine Freundin? Ja, ich denke an sie; Denkst du an die Aufgabe? Ja, ich denke daran.

⑮ '-일지도 모른다'라는 추측의 의미는 화법 조동사를 사용하여 표현할 수 있다.

⑯ 'tot'는 '죽은'이라는 의미의 형용사이며, 명사화하여 사람을 표현할 수 있다: der Tote, die Tote, ein Toter, eine Tote, die Toten(죽은 그 사람들)

⑰ '언젠가'는 미래의 부사이다. 미래의 부사는 (미래 동사인 'werden'과 함께 사용되지 않더라도) 현재 시제의 동사와 결합하여 미래의 의미를 나타낸다: Ich fliege in einer Woche nach Deutschland(나는 일주일 후에 독일로 갈 것이다).

⑳ 문장의 주어와 동사는 '나는 깨닫는다'이다.

'인간이 시간의 사슬에 결박되어 있는 존재일 뿐이다'는 'erkennen'이라는 타동사의 목적어이다. 문장이 목적어이므로 'dass 문장'의 형태를 사용해야 한다. 'dass 문장'의 주어, 동사, 술어는 '인간이 존재일 뿐이다'이다. 따라서 'dass ein Mensch nur ein Sein ist'라는 부문장이 형성된다.

'시간의 사슬에 결박되어 있는'은 문장으로서 '존재'라는 명사를 수식한다. 따라서 다음과 같은 관계 문장을 구성해야 한다: 존재, 그것은 시간의 사슬에 결박되어 있다. 결국 'dass 문장'을 종합하면 다음과 같은 표현이 형성된다: dass ein Mensch nur ein Sein ist, das mit einer Kette der Zeit verbunden ist.

1. Samstagnachmittag

①Es ist Samstagnachmittag. ②Endlich bin ich von täglicher Hektik befreit. ③Die Tatsache, dass man am Alltag keine geistige Freiheit genießen kann, macht mich traurig, obwohl dies in unserem Unbewusstsein durchgeführt wird.

④Wenn ich am Wochenende etwas Zeit habe, pflege ich am Rhein entlang spazierenzugehen. ⑤Das ist für mich ein wertvolles Erlebnis, das mich ernsthaft an die vergangene Zeit erinnert.

⑥Wie der Rhein, ein Fluss fließt ohne Pause, ohne Zweifel an sich. ⑦ Diese Ewigkeit fasziniert mich immer. ⑧Vor dieser Unsterblichkeit fühle ich mich immer klein. ⑨Dabei werde ich noch bescheidener. ⑩Und ich frage mich danach, was es heißt, ein Mensch zu sein, der vor der Existenz der Zeit steht.

⑪Auf dem Weg nach Hause besuche ich gerne ein Friedhof, der nicht so weit entfernt vom Rhein ist. ⑫Ich mag die Stimmung im Friedhof. ⑬ Ewige Ruhe, ewige Frieden, ewige Freiheit. ⑭Ich sehne mich immer danach. ⑮Sie mögen vielleicht unser urtümliches Gefühl und unsere Sehnsucht sein. ⑯Jetzt empfinde ich keine Zeit und atme vor den Toten. ⑰Aber irgendwann atme ich mit ihnen für immer. ⑱Mit absoluter Ruhe. ⑲Im Augenblick verschwindet meine Angst vor der anderen Welt. ⑳ Erst jetzt erkenne ich, dass ein Mensch nur ein Sein ist, das mit einer Kette der Zeit verbunden ist.

2. 한국에서의 외국인 노동자

①80년대에 한국에서 경제는 급속하게 발전했고 많은 노동자들이 요구되었다. ②그렇지만 외국인 노동자들이 요구되지는 않았다, 왜냐하면 한국은 이미 충분한 인력을 갖고 있었기 때문이다. ③하지만 90년대에 많은 한국인들이 부유해졌다. ④몇몇은 더 이상 일하고자 하지 않았다. ⑤그 무렵에 많은 외국인들이 한국으로 왔다. ⑥그들은 한국에서 많은 돈을 번 후에 그들의 나라에서 편히 살고자 했다. ⑦왜냐하면 한국의 통화는 그들의 나라에서 통화보다 더 비쌌기 때문이다. ⑧그들은 기꺼이 모든 일들을 했다, 비록 그것들이 매우 힘들었을지라도. ⑨하지만 그 후에 큰 문제가 발생했다. ⑩고용주들은 외국인 노동자들을 악용했다, 왜냐하면 그들은 일반적으로 노동 허가증을 갖고 있지 않았기 때문이다. ⑪고용주들은 적은 돈을 지불하거나, 전혀 지불하지 않았다. ⑫이것은 사회적 문제가 되었고 국민은 그 일에 대해 분노했다. ⑬그 후에 이런 일들은 점차 줄어들었다. ⑭그렇지만 외국인 노동자들은 그들의 권리를 주장할 수 없다, 왜냐하면 그들은 노동 허가증이 없기 때문이다. ⑮누가 그 외국인들을 도울 수 있을까? ⑯모든 것은 각자의 양심에 달려 있는 것 같다.

⑰한국인들은 외국인들과 함께 생활하는 것에 아직 익숙하지 않다, 왜냐하면 외국인들은 몇 십 년 전에서야 비로소 한국으로 오기 시작했기 때문이다. ⑱하지만 이제 우리는, 사람들이 세계 시민이 되어야 할 때라는 것을 깨달아야 한다.

단어

① ausländische Arbeiter: 외국인 노동자 / in den achtziger Jahren: 80년대에 / Wirtschaft: f. 경제 / sich entwickeln: 발전하다 / brauchen: 필요로 하다

② jedoch: 그렇지만 / Menschenkraft: f. 인력

③ reich: 부유한, 풍부한

④ einig: 몇몇의; einige: 몇몇 사람들 / nicht mehr: 더 이상 - 않은

⑤ damals: 그 당시, 그 무렵에 / Ausländer: m. pl. 외국인

⑥ nachdem: -한 후에 / verdienen: 벌다 / angenehm: 편안한, 안락한, 쾌적한

⑦ Währung: f. 화폐, 통화 / hoch: 높은, 비싼

⑧ Arbeit machen: 일하다 / schwer: 힘든, 어려운

⑨ danach: 그 후에 / entstehen: 생기다, 일어나다, 발생하다

⑩ Arbeitgeber: m. 고용주 / missbrauchen: 악용하다 / im Allgemeinen: 일반적으로 / Arbeitserlaubnis: f. 노동 허가증

⑪ entweder A, oder B: A 또는 B / bezahlen: 지불하다

⑫ ein soziales Problem: 사회적 문제 / Volk: n. 민족, 국민 / ärgerlich über -: -에 대해 화가 난 / Ereignis: n. 일어난 일, 사건

⑬ Sache: f. 일, 사건 / allmählich: 점차, 서서히 / vermindern: 줄이다, 감소시키다; sich vermindern: 줄어들다, 감소하다

⑭ Recht: n. 권리, 법 / behaupten: 주장하다

⑯ scheinen - zu Infinitiv: -인 것 같다 / abhängig von -: -에 의존하는, -에 달려 있는 / jed_: 각각의, 각자 / Gewissen: n. 양심

⑰ sich an et.⁴ gewöhnen: -에 익숙해지다 / erst: -에서야 (비로소) / Jahrzehnt: n. 10년 / erst vor wenigen Jahrzehnten: 몇 십 년 전에서야 (비로소) / beginnen - zu Infinitiv: -을 시작하다

⑱ nun: 이제 / bemerken: 깨닫다, 인지하다 / es ist Zeit, dass -: -할 시간이다 / Weltbürger: m. 세계 시민, 세계주의자

도움말

① 연대와 도시 명에 사용되는 어미 '-er'은 격변화하지 않는다: in den neunziger Jahren(90년대에); im Frankfurter Flughafen(프랑크푸르트의 공항에서)
도치된 문장에서 재귀 대명사는 일반 명사 주어 앞에 위치한다.
재귀 동사는 'haben'과 결합하여 현재 완료를 형성한다. 일기나 수필과 같이 일상적인 삶을 묘사하는 글에서는 일반적으로 회화체에서처럼 현재 완료형이 사용된다.
'요구되었다'는 '필요로 하다'의 수동태이다.

② 'jedoch'는 '그렇지만'이라는 의미의 부사이며, 일반적으로 문두 또는 동사 뒤 등에 위치한다. 'doch' 또한 'jedoch'와 비슷한 의미와 용법으로 사용될 수 있다.
'genug'은 형용사와 부사로 사용되고, 형용사로 사용될 경우 어미 변화하지 않으며 수식하는 명사 앞 또는 뒤에 위치할 수 있다: Er hat Zeit genug. = Er hat genug Zeit.

③ '-이 되다, -해 지다'라는 표현의 'werden' 동사는 완료에서 'sein'과 결합한다.

⑥ 'nachdem'은 '-한 후에'라는 의미의 종속 접속사로서 부문장을 형성한다. 'nachdem' 이 이끄는 부문장은 주문장보다 일찍 일어난 사건을 표현하므로, 주문장보다 한 시제 빨라야 한다: Nachdem er das Buch gelesen hat, geht er ins Bett. = Nachdem er das Buch las, geht er ins Bett(그는 책을 읽은 후에 잠자리에 든다); Nachdem er das Buch gelesen hatte, ging er ins Bett. = Nachdem er das Buch gelesen hatte, ist er ins Bett gegangen(그는 책을 읽은 후에 잠자리에 들었다). 우리말로는 부문장의 시제가 확연히 드러나지 않지만, 인과관계상 부문장의 시제가 한 시제 빨라야함에 유의하자. 'nachdem'은 독일어 시험에 빠지지 않고 출제되는 접속사이므로 용법을 반드시 이해하도록 하자.

주어진 문장에서 주문장의 시제는 과거이므로, 'nachdem'이 이끄는 부문장은 과거 완료 시제가 되어야 한다.

지문에서는 생략되었지만 주문장의 주어는 부문장과 동일한 '그들은'이다.

⑦ 주어진 문장은 비교급의 표현이며, 두 번째로 사용된 '통화'는 생략되어도 의미 파악에 문제가 없다.

⑨ 'entstehen'은 '생기다, 발생하다'라는 뜻의 자동사이며, 상태 변화를 의미하므로 완료에서는 'sein'과 결합한다.

⑪ 'entweder A, oder B'는 'A 또는 B'라는 표현이며 상관 접속사가 사용된 관용 어구이다. 상관 접속사는 두 가지의 (또는 그 이상의) 표현을 나열하거나 비교, 대조하는 경우에 사용된다. 상관 접속사를 사용하면 문장이 정리된 느낌을 주기 때문에, 문체적인 향상을 가져올 수 있다. 아래의 '문법해설'에서 상관 접속사를 상세하게 설명하고 있으니, 우선 상관 접속사의 용법을 이해한 후 다시 본문으로 돌아오자.

'viel'이나 'wenig' 뒤에 물질명사나 추상명사가 오면, 'viel'이나 'wenig'는 형용사 어미 없이 사용된다: Er hat wenig Geld, aber viel Zeit.

⑬ 'vermindern'은 '-을 줄이다, 감소시키다'라는 의미의 타동사이다. 따라서 'werden - vermindert'라는 수동태로 전환되면 '줄어들다, 감소되다'라는 의미가 된다. 또한 'vermindern'은 재귀 동사로도 사용될 수 있는데, 이 경우 '자신을 줄이다, 자신을 감소시키다' 즉 '줄어들다, 감소되다'라는 의미를 지니게 된다. 결국 수동태와 재귀 동사는 둘 다 동일하게, 목적어가 없는 자동사처럼 해석된다. 타동사가 수동태로도 재귀 동사로도 사용될 수 있을 경우, 재귀 동사를 사용하는 것이 일반적이며 문체적으로도 더 좋은 표현이다. 따라서 주어진 문장에서 '줄어들었다'라는 표현은 'sich vermindern'이라는 재귀 동사를 사용하도록 하자.

⑯ 'scheinen - zu Infinitiv'는 '-인 것 같다'라는 의미의 관용 어구이다: Sie ist krank (그녀는 아프다). → Sie scheint krank zu sein(그녀는 아픈 것 같다).

Alles ist abhängig von jedem Gewissen(모든 것은 각자의 양심에 달려 있다). → Alles scheint abhängig von jedem Gewissen zu sein(모든 것은 각자의 양심에 달려 있는 것 같다).

화법 조동사 뒤에는 원형동사가 오듯이, 몇몇 동사들 뒤에는 'zu Infinitiv'의 형태가 온다: Du *brauchst* den Professor *zu besuchen*(너는 그 교수님을 방문할 필요가 있다); Er *beginnt* Deutsch *zu lernen*(그는 독일어를 배우기 시작한다).

⑰ 'sich an et.⁴ gewöhnen'은 '-에 익숙해지다'라는 의미의 관용 어구이다. 주어진 문장에서 전치사 'an'의 목적어는 '외국인들과 함께 생활하는 것'이다. 전치사의 목적어가 명사가 아니므로 우선 'da+전치사'의 형태를 사용하여 'dass 문장'이나 'zu 부정사'가 전치사의 목적어가 될 것임을 지시한다. '외국인들과 함께 생활하는 것'이라는 표현에는 주어가 없으므로 'zu 부정사'를 사용한다: daran, zusammen mit den Ausländern zu leben

'beginnen - zu Infinitiv'는 '-을 시작하다'라는 의미의 관용적 표현이며, 'zu Infinitiv' 구문 앞에 콤마를 사용할 경우 의미나 문장 구성이 좀 더 명확해진다. '외국인들이 한국으로 오기 시작했다'는 다음과 같이 표현할 수 있다: Die Ausländer begannen, nach Korea zu kommen. = Die Ausländer haben begonnen, nach Korea zu kommen. 현재 완료 문장을, 이유를 나타내는 접속사 'weil'을 사용하여 함께 표현하면 다음과 같다: weil die Ausländer begonnen haben, nach Korea zu kommen.

⑱ 'es ist Zeit, dass -'는 '-할 때(시간)이다'라는 표현이며, '사람들이 세계 시민이 되어야 할 때이다'는 다음과 같이 표현할 수 있다: Es ist Zeit, dass man ein Weltbürger werden muss.

문장의 주요 구성 요소인 주어와 동사는 '우리는 깨달아야 한다'이며, 목적어는 '사람들이 세계 시민이 되어야 할 때라는 것'이다. 문장이 목적어이므로 'dass 문장'을 사용하여 표현할 수 있다. 따라서 '사람들이 세계 시민이 되어야 할 때라는 것'이라는 목적절은 다음과 같다: dass es Zeit ist, dass man ein Weltbürger werden muss.

2. Ausländische Arbeiter in Korea

①In den achtziger Jahren hat sich die Wirtschaft in Korea schnell entwickelt, und viele Arbeiter wurden gebraucht. ②Jedoch wurden keine ausländischen Arbeiter gebraucht, weil Korea schon genug Menschenkraft hatte. ③Aber in den neunziger Jahren sind viele Koreaner reich geworden. ④Einige wollten nicht mehr arbeiten. ⑤ Damals sind viele Ausländer nach Korea gekommen. ⑥Nachdem sie in Korea viel Geld verdient hatten, wollten sie in ihren Ländern angenehm leben. ⑦Denn die koreanische Währung war höher als in ihren Ländern. ⑧Sie haben gerne alle Arbeiten gemacht, obwohl sie sehr schwer waren. ⑨Aber danach ist ein großes Problem entstanden. ⑩Die Arbeitgeber haben die ausländischen Arbeiter missbraucht, weil sie im Allgemeinen keine Arbeitserlaubnis hatten. ⑪Entweder die Arbeitgeber haben wenig Geld bezahlt, oder sie haben gar nicht bezahlt. ⑫Das wurde ein soziales Problem, und das Volk war sehr ärgerlich über das Ereignis. ⑬Danach haben sich diese Sachen allmählich vermindert. ⑭Doch können die ausländischen Arbeiter ihr Recht nicht behaupten, weil sie keine Arbeitserlaubnis haben. ⑮Wer kann den Ausländern helfen? ⑯Alles scheint abhängig von jedem Gewissen zu sein.

⑰Koreaner gewöhnen sich noch nicht daran, zusammen mit den Ausländern zu leben, weil die Ausländer erst vor wenigen Jahrzehnten begonnen haben, nach Korea zu kommen. ⑱Aber nun müssen wir bemerken, dass es Zeit ist, dass man ein Weltbürger werden muss.

문법

상관 접속사 ▶▶▶

> entweder A, oder B (A 또는 B); weder A noch B (A도 B도 아닌); nicht nur A, sondern auch B = sowohl A als auch B (A뿐만 아니라 B도); zwar - , aber - (비록 -이지만 -하다); kaum - , da - (-하자마자 -하다); teils - , teils - = bald - , bald - (때로는 - , 때로는 -)

상관 접속사는 두 가지 (이상의) 사실을 열거하거나 비교, 대조할 경우에 사용된다. 상관 접속사를 사용하면 문장이 축약되어 문체적인 향상을 가져 올 수 있으므로 잘 기억해 두면 좋을 것이다. 문장 구성 성분의 배열과 콤마의 사용도 눈 여겨 보도록 하자.

Entweder wir gehen ins Kino, **oder** wir trinken in der Kneipe. = **Entweder** gehen wir ins Kino, **oder** wir trinken in der Kneipe. – "우리는 영화 보러 가거나, 또는 술집에서 술을 마신다." 'entweder'와 'oder' 뒤에 문장이 올 경우 정치(주어+동사)한다. 'entweder' 뒤의 문장은 도치(동사+주어)되어도 상관없으며, 최근에는 정치가 많이 사용되는 추세이다.
Wir gehen **entweder** ins Konzert, **oder** ins Theater. – "우리는 연주회에 가거나, 또는 연극을 보러 간다."
Entweder ich **oder** meine Schwester besucht das Seniorenheim. – "나 아니면 누이가 양로원을 방문한다." 'entweder'와 'oder' 뒤의 명사가 주어로 사용되는 경우, 동사는 'oder' 뒤에 위치하는 명사의 인칭과 수에 일치시킨다.

Ich habe dafür **weder** Zeit **noch** Geld **noch** Lust. – "나는 그것에 대해 시간도 돈도, 하고 싶은 마음도 없다."
Er will **weder** essen **noch** trinken. – "그는 먹으려고 하지도, 마시려고 하지도 않는다."
Weder mein Freund **noch** ich habe die Prüfung bestanden. – "친구도 나도 시험에 합격하지 못했다." 'entweder A oder B'의 경우와 마찬가지로 동사는 주어 B의 인칭과 수에 일치시킨다.

Nicht nur mein Vater, **sondern auch** meine Mutter hört (또는 hören) gern klassische Musik. = **Sowohl** mein Vater **als auch** meine Mutter hört(hören) gern klassische Musik.

- "나의 아버지뿐만 아니라 어머니도 클래식 음악을 즐겨 듣는다." 동사는 두 번째 주어의 인칭과 수에 일치시킨다. 그렇지만 최근에는 주어에 상응해서 동사의 복수형을 점점 더 많이 사용하는 추세이다. 문장의 의미와 내용을 생각해보면 이해가 될 것이다. 'sondern' 앞에는 콤마를 사용함에 주의하자.

Sie ist **sowohl** Sängerin **als auch** Schauspielerin. = Sie ist **nicht nur** Sängerin, **sondern auch** Schauspielerin. – "그녀는 가수일 뿐만 아니라 배우이기도 하다."

Er ist **zwar** krank, **aber** er geht zur Arbeit. = **Zwar** ist er krank, **aber** er geht zur Arbeit. – "그는 아플지라도(아프지만) 일하러 간다." 'zwar'가 문두에 올 경우 도치된다.

Kaum war der Reiseleiter im Flughafen angekommen, **da** begann es zu regnen. – "그 여행 가이드가 공항에 도착하자마자 비가 내리기 시작했다." 비가 오는 것보다 공항에 도착한 사실이 먼저이므로, 'kaum'이 사용된 문장에는 과거보다 한 시제 빠른 과거 완료 시제가 사용되었다. 'kaum'과 'da'는 부사이므로 문장은 도치된다. 'beginnen'과 함께 사용되는 동사 보충어는 'zu Infinitiv'의 형태로 사용된다.

Teils(Bald) will er heiraten, **teils(bald)** will er ledig bleiben. – "그는 때로는 결혼하고자 하고, 때로는 독신으로 지내고자 한다." 'teils'와 'bald'는 부사이므로 문장은 도치된다.

한글 (Hangul)

한글은 세계가 인정하는 자랑스러운 문화유산이다. 필자가 유학 시절에 대학 도서관에서 한글과 독일어를 섞어가며 과제물을 작성하고 있을 때, 종종 독일 학생들이 어느 나라의 문자인지 관심을 보이곤 했다. 글자가 예쁘다는 것이 그들의 관심을 끈 이유였다. 한글은 보기에도 아름다울 뿐만 아니라 기능성도 매우 우수하여 쉽게 깨우치고 사용할 수 있다. 이번 장에서는 우리가 자랑스럽게 여기고 세계가 인정하는 문화유산인 '한글'을 설명한다. 독일인을 알게 되거나 독일에서 거주하게 될 경우, 한글에 대해 소개할 기회가 종종 주어진다. 이번 장에서의 작문을 통해 우리의 한글을 보다 정확하게 이해하고 설명할 수 있기를 바란다.

이번 장에서는 언어학과 관련된 용어들이 많이 등장하고 내용과 문장 구조 또한 간단하지 않으므로, 작문을 완료하기 위해서는 인내와 집중력이 필요할 것이다.

한 글

①세종(1397-1450)은 조선왕조의 왕들 가운데 가장 위대한 왕이며 대왕이라는 부가어와 함께 칭송된다. ②고유한 한국어 문자의 발명은 그의 가장 위대한 업적으로 간주된다.

③세종대왕은 "백성의 교화를 위한 바른 소리들 (훈민정음)"에 대한 서문에서 직접 쓴다: "④우리말의 소리들은 중국의 그것들과 다르고, 따라서 중국 문자들로는 쉽게 표현될 수 없다. ⑤이런 이유에서 많은 무지한 이들이 그들의 감정을 글자로 표현할 수 없다. ⑥이에 대한 심려에서 스물여덟자로 된 새로운 문자를 만드니, 누구나 이를 쉽게 익힐 수 있고 일상생활에서 사용할 수 있기를 바란다."

⑦한국어 문자는 언어학의 역사에서 경이적인 작품이다. ⑧그것은 15세기에 스물여덟 자로 구성되어 있었다. ⑨그 자모들은 소리와 기호 사이의 밀접한 관계를 보여준다. ⑩특정한 자음들을 발음할 때 형성되는 입술과 혀의 위치들은 문자 상으로 가능한 한 정확하게 모사된다, 보다 정확하게 말하면 수직선들, 수평선들, 빗금들과 함께. ⑪이는 또한 모음들에도 해당된다. ⑫이렇게 생겨난 기호들은 대부분의 다른 문자들에서 널리 행해지는 것처럼 직선으로 쓰이는 것이 아니라, 음절 단위로 쓰인다. ⑬각각의 음절은 가상의 네모형태 안으로 어우러진다.

⑭현대의 한국어 문자는 열네 개의 자음과 열 개의 모음으로 구성되어 있다. ⑮이와 함께 그 문자는 한국어의 소리들을 정확하게 표현할 수 있다. ⑯또한 그 문자는 쉽게 습득될 수 있다.

⑰1990년 이후로 유네스코는 "기초 교육과 문맹자 교육의 분야에서 뛰어난 프로젝트나 프로그램"을 위해 유네스코 세종대왕 문해상을 수여한다.

단어

① von -: -가운데 / die Joseon-Dynastie: 조선 왕조 / Zusatz: m. 부가, 첨가 / ehren: 존경하다, 칭송하다

② eigen: 자신의, 고유한 / Erfindung: f. 발명; erfinden: 발명하다 / Schrift: f. 문자, 글자 / als et. gelten: -로 간주되다 / Leistung: f. 업적, 성과

③ Sejong der Große: 세종대왕 / zu: -에 대한, -을 위한 / Vorwort: n. 서문 / korrekt: 올바른, 정확한 / Laut: m. 소리, 음성 / Instruktion: f. 가르침, 지도, 교화 / Volk: n. 민족, 국민, 백성

④ sich von et. unterscheiden: -와 다르다, 구분되다 / somit: 따라서, 그러므로 / chinesisch: 중국의 / mittels: 2격 지배 전치사. -을 도구로 하여, -을 이용하여 / Schriftzeichen: n. 글자, 문자 / wiedergeben: 표현하다, 묘사하다, 재현하다

⑤ aus diesem Grund: 이런 이유에서 / unkundig: 지식이 없는, 모르는 / in der Lage sein, - zu Infinitiv = können - Infinitiv: -할 수 있다 / Gefühl: n. 감정 / schriftlich: 글자의, 문자로 / ausdrücken: 표현하다

⑥ Besorgnis: f. 심려, 걱정, 근심; aus Besorgnis um - oder über -: -에 대한 심려(염려)에서 / Buchstabe: m. 문자, 자모 / jedermann: 대명사. 각자, 누구나 / erlernen: 익히다, 습득하다 / täglich: 매일의, 일상의 / gebrauchen: 사용하다, 이용하다 / hoffen: 바라다, 희망하다

⑦ Wunderwerk: n. 기적, 경이적인 작품 / Geschichte: f. 역사 / Sprachwissenschaft: f. 언어학

⑧ aus et. bestehen: -로 구성되다

⑨ Zeichen: n. 표시, 기호 / aufzeigen: 보이다, 제시하다 / eng: 좁은, 밀접한 / Zusammenhang: m. 관계, 관련 / zwischen A und B: A와 B 사이의, A와 B 사이에(서)

⑩ Lippe: f. 입술 / Zunge: f. 혀 / Stellung: f. 위치, 입장 / Lippen- und Zungenstellungen: 입술과 혀의 위치 / bei: -할 때, -에서 / Aussprache: f. 발음 / bestimmt: 정해진, 특정한 / Konsonant: m. 자음 / bilden: 만들다, 형성하다 / grafisch: 문자의, 기호의, 도식의 / möglichst: 가능한 한, 될 수 있는 대로 / nachzeichnen: 본 따 그리다, 모사하다 / und zwar: 보다 정확하게 말하면 / vertikal: 수직의 / waagerecht: 수평의 / schräg: 비스듬한, 경사진; eine schräge Linie: 빗금

⑪ für et. gelten: -에게 해당되다, 유효하다 / Vokal: m. 모음

⑫ so: 이렇게 / entstehen(-entstand-entstanden): 생기다, 일어나다 / nicht -, sondern -: -이 아니라 (오히려) -인 / meist: 대개, 대부분 / üblich: 널리 행해지는, 통례의 / linear: 직선의 / Silbe: f. 음절; syllabisch: 음절의 / Block: m. 권, 블록, 묶음 / in syllabischen Blöcken: 음절 단위로, 음절 단위에서

⑬ jed_: 각각의, 각자 / passen: 맞다, 어울리다 / imaginär: 가상의 / Quadrat: n. 정사각형, 네모꼴

⑭ modern: 현대의, 최신의

⑮ damit: 그와 함께, 이와 함께 / präzis: 정확한, 정확하게

⑯ erlernen: 습득하다; erlernbar: 습득될 수 있는

⑰ verleihen: 수여하다 / UNESCO King Sejong Literacy Prize = UNESCO König Sejong Alphabetisierungspreis: 유네스코 세종대왕 문해상 / außergewöhnlich: 비상한, 비범한, 뛰어난 / Projekt: n. 프로젝트, 연구 기획 / Programm: n. 프로그램 / Bereich: n. 영역, 범위, 분야 / Grundbildung: f. 기초 교육 / Alphabetisierung: f. 문맹자 교육

도움말

① '가장 위대한 왕'에서 '왕'은 생략되어도 의미 파악에 문제가 없다. 'ehren'은 '칭송하다'라는 의미의 타동사이며, 여기에서는 수동태로 사용된다.

④ 주어진 문장은 주어가 동일한 두 개의 주문장으로 구성되어 있다.

'그것들'은 '소리들'을 가리키는 지시 대명사이며, 동일한 명사의 반복을 피하고자 할 경우 지시 대명사를 사용할 수 있다. 지시 대명사 'der'형은 지금까지 조금씩 다루어 왔으나 이번 단원에서는 '문법해설' 부분에서 그 용법을 정확하게 살펴보고자 한다. 아래의 '문법해설'을 참고하여 지시 대명사 'der'형의 용법을 확실히 이해하고 넘어가도록 하자.

'중국 문자들로는'은 '중국 문자들을 이용하여'와 동일한 의미이다.

'쉽게 표현될 수 없다'에서 부정어를 사용해야 단어는 '쉽게'이다. 의미를 잘 생각해 보자. 독일어에서 부정어 'nicht'는 부정하고자 하는 말 앞에 위치한다.

주어진 문장은 'können + 수동태'를 사용하여 표현할 수 있다.

⑤ 'unkundig'는 '무지한'이라는 의미의 형용사로서, 대문자를 사용하고 형용사 어미변화 시켜 '무지한 사람들'이라고 표현할 수 있다: ein Unkundiger(무지한 남자), eine Unkundige(무지한 여자), die Unkundigen(그 무지한 사람들), Unkundige(무지한 사람들)

주어진 문장은 'können'을 사용하여 표현할 수도 있지만, 그와 동일한 의미인 'in der Lage sein, - zu Infinitiv(-할 상태, 상황, 입장에 있다 = -할 수 있다)'의 형태를 사용하여 표현해 보자: Aus diesem Grund können viele Unkundige ihre Gefühle nicht schriftlich ausdrücken. → (- in der Lage, - zu -)

⑥ 본문은 '나는 만들었다'와 '나는 바란다'라는 두 개의 문장으로 구성되어 있다.

'이에 대한 심려에서'에서 '이'는 앞 문장 전체를 가리킨다. 따라서 'da+전치사'의 형

태를 사용해야 한다.

'aus'는 '-로 구성된, -로 만들어진'이라는 의미를 지닌다: eine Uhr aus Gold
여기에서 '만들다'는 '발명하다'와 동일한 의미이다.

'누구나 이를 쉽게 익힐 수 있고 일상생활에서 사용할 수 있기를'은 타동사 'hoffen
(바라다)'의 목적절이다. 따라서 'dass 문장'을 구성해야 한다. '이를'은 '새로운 문자'
를 가리킨다.

⑧ 문어체에서는 현재 완료 형태보다 동사의 과거형이 선호된다.

'몇 세기에'라는 표현에서는 서수를 사용한다.

⑩ 문장의 주어와 동사는 '입술과 혀의 위치들은 모사된다'이다.

'특정한 자음들을 발음할 때 형성되는'은 문장으로서 '입술과 혀의 위치들'을 수식한
다. 따라서 다음과 같은 관계 문장이 구성되어야 한다: 입술과 혀의 위치들, 그것들
은 특정한 자음들을 발음할 때 형성된다.

'특정한 자음들을 발음할 때'를 독일어의 전치사구로 표현하자면 '특정한 자음들의
발음 때'가 된다. 따라서 'bei der Aussprache bestimmter Konsonanten'이라는 표
현이 형성된다.

'bilden'은 '-을 형성하다'라는 의미의 타동사로서, 관계 문장에서는 수동태로 사용되
고 있다.

'nachzeichnen'은 '-을 본 따 그리다, 모사하다'라는 의미의 타동사인데 여기에서는
수동태로 사용되고 있다.

'und zwar(보다 정확하게 말하면)'와 'nämlich(즉)'는 논술에서 자주 사용되는 표현
이다.

⑫ 문장의 주어와 동사는 '기호들은 쓰인다'이다.

'이렇게 생겨난'은 문장으로서 '기호들'을 수식한다. 따라서 다음과 같은 관계 문장이
형성된다: Die Zeichen, die so entstanden sind. = Die Zeichen, die so entstanden.
= 기호들, 그것들은 이렇게 생겨났다.

'이렇게 생겨난'은 관계 문장 대신에 과거분사를 사용하여 표현할 수도 있다.
'entstanden'은 'entstehen(생기다, 발생하다)'이라는 자동사의 과거분사이다. 자동
사의 과거분사가 형용사로 사용되면 완료의 의미를 지니므로 'entstanden'은 '생겨
난, 발생한'이라는 의미의 형용사가 된다. 따라서 'Die so entstandenen Zeichen'은
'이렇게 생겨난 기호들'이라는 명사구가 된다.

위의 예처럼 명사의 수식어가 그리 길지 않을 경우, 관계 문장 대신 현재분사나 과

거분사를 사용하여 명사구를 형성할 수도 있다. 이는 표현의 간결함으로 인해 문어체에서 선호되며, 관계 문장은 구조의 명확성으로 인해 회화체에서 널리 사용된다. 그렇지만 수식어가 길거나 구조가 복잡할 경우에는 문어체일지라도 관계 문장을 사용하여 정확하게 표현하는 것이 좋다.

'쓰인다'는 'schreiben' 동사의 수동태이다.

'wie'는 '-처럼'이라는 표현이며 'bei'는 때나 장소를 나타내는 표현이다. 따라서 '대부분의 다른 문자들에서 널리 행해지는 것처럼'은 다음과 같이 표현될 수 있다: 'wie bei den meisten anderen Schriften üblich' 이것은 비교적 긴 형태의 독립적인 부사구이므로, 앞뒤로 콤마를 사용하면 의미 파악에 좀 더 효과적이다.

'nicht -, sondern -'은 '-이 아니라 (오히려) -인'이라는 표현인데, 여기에서는 'nicht'의 위치가 문제시된다. 주어진 문장 전체를 작문하면 다음과 같다: Die so entstandenen Zeichen werden nicht, wie bei den meisten anderen Schriften üblich, linear geschrieben, sondern in syllabischen Blöcken. 'nicht'는 '직선으로 쓰이는'을 부정하는 것이 아니라 의미상 '대부분의 다른 문자들에서 널리 행해지는 것처럼 직선으로 쓰이는'을 부정하므로 부정어는 'wie' 앞에 위치해야 한다. 'sondern' 뒤에는 주어와 동사가 반복되므로 이들을 생략할 수 있다.

⑯ 주어진 문장은 '수동의 가능성'을 의미하므로 다음과 같이 표현될 수 있다: Die Schrift kann leicht erlernt werden. = Die Schrift lässt sich leicht erlernen. = Die Schrift ist leicht zu erlernen. = Die Schrift ist leicht erlernbar. 이 문장들은 수동태와 수동태를 대체하는 표현들이다. 이미 수동태 부분에서 다루었지만 중요한 사항이므로 꼭 기억하고 넘어가도록 하자.

⑰ 문장이 복잡해 보이지만 주어, 동사, 목적어만 찾으면 비교적 간단한 문장이다.

이번 단원에서는 생소한 단어들도 많이 등장하고 문장들의 구조도 다소 복잡했기에, 독일어 작문이 쉽지만은 않았을 것이다. 그렇지만 이러한 문어체 문장을 많이 다루다 보면 자신도 모르는 사이에 작문과 독해 능력이 향상된다. 아무쪼록 힘을 내서 얼마 남지 않은 나머지 부분의 작문도 완료할 수 있기를 바란다.

Hangul (Hangeul, Koreanisches Alphabet)

①Sejong(1397-1450) ist der Größte von den Königen der Joseon-Dynastie und wird mit dem Zusatz *der Große* geehrt. ②Die Erfindung einer eigenen koreanischen Schrift gilt als seine größte Leistung.

③Sejong der Große schreibt selbst im Vorwort zu „Korrekte Laute zur Instruktion des Volkes (Hunminjeongeum)": „④Die Laute unserer Sprache unterscheiden sich von denen Chinas und können somit nicht leicht mittels chinesischer Schriftzeichen wiedergegeben werden. ⑤Aus diesem Grund sind viele Unkundige nicht in der Lage, ihre Gefühle schriftlich auszudrücken. ⑥Aus Besorgnis darüber habe ich eine neue Schrift aus 28 Buchstaben erfunden und hoffe, dass jedermann sie leicht erlernen und im täglichen Leben gebrauchen kann."

⑦Die koreanische Schrift ist ein Wunderwerk in der Geschichte der Sprachwissenschaft. ⑧Sie bestand im 15. Jahrhundert aus 28 Buchstaben. ⑨Die Buchstaben zeigen einen engen Zusammenhang zwischen Laut und Zeichen auf. ⑩Lippen- und Zungenstellungen, die bei der Aussprache bestimmter Konsonanten gebildet werden, werden grafisch möglichst genau nachgezeichnet, und zwar mit vertikalen, waagerechten und schrägen Linien. ⑪Dies gilt auch für die Vokale. ⑫ Die so entstandenen Zeichen werden nicht, wie bei den meisten anderen Schriften üblich, linear geschrieben, sondern in syllabischen Blöcken. ⑬ Jede Silbe passt in ein imaginäres Quadrat.

⑭Das moderne koreanische Schrift besteht aus 14 Konsonanten und 10 Vokalen. ⑮Damit kann sie die Laute der koreanischen Sprache präzis wiedergeben. ⑯Die Schrift ist auch leicht erlernbar.

⑰Seit 1990 verleiht die UNESCO *den UNESCO König Sejong Alphabetisierungspreis* für „außergewöhnliche Projekte oder Programme im Bereich der Grundbildung und Alphabetisierung".

문법

지시 대명사 'der' 

Kasus(격)	maskulin(남성)	feminin(여성)	neutral(중성)	Plural(복수)
Nominativ(1격)	der	die	das	die
Genitiv(2격)	**dessen**	**deren**	**dessen**	**deren(derer)**
Dativ(3격)	dem	der	dem	**denen**
Akkusativ(4격)	den	die	das	die

지시 대명사 'der'형은 명사 없이 단독으로 사용되며, 관계 대명사 'der'형과 형태가 동일하다. 복수 2격의 'derer'는 '–한 사람들의'이라는 의미를 지니며, 관계 대명사의 선행사로만 사용된다: Das Leben derer, die blind sind, ist schwer(눈이 먼 사람들의 삶은 힘들다).

① 지시 대명사 'der'형은 원칙적으로 인칭 대명사와 같은 역할을 한다. 하지만 지시 대명사 'der'형은 앞에 언급된 대상을 강조하면서 지시하는 역할을 한다. 따라서 지시 대명사 'der'형은 2격을 제외하고는 문장 처음에 위치하는 것이 일반적이다.

Kennen Sie den Mann da? **Den** kenne ich nicht. – "당신은 저기 있는 저 남자를 아십니까? 그를 나는 모릅니다." 'Den'은 지시 대명사로서 문두에 위치했으며 'den Mann'을 가리킨다.

Wegen des Hochwassers sind viele Leute obdachlos geworden. **Denen** müssen wir helfen. – "홍수 때문에 많은 사람들이 집 없는 처지가 되었다. 그들을 우리는 도와야 한다." 'Denen'은 복수 3격 지시 대명사로서 'viele Leute'를 가리킨다. 'werden'은 '-이 되다'라는 의미로 사용되었고, 시제는 현재 완료이다.

② 지시 대명사 'der'형은 명사의 불필요한 반복을 피하기 위하여 사용될 수 있다.

Das Schicksal des Sohnes war ähnlich **dem** des Vaters. – "그 아들의 운명은 아버지의 그것(운명)과 비슷했다." 'ähnlich'는 3격 지배 형용사이고, 'dem'은 지시 대명사로서 'das Schicksal'을 가리키며 한 문장 안에서 같은 단어의 반복을 피하기 위하여 명사는 생략되고, 지시 대명사만이 사용되었다.

③ 지시 대명사 'das'는 앞 문장 전체를 지시할 수 있고, 단독으로 'sein' 또는 'werden' 동사와 사용될 경우 동사는 뒤에 나오는 명사의 인칭과 수(단수, 복수)를 따른다.

Mein Freund hat gestern die Prüfung bestanden. **Das** hat mich sehr erfreut. – "내 친구가 어제 시험을 합격했다. 이것이 나를 정말 기쁘게 했다." 'Das'는 지시 대명사로서 앞 문장 전체를 가리킨다. 'Dies'가 단독으로 사용될 경우 'Das'와 마찬 가지로 앞 문장 전체를 지시하는 역할을 한다.
Das sind kaum nutzbare Dinge. – "이것들은 거의 사용될 수 없는 물건들이다." 'Das'는 단독으로 'sein' 동사와 사용되었으며, 이 경우 동사는 뒤에 나오는 명사의 인칭과 수를 따르기 때문에, 예문의 동사는 'sind'라는 3인칭 복수형이 된다.
Das bist du! – "그게 너(였)구나!"

④ 지시 대명사 'der'형의 2격은 소유 대명사의 역할과 동일하다. 그렇지만 소유 대명사의 지시 대상이 부정확할 경우에 사용된다.

Heute nachmittag treffe ich den Professor mit seinem Sohn und **dessen** Freund. – "오늘 오후에 나는 교수를, 그의 아들과 그의(아들의) 친구와 함께 만날 것이다." 이 문장에서 'dessen'은 바로 앞에 나온 'Sohn'을 가리킨다. 만약 'dessen' 대신에 'seinem'을 사용한다면 친구가 아들의 친구인지 교수의 친구인지 불분명해진다. 지시 대명사 2격은 바로 앞에 나온 명사를 가리키며, 소유 대명사가 야기하는 의미의 혼동을 피하기 위하여 사용된다는 사실을 기억하자.

한국 문학 (Koreanische Literatur)

외국어로 문학 작품을 소개하는 것은 상당히 의미 있는 일이다. 이는 전통과 문화, 동시대인들의 현실과 사고, 시대상을 전달하는 작업이기 때문이다. 이러한 소통의 작업을 통해 사람들은 환경과 문화가 다를지라도 다름을 이해하고 타자를 배려하게 된다. 이번 장에서는 김광규 시인의 "조개의 깊이"라는 시와 백석 작가의 "귀머거리 너구리"라는 동화를 독일어로 번역하고자 한다. "조개의 깊이"는 정혜영과 마티하스 괴리츠의 공동 작업을 통해 독일어로 번역되어 있으므로, 이들의 번역을 한국어 원문과 비교하면서 번역상의 기술적인 부분과 번역 시 생길 수 있는 문제를 살펴보고자 한다. "귀머거리 너구리"는 어린이를 위한 동화이다. 읽기도 쉽고 문장 구조도 간단하므로 편안한 마음으로 독일어 번역을 시도해 보자.

1. 김광규

①서정시인 김광규는 예민한 감성을 지니는 그의 독특한 시에서 현대적 개체의 흔적을 좇고 있다. ②전통적 결속력들의 상실에 의해 개인은 소외되고 고독해지며 의사소통 불가의 상태가 된다.

단어

① Lyriker: m. 서정시인 / unverwechselbar: 독특한 / Gedicht: n. 시 / Feinfühligkeit: f. 예민한 감수성 / modern: 근대의, 현대의 / Individuum: n. 개인, 개체 / jm. auf der Spur sein: -의 뒤를 밟고 있다

② Verlust: m. 분실, 상실 / traditionell: 전통의, 전통적인 / Bindung: f. 결속, 애정, 애착 / entfremdet: 소외된 / einsam: 외로운, 고독한 / kommunikationsunfähig: 의사소통이 불가능한

도움말

① 우선 문장의 기본 구성 요소인, '서정시인 김광규는 현대적 개체의 흔적을 좇고 있다'를 표현해야 한다: Der Lyriker Kim, Kwang-Kyu ist dem modernen Individuum auf der Spur. 동사와 함께 관용적으로 사용되는 술어나 전치사 목적어 등은 문장 끝에 오는 것이 일반적이므로 'jm. auf der Spur sein'이라는 표현에서 'sein' 동사의 술어인 'jm. auf der Spur'는 문장 끝에 온다.

'예민한 감성을 지니는 그의 독특한 시에서'라는 전치사구는 'in seinen unverwechselbaren Gedichten mit Feinfühligkeit'라고 표현될 수 있다. 'Feinfühligkeit'는 추상명사이기에 관사를 사용하지 않았고, '시'는 문맥상 복수를 의미하므로 복수형 'Gedichte'가 사용되었다. 복수 3격은 반드시 'n'으로 끝나야 한

에 유의하자.

② 주어진 문장은 주어와 '되다'라는 동사로 구성되어 있다. 따라서 'Das Individuum wird entfremdet, einsam und kommunikationsunfähig.'라는 문장이 형성된다. 'entfremden'은 '-를 소외시키다'라는 의미의 타동사이며, 타동사의 과거분사는 수동의 의미를 지니는 형용사로 사용될 수 있기에 'entfremdet'는 '소외된'이라는 의미의 형용사가 된다.

'전통적 결속력들의 상실에 의해'는 'durch den Verlust traditioneller Bindungen'으로 표현될 수 있는데, 문두나 주어 뒤 어느 곳에 위치해도 상관없다.

'traditioneller Bindungen'은 앞에서 언급되지 않은 복수형이므로 정관사를 사용하지 않았다.

1. Kim, Kwang-Kyu

①Der Lyriker Kim, Kwang-Kyu ist in seinen unverwechselbaren Gedichten mit Feinfühligkeit dem modernen Individuum auf der Spur. ② Durch den Verlust traditioneller Bindungen wird das Individuum entfremdet, einsam und kommunikationsunfähig.

2. 조개의 깊이

조개의 깊이

김광규

① 결혼을 한 뒤 그녀는 한 번도 자기의 첫사랑을 고백하지 않았다.
② 그녀의 남편도 물론 자기의 비밀을 말해 본적이 없다.
③ 그렇잖아도 삶은 살아갈수록 커다란 환멸에 지나지 않았다.
④ 환멸을 짐짓 감추기 위하여 그들은 헤아릴 수 없이 많은 말을 했지만,
　끝내 하지 않은 말도 있었다.
⑤ 환멸은 납가루처럼 몸속에 쌓이고, 하지 못한 말은
　가슴 속에 암세포로 굳어졌다.

⑥ 환멸은 어쩔 수 없어도, 말은 언제나 하고 싶었다.
⑦ 누구에겐가 마음속을 모두 털어놓고 싶었다.
⑧ 아무도 기억해 주지 않는다면, 마음 놓고 긴 이야기를 할 수도 있을 것 같았다.
⑨ 때로는 다른 사람이 비슷한 말을 해주는 경우도 있었다.
⑩ 책을 읽다가 그런 구절이 발견되면 반가워서 밑줄을 긋기도 했고,
　말보다 더 분명한 음악에 귀를 기울이기도 했다.
⑪ 그러나 끝까지 자기의 입은 조개처럼 다물고 있었다.

⑫ 오랜 세월을 끝없는 환멸 속에서 살다가 끝끝내 자기의 비밀을 간직한 채
　그들은 죽었다.
⑬ 그들이 침묵한 만큼 역사는 가려지고 진리는 숨겨진 셈이다.
⑭ 그리하여 오늘도 우리는 그들의 삶을 되풀이하면서 그 감춰진 깊이를
　가늠해 보고, 이 세상은 한 번쯤 살아볼 가치가 있다고 믿는다.

Die Tiefe der Muschel

Kim, Kwang-Kyu

① Nach der Heirat erzählte sie ihm nie von ihrer ersten Liebe.

② Freilich, auch ihr Mann hatte nie sein Geheimnis verraten.

③ Je länger man lebte, desto mehr wurde das Leben die große Enttäuschung.

④ Um dies voreinander zu verbergen, sprachen sie viel.
Doch blieb etwas ausgespart.

⑤ Die Enttäuschung häufte sich. Sie wurde wie Blei, und all das
Unausgesprochene verhörtete sich wie eine Krebszelle im Herzen.

⑥ Gegen die Enttäuschung gab es kein Mittel. Dennoch: sie wollten
sprechen,

⑦ sie wollten ihr Herz ausschütten.

⑧ Wenn sich später nur niemand erinnern würde, hätten sie es sicher erzählt.

⑨ Ab und zu gab es Fälle, wo andere Ähnliches berichteten.

⑩ Wenn sie solche Sätzte beim Lesen fanden, freuten sie sich und
unterstrichen sie. Und manchmal hörten sie auf die Musik, die
treffender war als die Worte.

⑪ Aber bis zu ihrem Ende, hielten sie ihren Mund fest zu wie die Muschel.

⑫ Lange Zeit lebten sie so in ihrer endlosen Enttäuschung; und als sie
dann starben, hatten sie bis zuletzt ihr Geheimnis im Herzen verborgen.

⑬ Was sie verschwiegen; fehlt nun von der Geschichte; und auch von der
Wahrheit.

⑭ Wir wiederholen bis heute ihr Leben, spekulieren über die Tiefe
und glauben doch an den Sinn des Seins auf dieser Welt.

단어

① Tiefe: f. 깊이 / Muschel: f. 조개 / Heirat: f. 결혼 / nie: (결코) - 않다 / von et. erzählen: -에 관하여 이야기하다, 설명하다

② freilich: 물론 / js. Geheimnis verraten: 누군가의 비밀을 누설하다

③ je 비교급, desto 비교급: -하면 할수록, 점점 -하다 / Enttäuschung: f. 실망, 환멸

④ voreinander: 서로서로의 앞에서 / verbergen: 감추다, 숨기다 / aussparen: 아껴 쓰다, 아껴 두다

⑤ sich häufen: 쌓이다 / Blei: n. 납 / aussprechen: 말하다, 표현하다 / sich verhören: 잘못 듣다, 오해하다, 오해되다 / Krebszelle: f. 암세포 / im Herzen: 가슴에, 마음속에

⑥ gegen: -에 대해 / Mittel: n. 수단, 방법 / dennoch: 그럼에도 불구하고

⑦ (jm.) sein Herz ausschütten: (-에게) 속마음을 털어놓다

⑧ später: 나중에 / sich an jn./et.⁴ erinnern: -를(을) 기억하다

⑨ ab und zu: 가끔, 때때로 / Fall: m. 경우 / berichten: 보고하다, 이야기하다

⑩ Satz: m. 문장 / et.⁴ unterstreichen: -에 밑줄 긋다 / auf et.⁴ hören: -을 듣다, -에 귀 기울이다 / treffend: 적절한, 알맞은

⑪ bis zum Ende: 끝까지 / Mund: m. 입 / zuhalten: 닫다, 막다

⑫ endlos: 끝없는 / bis zuletzt: 끝까지, 죽을 때까지 / verbergen-(verbarg-verborgen): 숨기다

⑬ verschweigen(-verschwieg-verschwiegen): 침묵하다, (의도적으로) 말하지 않다 / fehlen: 없다, 존재하지 않다 / Wahrheit: f. 진리

⑭ wiederholen: 반복하다 / spekulieren: 사색하다, 추론하다 / an jn./et.⁴ glauben: -를(을) 믿다, 확신하다 / Sinn: m. 의미 / Sein: n. 존재

도움말

여기에서는 김광규의 시 "조개의 깊이"를 독일어 번역본과 비교하면서 번역상의 기술적 부분과 번역 시 생길 수 있는 문제를 살펴보고자 한다. 지금부터 하는 작업은 한국어 원문과 독일어 번역본을 비교 분석하는 것이므로, 작문에 대한 강박감은 잠시 접어두어도 좋을 것이다. 비교와 분석의 편의를 위해 한국어 원문과 독일어 번역문을 각각 한 문장씩 동시에 제시한다.

① "결혼을 한 뒤 그녀는 한 번도 자기의 첫사랑을 고백하지 않았다. Nach der Heirat

erzählte sie ihm nie von ihrer ersten Liebe.”

원문에는 '누구에게'라는 대상이 존재하지 않지만, 독일어의 경우 동사의 의미에 상응하는 대상을 구체적으로 표현하는 것이 일반적이다.

② "그녀의 남편도 물론 자기의 비밀을 말해 본적이 없다. Freilich, auch ihr Mann hatte nie sein Geheimnis verraten.”

시는 전체적으로 과거 시제이며, 원문의 '말해 본적이 없다'는 그 이전 사실을 의미하므로 과거 완료 시제로 표현되었다.

③ "그렇잖아도 삶은 살아갈수록 커다란 환멸에 지나지 않았다. Je länger man lebte, desto mehr wurde das Leben die große Enttäuschung.”

해석을 하면 "오래 살면 살수록 삶은 점점 더 큰 환멸이 되었다."가 된다. 독일어에서 '-하면 할수록'이라는 부문장의 표현은 '점점 더 -하다'라는 주문장의 표현과 함께 사용되므로, '커다란 환멸에 지나지 않았다'라는 원문은 '점점 더 큰 환멸이 되었다'라는 독일어 표현으로 전환된다. 'je'는 종속 접속사이므로 동사가 문장 끝에, 'desto'는 부사이므로 뒤의 문장은 도치(동사+주어)된다는 사실에 유의하자.

'그렇잖아도'는 독일어 표현이 마뜩하지 않기도 하지만, 독일어 번역문 안에 내포된 의미이므로 생략되었다.

④ "환멸을 짐짓 감추기 위하여 그들은 헤아릴 수 없이 많은 말을 했지만, 끝내 하지 않은 말도 있었다. Um dies voreinander zu verbergen, sprachen sie viel. Doch blieb etwas ausgespart.”

해석을 하면 "서로의 앞에서 이것을 감추기 위하여 그들은 수많은 말을 했다. 그렇지만 어떤 것은 말하지 않은 채 그냥 두었다."가 된다. 한국어 원문의 의미에 상응하는 번역으로 볼 수 있다. 'aussparen'은 '-을 아껴 두다'라는 의미의 타동사이며, 타동사의 과거분사는 수동적 의미의 형용사로 사용될 수 있다. 따라서 'blieb ausgespart'는 '아껴둔 채로 남아 있었다'라는 표현이 된다.

⑤ "환멸은 납가루처럼 몸속에 쌓이고, 하지 못한 말은 가슴 속에 암세포로 굳어졌다. Die Enttäuschung häufte sich. Sie wurde wie Blei, und all das Unausgesprochene verhörtete sich wie eine Krebszelle im Herzen.”

해석을 하면 "환멸은 쌓였다. 그것은 납처럼 되었고, 말하지 않은 모든 것은 가슴 속에 암세포처럼 오해가 되었다."가 된다. 한국어 원문과 의미는 상통하지만, 문장 구성에 변화가 있다. 이는 독일어 시의 특징인 라임을 맞추기 위한 시도이다. 위에 제시된 독일어 전체 번역문에서는 이해와 설명을 위해, 번역된 독일어 시의 행을 보기 쉽게 정렬했지만 원문에서는 각운(Endreim)이 맞춰져 있음을 알 수 있다. (형태가 변형되지 않은 독일어 원문은 아래에 따로 실려 있다. 독일어 시에는 여러 종류의 각운이 있다. 아래의 원문을 살펴보면 각운을 맞추느라 고심한 흔적이 보이는데, 여러분도 각운을 중심으로 시를 한 번 관찰해 보기 바란다.)

'das Unausgesprochene'는 'unaussprechen'이라는 동사의 과거분사가 명사화된 표현이다. 'unaussprechen'은 '말하지 않다, 표현하지 않다'라는 의미의 타동사이며, 과거분사는 형용사로 사용될 수 있고 타동사의 과거분사는 수동의 의미를 지닌다. 따라서 'unausgesprochen'은 '말해지지 않은, 표현되지 않은'이라는 형용사적 의미를 지니게 된다. 형용사는 명사화 할 수 있으므로 이를 중성 명사화하면 '말해지지 않은 것' 즉 '말하지 않은 것'이라는 표현이 된다.

'all'은 어미변화 없이 바로 뒤의 정관사나 소유대명사 등을 수식할 수 있다: all deine Mühe(너의 모든 노력)

⑥⑦ "환멸은 어쩔 수 없어도, 말은 언제나 하고 싶었다. 누구에겐가 마음속을 모두 털어놓고 싶었다. Gegen die Enttäuschung gab es kein Mittel. Dennoch: sie wollten sprechen, sie wollten ihr Herz ausschütten."

해석을 하면 "환멸에 대해서는 방법이 없다. 그럼에도 불구하고: 그들은 말하고 싶었다, 그들은 마음을 털어놓고 싶었다."가 된다. 원문의 의미에 상응하는 번역이며, 라임을 살린 번역이기도 하다: wollten, sprechen, wollten, ausschütten

⑧ "아무도 기억해 주지 않는다면, 마음 놓고 긴 이야기를 할 수도 있을 것 같았다. Wenn sich später nur niemand erinnern würde, hätten sie es sicher erzählt."

해석을 하면 "나중에 아무도 기억하지 않는다면, 그들은 안심하고 그것을 이야기 했을 터이다."가 된다. 원문과 큰 의미 차이가 없으며, '긴 이야기'는 문맥상 '그것'이라는 대명사로 대체되어도 무리가 없다.

부문장이나 도치된 문장에서 재귀 대명사는 인칭 대명사 주어 뒤에, 일반 명사 주어 앞에 위치한다. 'niemand'는 인칭 대명사가 아니므로 'sich'가 그 앞에 위치했다.

'sich später'와 'nur niemand'는 두운을 맞추기 위한 배열로 보인다.

문법적으로 살펴보면 이 문장은 '이루어질 수 없는 조건'을 표현하는 접속법 2식의 문장이다. 부문장에서는 접속법 현재가, 주문장에서는 접속법 과거 시제가 사용되었다. 접속법 2식은 이루어질 수 없는 사실을 표현하므로 주어진 문장을 직설법으로 바꾸면 다음과 같다: Jemand erinnert sich später, deswegen haben sie es nicht erzählt. – 누군가 나중에 기억할 것이다, 그래서 그들은 그것을 이야기 하지 않았다.

⑨ "때로는 다른 사람이 비슷한 말을 해주는 경우도 있었다. Ab und zu gab es Fälle, wo andere Ähnliches berichteten."

해석을 하면 "때로는 다른 사람들이 비슷한 것을 말해주던 경우들도 있었다."가 된다.

'andere'는 복수 어미변화 한 형태로서 '다른 사람들'이라는 의미를 지닌다. 그리고 'anderes'는 중성 어미변화 한 형태로서 '다른 것'이라는 의미를 지닌다. 이들은 관용적으로 소문자로 시작한다.

'Ähnliches'는 형용사 'ähnlich'가 중성명사화 된 표현으로서 '비슷한 것'이라는 의미를 지닌다.

'전치사 + 시간/장소를 지시하는 관계 대명사'는 관계 부사 'wo'로 대체될 수 있다: Gestern abend war ich in einem Club, wo(=in dem) ich mit meinen Freunden tanzte(어제 밤에 나는 클럽에 있었고, 거기에서 나는 친구들과 함께 춤을 추었다). 여기에서 'in dem'은 '전치사 + 장소를 지시하는 관계 대명사'이다.

본문에서 'wo'는 선행사 'Fälle'를 수식하는 관계 부사로서, 'in denen'과 동일한 표현이다: Fälle, in denen andere Ähnliches berichteten. 여기에서 'denen'은 시간을 나타내는 선행사 'Fälle'를 지시하는 복수 3격 관계 대명사이며, 전체는 '경우들, 그것들에서는 다른 사람들이 비슷한 것을 말해 주었다'로 해석될 수 있다. 따라서 일반적인 해석은 "다른 사람들이 비슷한 것을 말해 주던 경우들"이 된다.

'전치사 + 시간/장소를 지시하는 관계 대명사'는 관계 부사 'wo'로 대체될 수 있지만, 문체상으로는 전자가 더 좋은 표현이다. 그런데 이 시에서는 'wo'를 사용할 경우 모음으로 인한 리듬감이 생기므로, 발음과 운율의 측면에서 'in denen'보다 적합한 표현이 된다.

⑩ "책을 읽다가 그런 구절이 발견되면 반가워서 밑줄을 긋기도 했고, 말보다 더 분명한 음악에 귀를 기울이기도 했다. Wenn sie solche Sätzte beim Lesen fanden, freuten sie sich und unterstrichen sie. Und manchmal hörten sie auf die Musik, die treffender war als die Worte."

해석을 하면 "그들이 그런 문장을 책을 읽을 때 발견하면, 그들은 기뻤고 거기에 밑줄을 그었다. 그리고 때때로 그들은 말보다 더 적절한 음악에 귀를 기울였다."가 된다. 한국어 원문과 큰 의미 차이가 없고 각운을 맞추기 위해 문장 구성에 조금의 변화가 있다.

'die treffender war als die Worte.'라는 문장에서 'die'는 선행사 'Musik'을 지시하

는 관계 대명사이다. 관계 문장 내에서는 동사가 끝에 위치하지만, 여기에서는 운율을 맞추기 위해 'als die Worte'가 끝에 위치했다.

'Wort'가 '단어'를 의미하는 경우 복수형은 'Wörter'를 사용하고, 'Wort'가 '말' 또는 '관련성 있는 단어군'을 의미하는 경우 복수형은 'Worte'를 사용한다.

⑪ "그러나 끝까지 자기의 입은 조개처럼 다물고 있었다. Aber bis zu ihrem Ende, hielten sie ihren Mund fest zu wie die Muschel."

해석을 하면 "그러나 끝까지 그들은 그들의 입을 조개처럼 굳게 다물고 있었다."가 된다.

'zuhalten'은 분리 동사로서 분리 전철 'zu'는 문장 끝에 위치해야 한다. 그러나 특정한 문장 구성 성분이 강조될 경우, 그것이 문장 끝에 위치하고 그 앞에 분리 전철이 사용되기도 한다. 여기에서는 'wie die Muschel'이 문장 끝에 사용됨으로써, 이전 행들과 마찬가지로 모음 'e'로 끝나는 각운이 맞춰지고 있다. 독일어 원문을 살펴보기 바란다.

⑫ "오랜 세월을 끝없는 환멸 속에서 살다가 끝끝내 자기의 비밀을 간직한 채 그들은 죽었다. Lange Zeit lebten sie so in ihrer endlosen Enttäuschung; und als sie dann starben, hatten sie bis zuletzt ihr Geheimnis im Herzen verborgen."

해석을 하면 "오랜 세월을 그들은 그렇게 끝없는 환멸 속에서 살았다; 그리고 그 후에 그들이 죽었을 때 그들은 끝끝내 자기의 비밀을 가슴에 숨기고 있었다."가 된다. 한국어 원문과 의미 차이는 거의 없고, 각운을 맞추기 위한 문장 구성의 변화가 보인다.

'als'가 사용된 부문장은 과거 시제, 주문장은 과거 완료 시제이다. 이는 비밀을 숨긴 것이 죽은 것 보다 먼저 일어난 사실이므로, 주문장은 과거보다 한 시제 앞선 과거 완료 시제로 표현되었다.

⑬ "그들이 침묵한 만큼 역사는 가려지고 진리는 숨겨진 셈이다. Was sie verschwiegen; fehlt nun von der Geschichte; und auch von der Wahrheit."

해석을 하면 "그들이 침묵한 것: (그것은) 이제 역사에서 없고; 또한 진리에서도 없다."가 된다. 한국어 원문과 의미는 상통하며 각운을 맞추기 위한 문장 구조의 변형이 있다. 아래의 독일어 원문을 보면 'und'는 마지막 행의 'Welt'와 연결되는 각운이다.

'was'는 관계 대명사로서 '–인 것'이라는 의미를 지닌다. "Was sie verschwiegen"은 관계 문장으로서 동사는 끝에 위치하였으며, 관계 문장 자체는 동사 'fehlen'의 주어 역할을 한다.

⑭ "그리하여 오늘도 우리는 그들의 삶을 되풀이하면서 그 감춰진 깊이를 가늠해 보고, 이 세상은 한 번쯤 살아볼 가치가 있다고 믿는다. Wir wiederholen bis heute ihr Leben, spekulieren über die Tiefe und glauben doch an den Sinn des Seins auf dieser Welt."

해석을 하면 "우리는 오늘날까지 그들의 삶을 되풀이하면서 그 깊이를 가늠해 보고, 이 세상에서 존재의 의미를 믿는다."가 된다. 한국어 원문의 의미에서 크게 벗어나지 않는다.

지금까지 우리는 '조개의 깊이'라는 김광규의 시를 독일어 번역문과 비교하며 분석해 보았다. 일반적인 작문이나 번역과는 달리, 시 또는 문학 작품을 원어 그대로 옮기는 것은 거의 불가능하므로, 문학 번역의 경우 나아가 모든 번역의 경우 번역자의 이해력과 창의성이 매우 중요하다. 그래서 '번역은 제2의 창작'이라고 말한다. 이번 단원에서 나타난 것처럼, 번역은 작품에 대한 지식과 이해 및 창의성이 요구되는 종합적인 작업이다. 평소에 다양한 매체의 정보를 창의적으로 수용하고 논리적으로 비판하는 습관을 가진다면, 외국어 작문과 독해 능력의 향상뿐만 아니라 좋은 번역가의 자질도 마련될 수 있을 것이다.

Die Tiefe der Muschel

Nach der Heirat erzählte sie ihm nie von ihrer ersten Liebe. Freilich, auch ihr Mann hatte nie sein Geheimnis verraten. Je länger man lebte, desto mehr wurde das Leben die grosse Enttäuschung. Um dies
voreinander zu verbergen, sprachen sie viel. Doch blieb etwas ausgespart.
Die Enttäuschung häufte sich. Sie wurde wie Blei, und all das Unausgesprochene verhörtete sich wie eine Krebszelle im Herzen.

Gegen die Enttäuschung gab es kein Mittel. Dennoch: sie wollten sprechen, sie wollten ihr Herz ausschütten. Wenn sich später nur niemand erinnern würde, hätten sie es sicher erzählt. Ab und zu gab es Fälle, wo andere Ähnliches berichteten. Wenn sie solche Sätzte beim Lesen fanden, freuten sie sich und unterstrichen sie. Und manchmal hörten sie auf die Musik, die treffender war als die Worte. Aber bis zu ihrem Ende, hielten sie ihren Mund fest zu wie die Muschel.

Lange Zeit lebten sie so in ihrer endlosen Enttäuschung; und als sie dann starben, hatten sie bis zuletzt ihr Geheimnis im Herzen verborgen. Was sie verschwiegen; fehlt nun von der Geschichte; und auch von der Wahrheit. Wir wiederholen bis heute ihr Leben, spekulieren über die Tiefe und glauben doch an den Sinn des Seins auf dieser Welt.

3. 귀머거리 너구리

귀머거리 너구리

백석

①어느 산 속에
귀머거리 너구리가 살고 있었네.

②어느 날 밤
마을 가까운 메밀밭에
오소리도, 노루도, 귀머거리 너구리도,
다 함께 내려와 메밀을 훑어 먹었네.

③그러자 밭 임자네 개들이
컹- 컹- 짖어댔네.

④그 소리 듣고
오소리가 먼저 달아났네.
⑤그 뒤로 노루가 달아났네.

⑥그러나 귀머거리 너구리
그 소리 들리지 않아
⑦꿈쩍도 아니 하고
⑧쩝쩝하고 한 입
쩝쩝하고 두 입
메밀만 훑어 먹었네.
⑨그러면서 하는 말
"달아나긴 왜들 달아나?"

⑩오소리와 노루는 달아나며 생각했네.
⑪너구리는 저희들보다 겁 없고 용감하다고.
⑫이리하여 귀 밝은 도적놈들
귀 먹은 도적놈을 우러러 보았네.

단어

① Wald: m. 숲; in einem Wald: 숲에서 / taub: 귀가 먼 / Dachs: m. 너구리, 오소리

② eines Nachts: 어느 날 밤 / Wiesel: n. 오소리, 족제비 / Reh: n. 노루 / Weizen: m. 밀; Weizenfeld: n. 밀밭; ins Weizenfeld: 밀밭으로 / in der Nähe des Dorfes: 마을 가까이에, 마을 근처에 / fressen(-fraß-gefressen): (동물이) 먹다

③ da: 그때 / bellen: 짖다 / Hund: m. 개 / Weizenbauer: m. 밀 농사짓는 농부

④ über et.⁴ erschrecken(-erschrak-erschrocken): -에 놀라다 / davonlaufen: 달아나다

⑤ jm. folgen: -를 따르다, 뒤따라가다

⑦ ruhig blieben: 평온하게 (남아) 있다

⑧ Korn: n. 낟알, 밀알 / weiter: 계속해서 / schmatzen: 쩝쩝거리다, 쩝쩝거리며 먹다

⑨ dabei: 그때(에) / weglaufen: 달아나다, 도망치다

⑪ tapfer: 겁 없는, 용감한 / mutig: 용감한, 용기 있는

⑫ so: 이렇게, 그래서 / jn./et.⁴ bewundern: -를 우러러보다, -에 경탄하다

도움말

김광규의 시 "조개의 깊이"의 번역에서 나타난 것처럼, 이번에 다루는 동화 역시 한국어 원문을 그대로 독일어로 옮기는 것은 거의 불가능하다. 우선 독일어 번역에 적합한 한국어 문장으로 전환하는 것이 중요하다. 작문을 위한 연습이므로 의미만 통할 수 있게 평이한 표현으로 번역해 보자.

① '산 속에'는 '숲에서'라고 표현하는 것이 독일어에 더 잘 어울린다.

② '마을 가까운 메밀밭에 내려 와'는 '마을 근처에 있는 메밀밭으로 가서'와 동일한 표현이다.

　여기에서 '메밀'은 의미상 복수이다.

③ '그러자'는 '그때'라는 표현으로 전환할 수 있다.

　'밭 임자'는 정확하게 표현하면 '밀 농사짓는 농부'를 의미한다.

④ '그 소리 듣고'는 구체적으로 '그 짖는 소리에 놀라서'라고 표현할 수 있다.

　'erschrocken'은 'erschrecken(놀라다)'이라는 자동사의 과거분사이다. 과거분사는

형용사로 사용될 수 있고 자동사의 과거분사는 완료를 의미하므로 'erschrocken'은 '놀란'이라는 의미를 지니게 된다. 그렇지만 과거분사는 '놀란'이라는 형용사적 용법 이외에, '놀라서'라는 부사적 용법으로 사용될 수도 있다. 부사는 형용사와 달리 독립적인 문장 구성 성분이므로, 과거분사가 부사적 용법으로 사용되는 경우를 '독립 분사 구문'이라고 부른다. 독립 분사 구문은 '때, 조건, 이유, 제한, 방법'의 용법으로 사용된다. 독립 분사 구문은 작문 이외에, 특히 독해를 할 경우 아주 중요한 역할을 한다. 왜냐하면 독립 분사 구문은 의미가 제시된 것이 아니라 의미를 유추해 내야 하기 때문에, 그 용법을 올바르게 이해하고 있지 않다면 정확한 독해를 할 수 없기 때문이다. 독립 분사 구문은 매우 중요한 문법 가운데 하나이므로, '문법해설'에서 그 용법을 자세하게 설명한다. 우선 아래의 '문법해설' 부분을 읽고 독립 분사 구문의 용법을 정확하게 이해한 후 다시 본문으로 돌아오도록 하자.

'-에 놀라서'는 '-에 놀랐기 때문에'와 동일한 표현이며, 과거분사를 이용한 독립 분사 구문을 사용하여 'über – erschrocken'이라고 표현할 수 있다. '짖는 소리'는 동사를 명사화하여 'das Bellen'이라고 표현할 수 있다. 따라서 '그 짖는 소리에 놀라서'라는 표현은 'über das Bellen erschrocken'이 된다. '그 짖는 소리에 놀라서'는 '그 짖는 소리에 놀랐기 때문에'와 동일한 표현이므로 다음과 같은 부문장으로 전환될 수 있다: Weil das Wiesel über das Bellen erschrocken war, lief es davon. 여기에서 'erschrecken(놀라다)'은 상태 변화를 나타내는 자동사이므로 완료에서 'sein'과 결합했다. 또한 부문장의 사건이 주문장보다 먼저 일어났으므로 부문장의 시제는 주문장보다 한 시제 앞선 과거 완료가 사용되었다.

⑤ 'jm. folgen'은 '-의 뒤를 따르다'라는 표현이다.

⑥ '귀머거리 너구리 그 소리 들리지 않아'는 독일어 문법에는 적용할 수 없는 표현이므로 '귀머거리 너구리는 아무것도 듣지 못했다'라는 표현으로 대체할 수 있다.

⑦ '꿈쩍도 아니 하고'도 번역하기 어려운 표현이므로 '아주 평온하게 남아 있다'라는 표현으로 대체해 보자.

⑧ '쩝쩝하고 한 입 쩝쩝하고 두 입 메밀만 흘어 먹었네' 역시 번역하기 어려운 문장이다. 의미만 통할 수 있게 '한 알을 쩝쩝거리며 먹고 계속해서 두 알을 쩝쩝거리며 먹었다'라는 표현으로 대체해 보자.

⑨ 주어진 문장을 작문에 적합하게 표현하면 다음과 같다: 그러면서 하는 말 "달아나긴 왜들 달아나?" → 그때 그가 말했다: "너희들은 왜 달아나느냐?"

⑩ '달아나며'는 '달아나면서'와 동일한 표현이다. '동사원형+d'는 현재분사로서 '-하면

서’라는 의미를 지닌다.

⑪ 주어진 문장의 정확한 표현을 위해서는 우선 접속법 1식에 대한 이해가 필요하다. 이전에 알아본 접속법 2식은 ‘겸손한 표현, 이루어질 수 없는 소원, 이루어질 수 없는 조건’의 용법으로 사용되었다. 접속법 1식은 ‘기원문, 약한 명령문, 간접 화법’에서 사용된다. 접속법 2식과 마찬가지로 접속법 1식 또한 매우 중요한 문법 가운데 하나이므로, ‘문법해설’에서 상세하게 다룬다. 우선 아래의 ‘문법해설’ 부분에서 접속법 1식의 용법을 이해한 후, 본문으로 돌아오도록 하자.

‘sagen’, ‘fragen’ 등이 이끄는 간접 화법 문장에서는 접속법 1식이 사용된다. 그런데 ‘denken, glauben, behaupten’ 등의 동사들처럼 ‘생각’과 ‘주장’을 나타내는 동사들이 부문장을 이끌 경우에도 접속법 1식이 사용된다. ‘생각’이나 ‘주장’을 나타내는 부문장들 또한 넓은 의미에서 간접 화법 문장으로 간주되기 때문이다: Er *behauptet*, *dass* seine Frau krank *sei*. = Er *behauptet*, seine Frau *sei* krank; Camus *glaubt*, alles *könne* durch Auflehnung und Leidenschaft des Menschen überwunden werden(카뮈는 모든 것이 인간의 반항과 열정을 통해 극복될 수 있다고 믿는다). 주어진 문장은 앞 문장에 나온 ‘생각하다’라는 동사의 목적절이다. 즉 원래의 문장은 ‘오소리와 노루는 달아나며, 너구리는 저희들보다 겁 없고 용감하다고 생각했다’이므로, ‘너구리는 저희들보다 겁 없고 용감하다’는 ‘생각하다’의 목적절로서 간접 화법 문장이 된다. 따라서 다음과 같은 표현이 가능해진다: Davonlaufend dachten das Wiesel und das Reh: Der Dachs sei noch tapferer und mutiger als sie. 요즘에는 일반적으로 ‘Der Dachs ist noch tapferer und mutiger als sie’라는 직설법 표현이 더 자주 사용되지만, 격식을 요구하는 글에서는 접속법 1식을 사용하는 습관을 들이도록 하자.

⑫ ‘so’는 ‘이렇게, 그래서’라는 의미를 지니므로 ‘이리하여’하는 표현을 대체할 수 있다. ‘귀 밝은 도적놈들’은 ‘잘 듣는 도적놈들’이라는 표현으로 대체할 수 있다. 현재분사는 ‘-하면서’라는 부사적 의미와 ‘-하는’이라는 형용사적 의미를 지닐 수 있다. 따라서 ‘die gut hörenden Diebe’는 ‘잘 듣는 그 도적놈들’이라는 표현이 된다.

Der taube Dachs

Baek, Seok

①In einem Wald
lebte ein tauber Dachs.

②Eines Nachts
gingen ein Wiesel und ein Reh mit dem tauben Dachs
ins Weizenfeld in der Nähe des Dorfes
und fraßen Weizen.

③Da bellten die Hunde des Weizenbauers:
„Wau, Wau!"

④Über das Bellen erschrocken,
lief das Wiesel davon.
⑤Und das Reh folgte ihm.

⑥Aber der taube Dachs
hörte nichts
⑦und blieb ganz ruhig.
⑧Er schmatzte ein Korn
und weiter zwei Körner.
⑨Dabei sagte er:
„Warum lauft ihr weg?"

⑩Davonlaufend dachten das Wiesel und das Reh:
Der Dachs sei noch tapferer und mutiger als sie.
⑪So bewunderten die gut hörenden Diebe
den tauben Dieb.

문법

독립 분사 구문

과거분사를 이용하는 독립 분사 구문은 다른 문장 성분과 상관없이 독립적으로(=부사적으로) 사용되며, 대부분 종속 접속사가 이끄는 부문장으로 전환될 수 있다. 독립 분사 구문은 주문장의 내용에 따라 **'때, 조건, 이유, 제한, 방법'**을 나타내며 동일한 표현일지라도 주문장의 내용에 따라 의미가 달라질 수 있다. 독립 분사 구문은 대체로 문장 처음이나 동사 (또는 재귀 대명사) 다음에 위치하며, 부문장에서는 주어 (또는 재귀 대명사) 다음에 위치한다. 그리고 독립 분사 구문의 내용은 대부분 문장의 주어와 관련한다.

1) 때: – 할 때, – 했을 때, – 한 후에 (wenn / als / nachdem)

Von dem schrecklichen Minderwertigkeitsgefühl befreit, konnte er sich leicht mit anderen befreunden. – 여기에서 과거분사 구문은 독립적으로 사용되었다. '(jn. von et.) befreien'은 '(–를 –에서) 벗어나게 하다, 자유롭게 하다'라는 의미의 타동사이다. 타동사의 과거분사는 수동의 의미를 지니므로 'befreit'는 기본적으로 '–에서 벗어나게 된, –에서 벗어난'이라는 의미를 갖는다. 그리고 주문장의 내용에 따라서 'befreit'는 구체적으로 '때, 조건, 이유, 제한, 방법' 가운데 어떤 의미를 갖는지 결정된다. 위의 독립 분사 구문은 주문장의 내용에 상응하여 '끔찍한 열등감에서 벗어났을 때 그는 쉽게 다른 사람들과 친해질 수 있었다' 또는 '끔찍한 열등감에서 벗어난 후 그는 쉽게 다른 사람들과 친해질 수 있었다'라고 해석될 수 있다. 예문은 이유와 방법으로도 해석될 수 있지만 여기에서는 일단 접어두기로 하자. 예문의 독립 분사 구문은 위에서 번역한 것처럼 '때'를 의미하는 두 가지 경우로 해석될 수 있는데, 이는 다음과 같은 부문장으로 전환될 수 있다.

① **Als er** von dem schrecklichen Minderwertigkeitsgefühl **befreit wurde**, konnte er sich leicht mit anderen befreunden.
② **Nachdem er** von dem schrecklichen Minderwertigkeitsgefühl **befreit worden war**, konnte er sich leicht mit anderen befreunden.

①번 문장: '–했을 때'라고 해석될 경우는 주문장과 동시 사실을 나타내므로 부문장의 시제

는 주문장과 같은 과거가 사용되었고, 여기에서는 과거의 1회 사실을 나타내므로 접속사 'als'가 사용되었다. 때를 나타내는 독립 분사 구문이 현재 사실이나 과거의 반복되는 사실을 나타낼 경우에는, 접속사 'wenn'을 사용하여 부문장으로 전환할 수 있다.

②번 문장: 독립 분사 구문이 '-한 후에'라고 해석될 경우 주문장보다 먼저 일어난 사실을 의미하므로, 부문장으로 전환할 경우 부문장은 주문장보다 한 시제 빨라야 한다. 따라서 주문장의 시제가 과거이므로 'nachdem'이 이끄는 부문장에서는 과거 완료 시제가 사용되었다.

2) 조건: −한다면, −하는 경우 (wenn / falls)

Von dem schrecklichen Minderwertigkeitsgefühl befreit, mag er sich vielleicht mit anderen befreunden. − 주문장의 동사 'mögen'은 '-일지도 모른다'라는 추측을 나타내는 화법 조동사이다. 따라서 전체 문장은 다음과 같이 해석될 수 있다: "끔찍한 열등감에서 벗어난다면(=벗어나게 된다면) 그는 아마 다른 사람들과 친해질지도 모른다." 예문의 독립 분사 구문은 '조건'을 나타내므로 다음과 같은 부문장으로 바꿀 수 있다: **Wenn(Falls)** er von dem schrecklichen Minderwertigkeitsgefühl befreit wird, mag er sich vielleicht mit anderen befreunden. 내용상 주문장과 부문장의 시제는 일치한다.

3) 이유: −이기 때문에 (weil)

Von dem schrecklichen Minderwertigkeitsgefühl befreit, ist er auch in der Gruppenarbeit nicht mehr zurückhaltend. − "끔찍한 열등감에서 벗어났기 때문에 그는 조별 활동에서도 더 이상 소극적이지 않다." 이렇게 예문의 독립 분사 구문은 '− 때문에'라는 '이유'의 부사구로 해석될 수도 있다. 따라서 이 문장은 다음과 같이 전환될 수 있다: **Weil** er von dem schrecklichen Minderwertigkeitsgefühl **befreit worden ist**, ist er auch in der Gruppenarbeit nicht mehr zurückhaltend. 부문장은 내용상 주문장보다 먼저 일어난 사실이므로 한 시제 빠르게 표현했다. 부문장에서 현재 완료 대신 과거형 'befreit wurde'를 사용해도 의미는 동일하다. 문장의 내용상, 부문장의 시제로서 현재의 상태 수동인 'befreit ist(벗어나 있기 때문에)'를 사용해도 무리는 없다.

4) 제한: −일지라도 (obwohl / obgleich)

Von dem schrecklichen Minderwertigkeitsgefühl befreit, nimmt er alles immer noch negativ. − 주문장은 '그는 모든 것을 여전히 부정적으로 생각한다'라는 표현이다. 따라

서 예문의 분사 구문은 '때, 조건, 이유, 방법' 가운데 어떤 것도 주문장의 내용과 연결될 수 없다. 예문의 분사 구문은 '-일지라도'라는 의미를 갖는 '제한'의 용법으로 해석되어야 의미가 올바르게 전달된다: "끔찍한 열등감에서 벗어났을지라도, 그는 여전히 모든 것을 부정적으로 생각한다." 독립 분사 구문이 제한의 용법으로 사용될 경우, 문맥상 용법의 구분이 비교적 용이하다. 예문은 다음과 같이 전환될 수 있다: **Obwohl(Obgleich)** er von dem schrecklichen Minderwertigkeitsgefühl befreit wurde, nimmt er alles immer noch negativ. 부문장의 시제는 현재 완료(befreit worden ist)를 사용해도 무방하며, 내용상 현재의 상태 수동인 'befreit ist(벗어나 있을지라도)'를 사용해도 아무 문제가 없다.

5) 방법: - 함으로써 (indem / dadurch, dass)

Von dem schrecklichen Minderwertigkeitsgefühl befreit, nimmt er nicht alles negativ wie früher. - 'alles'가 부정어 'nicht'와 함께 사용되면 부분 부정의 표현이며 '모든 것이 -는 아니다'라고 해석된다. 예문은 다음과 같이 해석될 수 있다: "끔찍한 열등감에서 벗어남으로써 그는 예전처럼 모든 것을 부정적으로 생각하지는 않는다." 여기에서 독립 분사 구문은 '방법'을 표현함으로써 주문장의 의미를 보완하는 역할을 한다. 따라서 다음과 같은 부문장으로 전환될 수 있다: **Indem** er von dem schrecklichen Minderwertigkeitsgefühl befreit wurde, nimmt er nicht alles negativ wie früher. = **Dadurch, dass** er von dem schrecklichen Minderwertigkeitsgefühl befreit wurde, nimmt er nicht alles negativ wie früher. 부문장에서 동사의 형태는 과거의 동작 수동이다. 그렇지만 내용상 현재의 동작 수동(befreit wird, 벗어나게 됨으로써), 현재의 상태 수동(befreit ist, 벗어나 있음으로써), 현재 완료의 동작 수동(befreit worden ist, 벗어남으로써) 가운데 어느 것을 사용해도 무방하다.

이상에서 나타난 것처럼 독립 분사 구문의 역할은 주문장에 의존한다. 그리고 보다 자세한 의미는 앞 뒤 문장과 관련된 문맥이나 전체적인 텍스트의 차원에서 파악되어야 한다. 어떤 용법으로 해석해야 할지는 전적으로 독자의 몫이다.

⚬ 다음의 예문들을 통해 독립 분사 구문에 좀 더 익숙해지도록 하자.

Er musste, von der schweren Arbeit völlig **erschöpft**, ins Krankenhaus gebracht werden. - 독립 분사 구문은 주문장의 동사 뒤에 사용되었으며 앞뒤의 콤마로 인해 다른 문장 성분들과 명확히 구분된다. 그렇지만 반드시 콤마를 사용해야 한다는 규정은 없다. 'erschöpfen'은 '-를 완전히 지치게 하다, 탈진시키다'라는 의미의 타동사이므로 과거분사로 사용될 경우 '완전히 지친, 탈진된'이라는 의미를 지닌다. 주문장에 근거하여 예문은 다음과 같이 해석될 수 있다: "그는, 중노동에 의하여 완전히 탈진되었기 때문에, 병원으로 실려 가야 했다." 독립 분사 구문은 다음과 같은 부문장으로 전환될 수 있다: **Weil** er von der schweren Arbeit völlig erschöpft wurde, musste er ins Krankenhaus gebracht werden. 부문장에서 현재 완료의 동작 수동(erschöpft worden ist)을 사용해도 무방하다.

Technisch **gesehen** kann die Kopie der Somazelle möglich sein, aber moralisch **gesehen** ist das umstritten. – "기술적으로 본다면 체세포의 복제는 가능할 수도 있다, 하지만 도덕적으로 본다면 그것은 논쟁의 여지가 있다." 'sehen'은 타동사이며 과거분사로 사용되면 '보여진'이라는 수동의 의미를 지니게 되는데, 예문에서는 문맥상 '조건'의 독립 분사 구문으로 해석될 수 있다. 예문의 독립 분사 구문은 의미상 일반적인 조건을 나타내므로 다음과 같은 부문장으로 전환될 수 있다: **Wenn man** technisch sieht, kann die Kopie der Somazelle möglich sein, aber **wenn man** moralisch sieht, ist das umstritten.

Auf die Insel **verbannt** ist er mit seinem Leben zufrieden. – 'verbannen'은 '추방하다, 귀양 보내다'라는 의미의 타동사이다. 과거분사로 사용될 경우 '추방된, 귀양 보내진'이라는 수동의 의미를 지닌다. 예문은 문맥상 다음과 같이 해석될 수밖에 없다: "섬으로 추방되어 있을지라도 그는 그의 생활에 만족한다." 독립 분사 구문은 '제한'의 용법으로 사용되었으며 내용상 현재의 상태 수동으로 해석될 수 있다. 따라서 이 문장은 다음과 같이 전환될 수 있다: **Obwohl(Obgleich)** er auf die Insel **verbannt ist**, ist er mit seinem Leben zufrieden.

☞ 분사 구문의 (앞) 뒤에 콤마를 사용해야 하는지에 대한 명확한 규정은 없다. 분사 구문이 다른 문장 구성 성분과 명확하게 구분될 경우에는 대부분 콤마를 사용하지 않고, 까다롭고 복잡한 문장에서는 콤마를 사용하여 다른 문장 구성 성분과 구분해 주는 것이 좋다.

☞ 다음은 관용적으로 사용되는 독립 분사 구문이다.

① genau gesagt: 정확하게 말하면
② ehrlich gesagt: 솔직하게 말하면
③ bezogen auf et.[4] : –와 관련해서
④ vorausgesetzt, dass – : –라고 가정된다면, –라면 = wenn = falls
⑤ angenommen, dass – : –라고 가정된다면, –라면 = wenn = falls

회화에서나 평이한 수준의 텍스트 이해에 있어서 분사 구문의 활용도는 그리 높지 않다. 그렇지만 전문 분야의 연구 및 학문적인 글쓰기나 책읽기에 있어서 분사 구문을 이해하지 못할 경우 정확한 이해와 표현은 거의 불가능하다고 할 수 있다.

접속법 1식

접속법은 동사와 관련된 표현으로서 동사의 변형을 통해 다양하고 섬세한 표현을 가능하게 한다. 접속법은 1식과 2식으로 구분되는데 접속법 1식은 기원문, 약한 명령문, 간접 화법에 사용되며 접속법 2식은 겸손한 표현과 비현실 화법에 사용된다.

인 칭	접속법 어미	loben	gehen	können	sein
ich	-e	lobe	gehe	könne	sei
du	-est	lobest	gehest	könnest	seiest
er, sie, es	-e	lobe	gehe	könne	sei
wir	-en	loben	gehen	können	seien
ihr	-et	lobet	gehet	könnt	seiet
sie	-en	loben	gehen	können	seien
Sie	-en	loben	gehen	können	seien

위의 도표는 접속법 1식의 동사 변화 형태이다. 동사의 어간은 변하지 않으며 모든 인칭에서 접속법 어미 'e'가 공통으로 사용된다. 'sein' 동사는 예외변화 한다. 접속법 1식의 용법인 경우에도 종종 접속법 2식의 형태를 사용해야 할 경우가 있다. 접속법 2식의 형태는 '문법해설'의 '접속법 2식' 부분을 참고하자.

1) 기원

Meine Mutter **lebe** lang! – "부디 어머님이 오래 사시기를!"
Gott **sei** in Amerika! – "신이여 미국에 임하소서!" 독일어로 더빙된 할리우드 영화에서 흔히 들을 수 있다.

2) 약한 명령

요리책이나 사용 설명서 등에서는 종종 접속법 1식의 형태로 사용 방법을 설명한다:

Man koche Kartoffel. - "감자를 삶으시오."

Man schneide Fleisch dünn. - "고기를 얇게 자르시오."

Man schalte die Kamera ein. - "카메라를 켜시오."

Man nehme eine Tablette nach dem Essen ein. - "식후에 약 한 알을 복용하시오."

3) 간접 화법

문법적으로 간접 화법에서는 접속법 1식을 사용한다. 그렇지만 요즘은 회화체나 일상적인 글쓰기에서 접속법 1식을 사용한 간접 화법의 표현이 점점 사라져 가는 추세이다. 하지만 가능한 한 정확하게 사실을 전달해야 하는 신문이나 뉴스, 또는 다른 학자의 글을 인용하고 비판하는 학문적인 텍스트에서는 여전히 (또는 반드시) 접속법 1식이 사용된다. 접속법은 교양 있는 사람들의 독일어 표현이다. 인성이나 인격의 표출은 좋은 표현을 익히고 사용하는 것과 무관하지 않다. 접속법의 이해는 수준 높은 독일어 작문과 독해의 선결 과제이므로 다소 어려울지라도 그 용법을 차근차근 이해해 나가도록 하자.

① 일반적인 간접 화법

직접 화법 (Direkte Rede)	간접 화법 (Indirekte Rede)
Er sagt: „Sie hat ein Buch." Er fragt mich: „Wer sind Sie?" Er fragt mich: „Kommen Sie mit?"	Er sagt, dass sie ein Buch **habe**. Er fragt mich, wer ich **sei**. Er fragt mich, ob ich **mitkomme**.

위의 도식은 직접 화법과 간접 화법의 차이를 간단하게 보여준다. 직접 화법에서는 우리가 일반적으로 사용하는 직설법의 동사 형태들이, 간접 화법에서는 접속법 1식의 동사 형태들이 사용되었다. 간접 화법에서 'dass 문장'의 'dass'는 생략될 수 있는데 이 경우 동사는 주문장의 배열 순서를 따른다: Er sagt, sie habe ein Buch.
마지막 예문에서, 의문사가 없는 의문문의 경우 간접 화법에서는 종속 접속사 'ob'을 사용한다. 'mitkomme'는 'mitkäme'라고 해야 정확한 표현인데 이유는 잠시 후에 설명할 것이다.

☙ 간접 화법에서 주의해야 할 사항 몇 가지를 알아보자.

i) 간접 화법에서 호칭이나 감탄사, 의문 부호, 감탄 부호 등은 생략한다.

ⅱ) 대명사와 시간 및 장소를 나타내는 부사적 진술어는 의미에 맞게 변화시킨다.

　　직접 화법: heute, morgen, übermorgen, gestern, vorgestern, hier usw.

　　　　　　(오늘, 내일, 모레, 어제, 그저께, 여기 등등)

　　간접 화법: an dem Tag, am nächsten Tag, zwei Tage später(nachher), am vorigen

　　　　　　Tag, zwei Tage früher(vorher), dort usw.

　　　　　　(그날, 그 다음날, 이틀 후, 그 전날, 이틀 전, 거기 등등)

ⅲ) 접속법 1식의 동사가 직설법의 형태와 같은 경우 접속법 2식을 사용한다.

언급된 사항들 가운데, 다음의 도표를 참조하여 세 번째 항목을 좀 더 자세히 알아보자.

인칭	형 태	werden	haben	dürfen	kommen	lernen	scheiden
ich	현재 접속법1식 접속법2식	**werde** **werde** würde	**habe** **habe** hätte	darf dürfe dürfte	**komme** **komme** käme	**lerne** **lerne** lernte	**scheide** **scheide** schiede
du	현재 접속법1식 접속법2식	wirst werdest würdest	hast habest hättest	darfst dürfest dürftest	kommst kommest kämest	lernst lernest lerntest	**scheidest** **scheidest** schiedest
er	현재 접속법1식 접속법2식	wird werde würde	hat habe hätte	darf dürfe dürfte	kommt komme käme	lernt lerne lernte	scheidet scheide schiede
wir	현재 접속법1식 접속법2식	**werden** **werden** würden	**haben** **haben** hätten	**dürfen** **dürfen** dürften	**kommen** **kommen** kämen	**lernen** **lernen** lernten	**scheiden** **scheiden** schieden
ihr	현재 접속법1식 접속법2식	**werdet** **werdet** würdet	habt habet hättet	dürft dürfet dürftet	kommt kommet kämet	lernt lernet lerntet	**scheidet** **scheidet** schiedet
sie	현재 접속법1식 접속법2식	**werden** **werden** würden	**haben** **haben** hätten	**dürfen** **dürfen** dürften	**kommen** **kommen** kämen	**lernen** **lernen** lernten	**scheiden** **scheiden** schieden
Sie	현재 접속법1식 접속법2식	**werden** **werden** würden	**haben** **haben** hätten	**dürfen** **dürfen** dürften	**kommen** **kommen** kämen	**lernen** **lernen** lernten	**scheiden** **scheiden** schieden

다소 복잡한 도표이다. 위의 도표에서 굵게 표시된 부분들은 동사의 현재형과 접속법 1식의 형태가 동일한 것들이다. 이 경우 동사의 현재형과 접속법 1식을 구분할 수 없으므로, 접속법 1식 대신 접속법 2식을 사용한다. 다음의 예문을 살펴보자.

Er fragt mich: „Wann kommen Sie?" → Er fragt, wann ich **käme**.
Sie sagen: „Wir haben gestern einen Ausflug gemacht." → Sie sagen, dass sie am vorigen Tag einen Ausflug gemacht **hätten**. = Sie sagen, sie **hätten** am vorigen Tag einen Ausflug gemacht.
Er fragt uns: „Dürft ihr ins Kino gehen?" → Er fragt uns, ob wir ins Kino gehen **dürften**.

위의 간접 화법에서 접속법 1식을 사용할 경우 동사의 현재 인칭 변화와 동일해지므로 접속법 2식을 사용하여 간접 화법임을 표시하였다.

② 과거 사실의 표현

다음 문장을 간접 화법으로 고쳐보자: Er sagt: „Sie **kam** in Frankfurt **an**."
간접 화법에서는 접속법 1식, 즉 동사의 현재 어간을 사용하여 동사를 변형시켜야 한다. 예문의 직접 화법은 과거 시제이며 동사의 과거형을 사용했다. 그런데 동사의 과거형으로는 접속법 1식을 만들 수가 없다. 현재 어간을 갖고 있지 않기 때문이다. 우리는 이미 현재 완료와 과거 시제는 의미 차이가 없음을 알고 있다. 따라서 완료를 형성하는 동사 'sein'과 'haben'을 사용하면 이 동사들의 접속법 1식 형태를 이용할 수도 있으며, 현재 완료 시제의 표현을 통해 과거와의 의미 차이도 없앨 수 있다. 예문은 다음과 같은 간접 화법 문장으로 전환될 수 있다: Er sagt, dass sie in Frankfurt **angekommen sei**. = Er sagt, sie **sei** in Frankfurt **angekommen**. 이 문장에서는 접속법 1식이 사용되어 간접 화법임을 구체적으로 나타내고 있고, 현재 완료 시제를 사용했기 때문에 직접 화법의 과거형과 의미 차이도 없다.
Er sagt: „Sie **ist** in Frankfurt **angekommen**." – 이 문장을 간접 화법으로 전환할 경우 단지 동사를 접속법 1식으로 바꾸기만 하면 된다: Er sagt, sie **sei** in Frankfurt **angekommen**. 이로써 우리는 직접 화법의 현재 완료와 과거형은 간접 화법에서 모두 현재 완료형으로 전환된다는 사실을 알 수 있다.

종종 과거 완료 시제로 표현된 직접 화법의 문장을 간접 화법으로 전환해야 할 경우가 있다. 과거 완료의 표현에는 'haben'과 'sein' 동사의 과거형이 사용되기 때문에 간접 화법에서 접속법 1식을 사용할 수 없다. 따라서 직접 화법의 과거 완료는 과거나 현재 완료와 마찬가지로, 간접 화법에서 접속법 1식의 현재 완료형으로 전환된다. 즉 직접 화법의 현재 완료, 과거, 과거 완료는 모두 간접 화법에서 접속법 1식의 현재 완료형으로 전환된다.

Er sagte: „Sie ist nach Bonn gekommen.“ → Er sagte, sie **sei** nach Bonn **gekommen**.

Er sagte: „Sie kam nach Bonn.“ → Er sagte, sie **sei** nach Bonn **gekommen**.

Er sagte: „Sie war nach Bonn gekommen.“ → Er sagte, sie **sei** nach Bonn **gekommen**.

접속법 1식을 사용한 위의 간접 화법 문장들은 주문장의 시제의 영향을 받지 않으며, 직접 화법의 현재 완료와 과거, 과거 완료는 간접 화법에서 동일하게 현재 완료로 표현되었다.

③ 명령문

직접 명령문을 간접 화법으로 전환할 경우 화법 조동사의 접속법을 사용하여 표현한다. '부탁이나 정중한 명령'일 경우에는 간접 화법 문장에서 'mögen'을 사용하고, 주문장에는 'bitten(부탁하다)' 등의 동사를 사용하여 간접 화법문의 내용을 암시할 수 있다. '요구나 명령'일 경우에는 간접 화법 문장에서 'sollen'을 사용하고, 주문장에는 'verlangen(요구하다)', 'fordern(요구하다)', 'befehlen(명령하다)' 등의 동사를 사용할 수 있다.

Können Sie bitte das Fenster öffnen? → Er **bittet** mich, dass ich das Fenster öffnen **möge**. = Er **bittet** mich, ich **möge** das Fenster öffnen. – "그는 나에게 창문을 열어달라고 부탁한다." 물음표로 끝나거나 'bitte' 등의 표현이 사용되는 경우는 정중한 명령이나 부탁을 의미한다.

Nimm das bitte nicht so ernst! → Er **bat** mich, ich **möge** das nicht so ernst nehmen. – "그는 나에게 그것을 그리 진지하게 생각하지 말라고 부탁했다." 주문장의 시제가 과거인 경우에도, 접속법은 시제의 영향을 받지 않으므로 주문장의 시제와 관계없이 독립적인 형태를 취한다.

Hör jetzt endlich auf mit deiner Schweinerei! → Er **befiehlt** mir, dass ich mit meiner Schweinerei aufhören **solle**. = Er **befiehlt** mir, ich **solle** mit meiner Schweinerei aufhören. – "그는 나에게 더러운 짓거리를 멈추라고 요구한다." 'mit et. aufhören'은 '-을 멈추다, 그만두다'라는 의미의 관용적 표현이다. 예문의 직접 화법에서 분리 전철 'auf'는 문장 끝에 올 수도 있고 'mit' 앞에 위치해도 무방하다. 문법적으로는 'auf'가 문장 끝에 오는 것이 옳지만, 'mit' 앞에 사용될 경우 이해의 측면에서는 더욱 명확한 표현이 된다.

논리적, 학술적 텍스트

이번 장에서는 '언론의 과제'라는 짧은 논설과 프랑스의 철학자인 '사르트르'의 사고를 다루고자 한다.

이번 장은 이 책의 마지막 장이다. 그래서 독일어를 진지하게 학습하는 어학 과정 학생과 유학 준비생에게 도움이 되었으면 하는 바람에서 논리적, 학술적 텍스트를 선택했다. 내용이 다소 생소할 수도 있겠지만, 마지막 장이니만큼 힘을 내서 좋은 결실을 맺기 바란다.

1. 언론의 과제

①왜 자유로운 언론이 민주주의를 위해 본질적으로 중요한가? ②그것은 뉴스의 전달을 위해 중요하고 그것의 도움으로 사회적 사건들이 쉽게 파악될 수 있다. ③그것은 심지어 사회에 의한 정부의 통제를 가능하게 할 수도 있다.

④사람들이 언론의 과제들을 일반적으로 요약한다면, 그것은(언론은) 두 가지 중요한 과제를 가진다: ⑤그것은 시민이 자신의 고유한 견해를 형성할 수 있도록 그들에게 포괄적으로 정보를 주어야 한다. ⑥그것은 권력을 가진 사람들을 비판적으로 관찰해야 하며 폐해들을 조사하고 통제해야 한다.

⑦하지만 어떻게 언론은 이러한 과제를 잘 수행할 수 있는가? ⑧그것이(언론이) 시민에게 가능한 한 빠짐없이, 객관적으로, 이해될 수 있게 다양한 사건들에 관해 보도할 때, 그것은 정보 전달의 의무를 가장 잘 이행한다.

단어

① Presse: f. 언론 / von Bedeutung = wichtig: 중요한 / wesentlich: 본질적인 / Demokratie: f. 민주주의

② Nachrichtenübermittlung: f. 뉴스의 전달 / mit Hilfe von et. = mit Hilfe 2격: -의 도움으로 / gesellschaftlich: 사회의, 사회적인; Gesellschaft: f. 사회 / Vorgang: m. 과정, 사건, 일 / durchschaubar: 파악될 수 있는

③ sogar: 심지어 / Kontrolle: f. 관리, 통제; kontrollieren: 관리하다, 통제하다 / Regierung: f. 정부, 통치 / ermöglichen: -을 가능하게 하다

④ Aufgabe: f. 과제 / allgemein: 일반적인, 보편적인 / zusammenfassen: 요약하다

⑤ Bürger: m. 시민 / umfassend: 포괄적인 / jn. (über et.) informieren: -에게 (-에 관한) 정보를 주다 / sich³ eine eigene Meinung bilden: 자신의 고유한 사고(견해)를 형성하다

⑥ Macht: f. 힘, 권력 / kritisch: 비판적인 / beobachten: 관찰하다 / Missstand: m. 폐해 / untersuchen: 조사하다

⑦ et.³ gerecht werden: -을 적절히 다루다, 잘 수행하다

⑧ vollständig: 완전한, 빠신 것 없는 / sachlich: 객관적인 / verständlich: 이해될 수 있는 / so

형용사 또는 부사 wie möglich: 가능한 한 -한(하게) / verschieden: 여러 가지의, 다양한 / Angelegenheit: f. 일, 사건 / jn. über et.[4] unterrichten: -에게 -에 관해 알리다, 보고하다 / erfüllen: 채우다, 수행하다 / Informationspflicht: f. 정보 전달의 의무 / am besten: 가장 잘

도움말

① 'von + 추상명사'는 형용사의 의미를 지닌다. 따라서 'von Bedeutung'은 '중요한'이라는 의미를 지니며 'von wesentlicher Bedeutung'은 '본질적으로 중요한'이라는 표현이 된다.

③ 수동문에서 행위자 표시는 'von'을 사용하지만, 수동문이 명사화 될 경우 행위자 표시는 'durch'를 사용한다: Die Regierung wird *von* der Gesellschaft kontrolliert (정부는 사회에 의해 통제된다). → Die Kontrolle der Regierung *durch* die Gesellschaft(사회에 의한 정부의 통제)

④ 조건의 부문장에서는 접속사 'wenn'을 생략할 수 있는데, 이 경우 부문장은 도치(동사+주어)된다.

'allgemein'은 '일반적인, 일반적으로'라는 의미를 지니며, 독일어에서 대부분의 형용사는 부사로도 사용된다는 사실에 유의하자.

⑤ 주문장은 '그것은(언론은) 그들에게 포괄적으로 정보를 주어야 한다'이다.

화법 조동사 'sollen'은 '당위성'을 나타낸다.

'jn. (über et.) informieren'은 '-에게 (-관하여) 정보를 주다'라는 표현이다. 독일어의 격과 우리말의 격이 다르게 해석되므로 주의하자.

'-할 수 있도록'은 '-할 수 있기 위하여'와 동일한 표현이다. '-하기 위하여'는 동사구일 경우 'um - zu -' 구문을 사용하고, 문장일 경우에는 'damit 문장'의 형태를 사용한다. '시민이 자신의 고유한 견해를 형성할 수 있도록'은 부문장으로서 'damit 문장'으로 표현될 수 있다.

'-하기 위하여'는 화법 조동사 'können'과 함께 사용되는 경우가 많다: Er liest verschiedene Bücher, sich eine eigene Meinung bilden zu können(그는 자신의 고유한 견해를 형성할 수 있기 위하여 여러 종류의 책들을 읽는다).

⑥ '권력을 가진'은 문장으로서 '사람들'이라는 명사를 수식한다. 따라서 다음과 같은 관

계 문장을 구성해야 한다: 사람들, 그들은 권력을 갖고 있다. → die Menschen, die die Macht haben. 여기에서 '권력'은 특정한 사회나 특정인의 권력을 의미하므로 정관사를 사용한다. 관계 문장 내에서 관계 대명사와 뒤에 나오는 관사의 형태가 동일하므로, 관계 대명사 'welcher'형을 사용하는 것이 문체적으로 더 좋은 표현이다: die Menschen, welche die Macht haben. 그렇지만 관계 대명사 'der'형을 사용해도 무방하다.

현재 분사는 형용사의 역할을 할 수도 있으므로 다음과 같은 표현도 생각해 볼 수 있다: Die die Macht habenden Menschen (X) - 문법적으로는 별 문제가 없어 보이지만 'sein'과 'haben'은 현재분사로 사용할 수 없는 동사이다.

⑧ 부문장인 '그것이 - 보도할 때'는 현재 사실을 표현하므로 접속사 'wenn'을 사용해야 한다.

'jn. über et.⁴ unterrichten'은 '-에게 -에 관해 보도하다'라는 표현이다. 따라서 '그것이 시민에게 다양한 사건들에 관해 보도할 때'는 다음과 같이 표현될 수 있다: 'Wenn sie den Bürger über die verschiedenen Angelegenheiten unterrichtet,' 위의 문장에 '가능한 한 -하게'라는 표현을 추가하면 부문장이 완성된다. 'so 부사 wie möglich'는 '가능한 한 -하게'라는 표현이다. 여기에서 'so - wie möglich'는 내용상 '-에 관해 보도하다'를 수식하므로 'über - unterrichtet' 바로 앞에 위치해야 한다.

조건의 부문장이 먼저 위치하고 주문장이 그 다음에 올 경우, 부문장과 주문장 사이에 종종 'dann'이 사용되는데, 이때 'dann'은 조건문의 의미를 강조하면서 자연스럽게 부문장과 주문장을 연결시키는 역할을 한다. 굳이 해석할 필요는 없지만 '그 경우에, 그러면' 정도의 의미를 지닌다.

1. Die Aufgabe der Presse

①Warum ist eine freie Presse von wesentlicher Bedeutung für die Demokratie? ②Sie ist wichtig für die Nachrichtenübermittlung und mit ihrer Hilfe sind gesellschaftliche Vorgänge leicht durchschaubar. ③Sie kann sogar die Kontrolle der Regierung durch die Gesellschaft ermöglichen.

④Fasst man die Aufgaben der Presse allgemein zusammen, hat sie zwei wichtige Aufgaben: ⑤Sie soll den Bürger umfassend informieren, damit er sich eine eigene Meinung bilden kann. ⑥Sie soll die Menschen, welche die Macht haben, kritisch beobachten und Missstände untersuchen und kontrollieren.

⑦Wie aber kann die Presse dieser Aufgabe gerecht werden? ⑧Wenn sie den Bürger so vollständig, so sachlich und so verständlich wie möglich über die verschiedenen Angelegenheiten unterrichtet, dann erfüllt sie ihre Informationspflicht am besten.

2. 장 폴 사르트르

①장 폴 사르트르(1905-1980)는 프랑스의 소설가, 극작가, 철학자이자 시사평론가이다. ②그는 또한 실존주의의 대표자로 간주된다.

③제2차 세계대전이 발발했을 때 사르트르는 프랑스 군대로 소집되었다. ④1940년에 그는 1년 동안 독일의 전쟁포로가 되었다. ⑤전쟁의 체험은 사르트르를 변화시켰다. ⑥ 그의 관심은 이론적인 철학에서 인간 존재의 직접적인 질문들로 옮겨졌다. ⑦그의 위대 한 작품 "존재와 무"는 1943년에 출판되었고, 1945년에 "실존주의와 휴머니즘"이 뒤따 랐다. ⑧두 작품 모두 열광적인 독자층을 형성했다.

⑨"실존은 본질에 선행한다."라고 사르트르는 말한다. ⑩본질은 어떤 것의 본성을 의미 한다. ⑪하지만 사르트르에게 있어 인간은 그러한 본성을 가지지 않는다. ⑫그래서 그 는(인간은) 그의 고유한 본질을 창조해야 한다, 왜냐하면 그것은 그에게 원래부터 주어 져 있지 않기 때문이다. ⑬인간은 자신을 스스로 창조해야 한다.

⑭"인간은 자유를 선고받았다."라고 사르트르는 말한다. ⑮하지만 인간의 자유는, 우리 에게서 무언가를 만들어 낼 것을, 즉 진정한 실존을 영위할 것을 우리에게 명령한다.

단어

① französisch: 프랑스의, 프랑스인의 / Romancier: m. 소설가 / Dramatiker: m. 극작가 / Philosoph: m. 철학자 / Publizist: m. 시사평론가

② als et. gelten: -로 간주되다 / Hauptvertreter: m. 대표자 / Existentialismus: m. 실존주의

③ der Zweite Weltkrieg: 제2차 세계대전; beim Ausbruch des Zweiten Weltkriegs: 제2차 세계대 전이 발발했을 때 / Armee: f. 군대 / einziehen: 소집하다, 징집하다

④ Krieg: m. 전쟁 / Gefangenschaft: f. 잡혀 있음, 구금, 감금 / in Kriegsgefangenschaft geraten: 전쟁 포로가 되다

⑤ Erlebnis: n. 체험, 경험 / verändern: 변화시키다

⑥ Interesse: n. 관심, 흥미 / verschieben: 옮기다, 연기하다; sich von A zu B verschieben: A에서 B로 옮겨지다 / akademisch: 대학의, 비현실적인, 이론적인, 관념적인 / Philosophie: f. 철학 / unmittelbar: 직접적인 / das menschliche Sein: 인간 존재

⑦ groß: 위대한 / Werk: n. 작품 / *Das Sein und das Nichts*: "존재와 무" / veröffentlichen: 출판하다 / folgen: 뒤따르다, 뒤따라가다 / Humanismus: m. 인도주의, 휴머니즘

⑧ beide: 양쪽의, 둘 (다) / Leserschaft: f. 독자, 독자층; eine begeisterte Leserschaft finden: 열광적인 독자층을 형성하다

⑨ Existenz: f. 실존 / Wesen: n. 본질 / et.³ vorausgehen: -에 선행하다, -보다 먼저 발생하다

⑩ Natur: f. 본성, 천성 / etwas: 어떤 것

⑪ solch: 그런, 그러한

⑫ deswegen=darum=daher: 그래서 / eigen: 자신의, 고유한 / erschaffen: 창조하다 / von vornherein: 원래부터, 처음부터

⑬ selber: 직접, 스스로

⑭ jn. zu et. verurteilen: -에게 -을 선고하다, 판결하다; jn. zum Tode verurteilen: -에게 사형을 선고하다

⑮ jm. et.⁴ befehlen oder jm. befehlen, – zu Infinitiv: -에게 -할 것을 명령하다 / etwas aus uns machen: 우리에게서 무언가를 만들어내다 / authentisch: 신뢰할 수 있는, 진짜의, 진정한 / führen: 이끌다, 인도하다, 행하다, 영위하다 / eine authentische Existenz führen: 진정한 실존을 이끌다, 영위하다

도움말

③ 논설이나 학술서와 같은 전형적인 문어체 텍스트에서는, 과거 사실이 대부분 동사의 과거형으로 표현된다. 즉 현재 완료는 거의 사용되지 않는다.

'제2차 세계대전이 발발했을 때'는 부문장으로도 전치사구로도 표현될 수 있다: Als der Zweite Weltkrieg ausbrach = Beim Ausbruch des Zweiten Weltkriegs

문장을 명사구의 형태로 전환하거나 명사구를 문장의 형태로 전환하는 것, 또는 부문장을 전치사구의 형태로 전환하거나 전치사구를 부문장의 형태로 전환하는 것은 독일어의 중요한 문법 가운데 하나이며, 작문을 위해서는 필수적인 문법 사항이다. 아래의 '문법해설' 부분에서는 '문장 전환'을 자세하게 설명하고 있다. 문장 전환의 용법을 정확하게 이해한 후 작문에 적절하게 응용하기 바란다.

'einziehen'은 '-를 소집하다, 징집하다'라는 의미의 타동사인데 여기에서는 과거의 동작 수동으로 사용된다.

④ 전치사 'für'는 특정 기간을 나타내고자 할 경우에 사용할 수 있다.

⑤ 'verändern'과 'ändern'은 둘 다 '변화시키다'라는 의미의 타동사이다. 그렇지만 전자는 비교적 긴 시간에 걸쳐 변화될 수 있는 것들, 예를 들어 '사람, 성격, 생활, 환경' 등에 대해 사용된다.

⑥ 'verschieben'은 '-을 옮기다, 연기하다'라는 의미의 타동사이다. 재귀 대명사와 함께 사용되면 '자신을 옮기다, 자신을 연기하다' 즉 '옮겨지다, 연기되다'라는 자동사의 의미가 된다. 타동사가 재귀 대명사와 함께 재귀 동사로 사용될 경우 '자동사'의 의미가 된다는 사실에 유의하자.

⑦ 'veröffentlichen'은 '-을 출판하다'라는 의미의 타동사이며, 여기에서는 과거의 동작 수동으로 사용된다.

연도는 다음과 같은 두 가지 방법으로 표현된다: 1988 = im Jahr 1988

⑨ 무리 없는 작문을 위해서는 실존주의(Existentialismus)에 대한 조금의 이해가 필요하다. 번거롭겠지만 다음 설명을 참고한 후 작문에 임해주기 바란다: 실존(Existenz)은 그냥 세상에 던져진 존재, 즉 어떤 근원적 특성도 주어지지 않은 무(nichts)의 존재이다. 따라서 실존이 본질에 선행함은 인간 스스로 자신의 본질을 창조해야 함을 의미한다. 이런 맥락에서 인간은 또한 자유를 선고받았다. 왜냐하면 '실존'의 상태에서는 보편적인 도덕이나 행동의 지침이 존재하지 않으며 스스로 모든 것을 선택하고 결정해야 하기 때문이다. 이는 인간이 자유를 통해 세상에서 자신의 본질을 형상화함을 의미한다. 즉 자유는 곧 인간 자체이다.

⑫ 여기에서 '창조해야 한다'는 '당위성'이 아닌 '필연'이다. 따라서 화법 조동사 'sollen'이 아니라 'müssen'을 사용해야 한다.

'da'와 'weil'은 의미와 용법의 구분 없이 동일하게 사용된다.

'주어져 있다'는 현재의 상태 수동이다.

부문장에서 부정의 대상이 되는 구성 성분은 '원래부터'이다.

⑭ 주어진 문장은 의미상 '인간은 자유를 선고 받아 있다, 인간은 자유를 선고받은 상태이다'라고 해야 정확한 표현이다. 따라서 문장의 시제는 현재의 상태 수동을 사용하자.

'jn. zu et. verurteilen'은 '-에게 -를 선고하다, 판결하다'라는 표현이다. 독일어의 격이 우리말 해석과 다름에 유의하자. 다음 예문을 살펴보자: (Sartre) verurteilt den Menschen zur Freiheit. → Der Mensch wird (von Sartre) zur Freiheit verurteilt(인간은 자유를 선고받는다). 참고로 'Mensch'라는 단어는 2, 3, 4격에서 어미 '-en'이 붙는다. 앞 문장은 현재의 능동문이며, 뒤의 문장은 현재의 수동문이다.

뒤의 문장을 상태 수동으로 전환하면 '인간은 자유를 선고받아 있다, 인간은 자유를 선고받은 상태이다'라는 표현이 된다.

⑮ 'jm. befehlen, – zu Infinitiv'는 '-에게 -할 것을 명령하다'라는 표현이다. 주어진 문장에서 목적어인 '– zu Infinitiv'에 해당하는 부분은 '우리에게서 무언가를 만들어 낼 것을, 즉 진정한 실존을 영위할 것'이다. 여기에서 '즉'은 동격을 의미하므로 콤마를 사용하여 동격임을 표시할 수 있다. 따라서 목적어인 '– zu Infinitiv' 부분은 다음과 같이 표현될 수 있다: 'etwas aus uns zu machen, eine authentische Existenz zu führen'

나머지 문장 구성 성분은 '인간의 자유는 우리에게 명령한다'이다: 'die Freiheit des Menschen befiehlt uns' 여기에 목적어인 '– zu Infinitiv' 부분을 덧붙이면 완전한 문장이 된다.

이제 이 책에서 주어진 모든 텍스트의 작문을 마쳤다. 때로는 이해하기 어려운 부분도 있었을 것이고 때로는 암기할 분량이 너무 많아 지칠 때도 있었을 것이다. 그렇지만 어학을 공부하는 과정에서 의기소침이나 자신감 결여, 막막함 등과 같은 좌절의 감정을 경험하지 않은 사람은 없을 것이다. 많은 어려움에도 불구하고 이 책의 마지막까지 작문에 동참한 여러분에게 진심으로 감사의 인사를 전한다. 더불어 이 책이 여러분의 독일어 향상에 조금이라도 도움이 되었으면 하는 바람이다.

2. Jean-Paul Sartre

①Jean-Paul Sartre(1905-1980) ist ein französischer Romancier, Dramatiker, Philosoph und Publizist. ②Er gilt auch als Hauptvertreter des Existentialismus.

③Beim Ausbruch des Zweiten Weltkriegs wurde Sartre in die französische Armee eingezogen. ④1940 geriet er für ein Jahr in deutsche Kriegsgefangenschaft. ⑤Das Erlebnis des Krieges veränderte Sartre. ⑥ Sein Interesse verschob sich von der akademischen Philosophie zu den unmittelbaren Fragen des menschlichen Seins. ⑦Sein großes Werk *Das Sein und das Nichts* wurde 1943 veröffentlicht, 1945 folgte *Existentialismus und Humanismus*. ⑧Beide Werke fanden eine begeisterte Leserschaft.

⑨„Die Existenz geht dem Wesen voraus", sagt Sartre. ⑩Das Wesen bedeutet die Natur von etwas. ⑪Für Sartre hat der Mensch aber keine solche Natur. ⑫Deswegen muss er sein eigenes Wesen erschaffen, da es ihm nicht von vornherein gegeben ist. ⑬Der Mensch muss sich selber erschaffen. ⑭„Der Mensch ist zur Freiheit verurteilt", sagt Sartre. ⑮Aber die Freiheit des Menschen befiehlt uns, etwas aus uns zu machen, eine authentische Existenz zu führen.

문법

문장 전환 (접속사 ↔ 전치사) ▶▶▶▶

종속 접속사를 갖는 부문장들은 의미에 따라 전치사를 이용한 명사적 표현으로 단축될 수 있다. 우선 명사적 표현 또는 명사화(Nominalisierung)에 관해 간략하게 알아보자.

Er erinnert sich an seine Kindheit. – "그는 어린 시절을 회상한다." 작문을 하거나 대화를 할 경우 종종 동사적 표현을 명사화해야 할 때가 있다. 문장이나 동사의 명사화는 정확한 규칙이 있는 것이 아니라 (모국어) 문장의 이해와 구성에 대한 상식을 필요로 한다. 즉 상식적인 언어적 사고를 바탕으로 문장을 문맥에 맞게 단축시켜야 한다는 의미이다. 예문은 '그의 어린 시절에 대한 회상'이라는 명사적 표현으로 전환될 수 있을 것이다: 'Seine Erinnerung an die Kindheit'

Meine Mutter hofft, dass ich einen guten Beruf ergreife. – "나의 어머니는 내가 좋은 직장을 갖기를 희망한다." 이 문장은 아마 '내 어머니의 나의 좋은 직장에 대한 희망'이란 표현으로 명사화 될 수 있을 것이다. 독일어로는 다음과 같이 표현된다: 'Die **Hoffnung** meiner Mutter **auf** meinen guten Beruf' '나의 어머니의 희망'이므로 'meiner Mutter'가 명사구의 끝으로 가서는 안 된다. 'Hoffnung'이라는 명사는 항상 전치사 'auf'와 결합하여 구체적인 내용을 표현한다.

동사를 명사화할 때, 동사에서 파생된 명사형이 있을 경우 (위의 예문에서 'Erinnerung'과 'Hoffnung') 그것을 사용하고 동사에 해당하는 명사형이 없을 경우 동사를 그대로 사용한다. 단 후자의 경우 첫 글자는 대문자로 시작하며 성은 **중성**이 된다.

Walt Disney hat Mickymaus geschaffen. – "월트 디즈니는 미키 마우스를 창조했다." 이 문장을 명사화하면 다음과 같다: 'Walt Disney**s Schaffen von** Mickymaus(월트 디즈니의 미키 마우스의 창조)' 'schaffen'이라는 동사에 해당하는 명사형은 없으므로 동사를 그대로 사용했다. 'Walt Disney'는 고유 명사이므로 's'를 붙여 소유격임을 표시했다. 'Mickymaus' 역시 관사를 사용하지 않는 고유 명사이므로 'von'을 사용하여 2격의 의미임을 나타낸다.

동사에서 파생된 명사형이 존재할 경우에도 동사 원형을 그대로 명사형으로 사용할 수 있다. 즉 명사화할 경우 동사에서 파생된 명사형이 생각나지 않는다면 동사를 그대로 사용해도 된다는 의미이다. 그렇지만 동사에서 파생된 명사형이 있을 경우 그것을 사용하는 것이 문체적으로 더 좋은 표현이다.

이상에서 알아 본 명사화, 또는 명사적인 표현에 대한 개념을 바탕으로 부문장의 명사화에 관하여 자세히 알아보기로 하자. 다음에 소개되는 부문장들은 각각 의미에 상응하는 전치사를 이용하여 명사적인 표현으로 전환할 수 있다. 부문장의 명사화뿐만 아니라 명사화된 표현을 부문장으로 전환하는 것에도 익숙해져야 한다.

1) 시간

wenn / als 문장 ↔ bei + 3격 (-때)
während / solange 문장 ↔ während + 2격 (-하는 동안)
nachdem 문장 ↔ nach + 3격 (-한 후에)
bevor 문장 ↔ vor + 3격 (-하기 전에)
bis 문장 ↔ bis zu + 3격 (-까지)
seit(dem) 문장 ↔ seit + 3격 (-이래로, -이후로)
sobald 문장 ↔ sofort nach + 3격 (-하자마자, -직후에)

Wenn ich esse, trinke ich Wein. = **Beim** Essen trinke ich Wein. - "식사할 때 나는 와인을 마신다." 'wenn'은 현재의 일회적 사실, 또는 현재나 과거의 반복적 사실을 표현할 때 사용되는 시간의 접속사이다.

Als die Ferien begannen, wurde ich plötzlich krank. = **Bei** dem Beginn der Ferien wurde ich plötzlich krank. - "방학이 시작되었을 때 나는 갑자기 아프게 되었다." 'als'는 과거의 일회적 사실을 표현하는 시간의 접속사이다.

Wenn die Sommerferien begannen, fuhr meine Familie **immer** ans Meer. = **Bei** dem Beginn der Sommerferien fuhr meine Familie **immer** ans Meer. - "방학이 시작되었을 때마다 항상 우리 가족은 바닷가로 갔다." 여기에서 'wenn'은 과거의 반복적인 사실을 표현하는 접속사로 사용되었다.

Während(Solange) wir aßen, sprachen wir über die politischen Situationen in Nordkorea. = **Während** des Essens sprachen wir über die politischen Situationen in Nordkorea. - "식사하는 동안 우리는 북한의 정치적인 상황들에 관하여 이야기했다."

Nachdem er sein Studium **abgeschlossen hatte, hat** er **geheiratet.** = **Nach** dem Abschluss seines Studiums hat er geheiratet. - "그는 학업을 마친 후 결혼했다." 'nachdem'이 이끄는 부문장은 항상 주문장보다 한 시제 일찍 일어난 사실을 표현하므로 시제의 표현에 주의하자.

Bevor wir abgefahren sind, haben wir unseren Koffer noch einmal kontrolliert. = **Vor** unserer Abfahrt haben wir unseren Koffer noch einmal kontrolliert. - "우리는 출발하기 전에 트렁크를 다시 한 번 점검했다."

Bis die Prüfung beginnt, warten die Studierenden auf dem Flur. = **Bis zum** Beginn der Prüfung warten die Studierenden im Flur. - "시험이 시작될 때 까지 학생들은 복도에서 기다린다." 'die Studierenden'은 동사의 현재 분사가 명사화된 형태이며 여기에서는 복수 1

격으로 사용되었다. 'bis'가 요일이나 부사, (관사를 사용하지 않는) 지명 등과 결합하는 경우 이외에, 일반적인 명사와 결합할 때는 대부분 'bis zu –'의 형태로 사용된다.

Seit(dem) sich die Verkaufsfläche vergrößert hat, ist der Umsatz des Kaufhofs gestiegen. = **Seit** der Vergrößerung der Verkaufsfläche ist der Umsatz des Kaufhofs gestiegen. – "매장이 확장된 이후로 그 백화점의 매상이 증가했다."

Sobald ich in Bonn **angekommen bin, rufe** ich dich **an.** = **Sofort nach** der Ankunft in Bonn rufe ich dich an. – "나는 본에 도착하자마자 너에게 전화할 것이다." 'nachdem'과 마찬가지로 부문장의 사건이 주문장보다 먼저 발생하므로 시제 차이를 표시해 주어야 한다.

2) 이유

> weil / da 문장 (–때문에) ↔ wegen + 2격 (– 때문에)
> aufgrund + 2격 (–에 근거해서, –라는 이유로)
> infolge + 2격 (–의 결과로)

Weil(Da) es stark geregnet hat, bin ich zu spät gekommen. = **Wegen** des starken Regens bin ich zu spät gekommen. – "비가 세차게 왔기 때문에 나는 지각했다."

Weil(Da) die Bibliothek repariert werden muss, wird sie zwei Wochen lang geschlossen. = **Aufgrund** ihrer Reparatur wird die Bibliothek zwei Wochen lang geschlossen. – "도서관은 수리되어야 하기 때문에 2주 동안 닫는다."

3) 조건

> wenn / falls 문장 ↔ bei + 3격 (–라면, –인 경우)

Wenn(Falls) das Gerät unsachgemäß behandelt wird, können technische Probleme auftreten. = **Bei** unsachgemäßer Behandlung des Geräts können technische Probleme auftreten. – "그 기기가 용도에 맞지 않게 사용된다면 기술적인 문제들이 생길 수 있다."

4) 제한

> obwohl / obgleich 문장 ↔ trotz + 2격 (–임에도 불구하고)

Obwohl(Obgleich) der Preis hoch ist, kaufen viele Leute iPhone. = **Trotz** des hohen Preises kaufen viele Leute iPhone. – "가격이 높음에도 불구하고 많은 사람들이 아이폰을 구입한다."

5) 방법

indem / dadurch, dass 문장 (-함으로써, -을 통하여) ↔ durch + 4격 (-에 의해, -을 통하여)

Indem(Dadurch, dass) die Branntweinsteuer erhöht wird, kann der Alkoholkonsum eingeschränkt werden. = **Durch** die Erhöhung der Branntweinsteuer kann der Alkoholkonsum eingeschränkt werden. – "주세가 상승됨으로써 알코올 소비가 제한될 수 있다."

이상에서 문장 전환에 관하여 알아보았다. 앞에서 말한 것처럼 명사화에서는, 개별 언어의 문법적 지식이나 규정과는 큰 상관없이 동사적 표현의 내용을 적절한 명사적 표현으로 전환할 수 있는 논리적 사고가 중요하다. 명사화와 동사화의 상호 전환은 독일어 어학 시험뿐만 아니라 작문과 독해에도 중요한 역할을 한다. 이러한 표현들에 익숙해져 좋은 글을 쓸 수 있기를 바란다.

독일어 관용어 모음

'부록'에서는 독일어 어학 시험에서 주어진 정보를 이용하여 작문을 해야 하는 경우, 수업의 과제물을 작성하는 경우, 일상생활에서 문서를 작성할 경우 등에 사용될 수 있는 여러 가지 표현들을 소개한다. 적은 분량은 아니지만, 다양한 독일어 표현을 익히고자 할 경우 또는 독일에서 생활하거나 학업을 할 경우에는 반드시 이해하고 암기해야 할 내용들이다. 매일 조금씩 외워 나간다면, 필요한 경우에 좋은 문장을 구성하여 사용할 수 있을 것이다.

이 책과 함께 여러분의 독일어 표현이 다양하고 풍성해지기를 진심으로 기원한다.

Ich wünsche Ihnen alles Gute und viel Erfolg!

1. 논술에 사용되는 관용적 표현 

다음에 소개하는 관용 어구들은 독일어 어학 시험에서 작문을 할 경우 자주 사용하게 되는 표현들이다. 문장이나 문단을 연결할 때, 자신의 의견을 말할 때 혹은 제시된 자료들을 설명할 때 사용된다.

1. In diesem Text geht es um ~

   In diesem Text handelt es sich um ~

   이 텍스트는 -에 관한 내용이다(-을 다룬다, -에 관한 문제이다)

2. Aus diesem Grund: 이런 이유에서

   Aus diesen Gründen: 이런 이유들에서

3. In Bezug auf (diese Tatsache) ~

   In Zusammenhang mit (dieser Tatsache) ~

   (이러한 사실과) 관련하여, 관련해서

4. In diesem Fall: 이 경우에

   In diesem Punkt: 이런 점에서

   In dieser Weise = Auf diese Weise: 이런 방법으로

   Aus der Perspektive von (또는 von대신 명사의 2격) ~ : -의 관점에서 (본다면)

   Im Grunde (genommen): 근본적으로 (본다면)

5. Weiterhin; Darüber hinaus: 계속해서, 나아가

   Daneben; Außerdem: 그밖에

6. Das bewirkt, dass ~ : 이것은 -이도록 작용한다

   Das bringt et.⁴ mit sich: 이것은 -을 초래한다, 야기시킨다

   et.⁴ verursachen: -을 야기시키다

7. Das beruht auf der Tatsache, dass ~ : 이것은 -라는 사실에 기인한다, 연유한다

8. Infolgedessen: 그 결과

   Schließlich: 결국

9. Nach der Meinung(=Auffassung) von ~ : -의 생각에 의하면

   Nach der Meinung(=Auffassung) des Autors ~ : 작가의 견해에 의하면

10. Wie im Text(auf dem Schaubild, in der Tabelle) aufgezeigt + 동사 + 주어:

텍스트(도식, 도표)에서 나타나는 것처럼

11. Es wäre besser(gut, schön), wenn 주어 ~ würde_: -라면 더 좋을 것이다

   Es ist denkbar(sinnvoll, sinnlos), dass ~ : -이 생각될 수 있다, -은 의미가 있다,
      -은 의미가 없다

12. In Bezug auf diese Tatsache kommt der Schluss(das Ergebniss), dass ~ : 이러한
      사실과 관련하여 -라는 결론(결과)이 나온다

   In Bezug auf diese Tatsachen meine ich, dass ~ : 이러한 사실들과 관련하여
      나는 -라고 생각한다

13. In dem Maße, dass(wie) ~ , ist der Autor(die Meinung) richtig: -의 정도(한도)내에
      서 작가는(그 생각은) 옳다, -까지는 작가가(그 생각이) 옳다

14. Im Vergleich zu ~ : -와 비교하면, -와 비교해서

   Im Gegensatz zu ~ : -와 반대로

   Im Unterschied zu ~ : -와 달리

15. im Allgemeinen: 일반적으로, 보편적으로

   im Wesentlichen: 본질적으로, 근본적으로

   in Wirklichkeit = in der Tat: 실제로

   in Wahrheit: 진실로, 사실은

16. unterstreichen = betonen = ausdrücklich erwähnen: 강조하다

17. wie oben erwähnt(aufgezeigt): 위에서 언급된(나타난) 것처럼

18. Daraus folgt (der Schluss), dass ~

   Daraus ergibt sich (der Schluss), dass ~

   Daraus kann man schließen, dass ~

   거기에서(이러한 사실에서) -라는 결론이 나온다

19. Die Tabelle gibt Auskunft über ~

   Die Tabelle gibt Auskunft darüber, wie viele (was, wie, wo) ~

   Die Tabelle informiert sich über ~

   Die Tabelle informiert sich darüber, wie viele (was, wie, wo) ~

   이 도표는 -에 관한 정보를 준다

20. Die Zahl der 복수 2격 beträgt ~ : -의 수는 -에 달한다(-이다)

   steigen = zunehmen = sich erhöhen: 증가하다

   sinken = abnehmen = sich verringern: 감소하다

um(=auf) das Doppelte(das Dreifache) steigen: 두 배(세 배)로 증가하다

um(=auf) das Doppelte(das Dreifache) sinken: 두 배(세 배)로 감소하다

etwas steht an erster(zweiter, letzter) Stelle: -이 일위의(이위의, 마지막) 자리에 있다

etwas belegt den ersten(zweiten, letzten) Platz: -이 일위를(이위를, 마지막을) 차지하다

2. 전치사와 결합하여 사용되는 형용사

arm an D: -이 없는, -이 부족한

aufmerksam auf A: -에 주의하는

begeistert von D: -에 감격하는

bekannt mit D: -(사물)을 알고 있는

bekannt bei D: -(사람)에게 알려진

bekannt für A: -로(-라는 속성으로) 알려진

beliebt bei D: -에게 인기 있는

besessen von D: -에 사로잡힌

eifersüchtig auf A: -을 질투하는

frei von D: -이 없는

freundlich zu D: -에게 친절한

froh über A: -에 대해 기뻐하는

interessiert an D: -에 흥미 있는

neidisch auf A: -을 시기하는

nützlich für A: -에 이로운, 도움이 되는

reich an D: -이 풍부한

stolz auf A: -을 자랑스러워하는, -을 자랑하는

überzeugt von D: -을 확신하는

verliebt in A: -와 사랑에 빠진

verrückt nach D: -을 갈망하는

verschieden von D: - 와 다른

verständnisvoll gegenüber D: -에 대해 이해심 있는

verwandt mit D: -와 친척인

zufrieden mit D: -에 만족하는

위의 관용어들은 모두 'sein' 동사의 술어로 사용할 수 있다. 3격 지배 전치사와 4격 지배 전치사는 해당하는 격의 명사나 대명사와 결합한다. 그런데 많은 관용어들을 접하다 보면, 형용사나 동사와 함께 사용되는 3/4격 지배 전치사가 (대)명사와 결합할 경우 대

부분 4격 목적어를 취한다는 사실을 알 수 있다. 'an'은 예외적으로 3격 목적어와 결합하는 경우가 많다.

Er ist auf die Vorschriften der Firma aufmerksam. – "그는 회사의 규정들에 주의한다."

Sie ist vom Konzert begeistert. – "그녀는 그 콘서트에 감격했다."

Ich bin mit dem Inhalt des Buches bekannt. – "나는 그 책의 내용을 알고 있다."

Er ist für seine Unpünktlichkeit bekannt. – "그는 시간을 지키지 않기로 유명하다(그는 시간을 지키지 않는 것으로 알려져 있다)."

Die Studentin ist bei ihren Kommilitonen beliebt. – "그 여대생은 동료학생들에게 인기가 있다."

Er ist nur von seiner Arbeit besessen. – "그는 그의 일에만 사로 잡혀 있다."

Er ist von Gewissensbissen frei. – "그는 양심의 가책이 없다."

Sie ist über den neuen Job froh. – "그녀는 새로운 일자리에 대해 기뻐한다."

Der Angestellte ist an Aktien interessiert. = Er hat Interesse an Aktien. = Er interessiert sich für Aktien. – "그 회사원은 주식에 흥미가 있다."

Das Internet ist für mich nützlich. = Das Internet ist mir nützlich. – "인터넷은 나에게 유용하다."

Der Forscher ist von der Richtigkeit seiner Theorie überzeugt. – "그 연구자는 그의 이론에 오류가 없음을(그의 이론의 올바름에 대해) 확신한다."

Er ist nach einem Sportwagen verrückt. – "그는 스포츠카를 갈망한다."

Er ist den Arbeitslosen gegenüber verständnisvoll. – "그는 실업자들에 대해 이해심이 많다."

3. 2격 지배 동사

⇒ bedürfen(－을 필요로 하다), gedenken(－을 기억하다)

Der Kranke bedarf **der absoluten Ruhe**. － "그 환자는 절대적인 안정을 필요로 한다."
Wir gedenken heute **der Opfer des koreanischen Krieges**. － "우리는 오늘 한
국 전쟁의 희생자를 추모한다." 'der Opfer'는 'das Opfer'의 복수 2격이며, '제물, 희
생자'라는 뜻을 갖는다.

4. 3격 지배 동사

schaden(-을 해치다, -에 해롭다), helfen(-를 돕다), folgen(-를 따르다), gefallen(-마음에 들다), begegnen(-를 만나다), ähneln(-를 닮다), einfallen(-에게 떠오르다), gehören(-에 속하다), gelingen(-에게 성공하다), glauben(-를 믿다), vertrauen(-를 신뢰하다), verzeihen(-를 용서하다), ausweichen(-을 피하다)

Das Rauchen schadet **der Gesundheit**. - "흡연은 건강에 해롭다."

Ich helfe **meinem Vater** bei der Reparatur des Autos. - "나는 차를 고칠 때 아버지를 돕는다(나는 아버지가 차를 고칠 때(차 고치는 것을) 돕는다)."

Der Student ist **der neuen Studienordnung** gefolgt. - "그 학생은 새로운 학업 규정을 따랐다."

Die Stimmung des Seminars hat **mir** nicht gefallen. - "세미나의 분위기는 내 마음에 들지 않았다."

Ich bin gestern **meinem Freund** zufällig auf der Straße begegnet. - "나는 어제 내 친구를 우연히 거리에서 만났다."

Der Sohn ähnelt **seinem Vater** sehr. - "그 아들은 아버지를 매우 닮았다."

Der Name des Schriftstellers fällt **mir** überhaupt nicht ein. - "그 작가의 이름이 나에게 도무지 떠오르지 않는다."

Dieses Haus gehört **dem alten reichen Geschäftsmann**. - "이 집은 나이든 부유한 사업가에게 속한다."

Es ist **ihm** gelungen, in Deutschland zu habilitieren. - "그에게, 독일에서 대학 교수 자격을 취득하는 것이 성공했다(그는 독일에서 대학 교수 자격을 취득하는 것에 성공했다)."

Ich glaube **dir**. - "나는 너를 믿는다."

Der Professor vertraut **dem wissenschaftlichen Mitarbeiter**. - "그 교수는 그 조교(또는 학문적 조력자)를 신뢰한다."

Verzeihe **mir**! - "나를 용서해라."

Der Fußgänger ist **dem Auto** ausgewichen. - "그 보행자는 자동차를 피했다."

5. 4격 지배 동사

⇒ anrufen(-에게 전화하다), fragen(-에게 질문하다), grüßen(-에게 안부 전하다), heiraten(-와 결혼하다), betreten(-로 들어가다)

위의 동사들은 우리말 의미에 따르면 3격 목적어나 전치사 목적어가 필요하지만 독일어에서는 무조건 4격 목적어를 필요로 하는 동사들이다.

Ich rufe **dich** morgen nachmittags an. – "나는 내일 오후에 너에게 전화할 것이다."
Sie fragt **mich** nach dem Weg zum Hauptbahnhof. – "그녀는 나에게 중앙역으로 가는 길을 묻는다."
Grüße bitte **deine Mutter** von mir! – "네 어머니에게 내 안부를 전해다오!"
Der Maler hat im letzten Monat **eine berühmte Schauspielerin** geheiratet. – "그 화가는 지난달에 유명한 여배우와 결혼했다."
Er betritt **das Sekretariat**. – "그는 대학 학적과로 들어간다."

위의 예문에 사용된 목적어는 모두 4격이며, 'heiraten'의 경우 우리말 의미 때문에 전치사 'mit'를 사용하는 일이 없도록 하자. 'betreten'도 4격 목적어를 필요로 하는 타동사이므로 전치사 'in'을 사용해서는 안 된다.

6. 2개의 4격 목적어를 갖는 동사 

⇒ lehren(-에게 -을 가르치다), nennen(-를 -라 부르다), schelten(-를 -라 꾸짖다)

Der Lehrer lehrt **die Ausländer die koreanische Geschichte.** - "선생님은 외국인들에게 한국의 역사를 가르친다."

Meine Kommilitonen nennen **ihn ein mathematisches Genie.** - "나의 대학 동기들은 그를 수학의 천재라고 부른다."

Der Vater schilt **seinen Sohn einen Dummkopf.** - "아버지는 아들을 바보라고 꾸짖는다."

위의 동사들 이외에, 두 개의 목적어(보충어)를 취하는 대부분의 동사들은 3격 목적어 및 4격 목적어와 함께 사용된다: geben(-에게 -을 주다), bringen(-에게 -을 갖다 주다), schicken(-에게 -을 보내다), leihen(-에게 -을 빌려주다), beweisen(-에게 -을 증명하다), empfehlen(-에게 -을 추천하다), zeigen(-에게 -을 보여주다), verbieten(-에게 -을 금지하다) usw.

7. 전치사 목적어(보충어)를 갖는 동사 

일반적으로 관용 어구를 소개할 때, (문법적인 이유에서) 동사의 원형을 마지막에 표시한다. 그렇지만 이러한 배열이 암기에는 그다지 실용적이지 않으므로, 동사를 우선순위로 해서 '동사 + 보충어'의 순서로 기억하는 것이 활용의 측면에서는 효과적일 것이라 생각한다.

von D abhängen(-에 의존하다); hängen davon ab, dass/ob/wie/wann ~

auf A achten(-에 주목하다); achten darauf, dass/ob ~ oder ~ zu Invinitiv

mit D anfangen(-을 시작하다); fangen (damit) an, ~ zu Infinitiv

mit D aufhören(-을 그만두다); hören (damit) auf, ~ zu Infinitiv

sich/jn. von D/aus D befreien(-에서 벗어나다, -을 -에서 자유롭게 하다, 해방시키다)

mit D beginnen(-을 시작하다); beginnen damit, ~ zu Infinitiv

sich bei D über A beklagen(-에게 -에 관하여 불평하다); beklagen sich bei D
　　(darüber), dass ~ oder ~ zu Infinitiv

sich um A bemühen(-에 대해 노력하다); bemühen sich (darum), dass ~ oder ~
　　zu Infinitiv

sich mit D beschäftigen(-에 전념하다, 몰두하다); beschäftigen sich (damit), dass
　　~ oder ~ zu Infinitiv

aus D bestehen(-로 구성되다)

in D bestehen(-에 본질이 있다); bestehen darin, dass ~ oder ~ zu Infinitiv

sich bei D über A beschweren(-에게 -에 관하여 불평하다); beschweren sich bei
　　D (darüber), dass ~ oder ~ zu Infinitiv

sich um A bewerben(-에 대해 지원/신청하다); bewerben sich darum, dass ~ oder
　　~ zu Infinitiv

jn. um A bitten(-에게 -을 부탁하다); bitten jn. (darum), dass ~ oder ~ zu Infinitiv

für A bürgen(-을 보증하다); bürgen dafür, dass ~

jm. für A danken(-에게 -에 대해 감사하다); danken jm. (dafür), dass ~

sich bei D für A entschuldigen(-에게 -에 대해 사과하다, 변명하다); entschuldigen
　　sich bei D (dafür), dass ~

sich/jn. an A erinnern(-을 기억하다, -를 -에 대해 기억나게 하다); erinnern sich/jn.
　(daran), dass ~ oder ~ zu Infinitiv

jn. an D erkennen(-를 -에서 알아차리다, 인식하다); erkennen jn. daran, dass ~

sich bei D nach D erkundigen(-에게 -에 대해 문의하다); erkundigen sich bei D
　(danach), ob/wann/wie/wo ~

jn. nach D fragen(-에게 -에 대해 묻다); fragen jn. (danach), ob/wann/wo ~

sich auf A freuen(-에 대해(미래 사실에 대해) 기뻐하다, 기대하다); freuen sich
　(darauf), dass ~ oder ~ zu Infinitiv

sich über A freuen(-에 대해(과거와 현재 사실에 대해) 기뻐하다); freuen sich
　(darüber), dass ~ oder ~ zu Infinitiv

sich vor D fürchten(-을 두려워하다); fürchten sich (davor), dass ~ oder ~ zu Infinitiv

jm. für A garantieren(-에게 -을 보증하다); garantieren jm. (dafür), dass ~

in A geraten(-에(어떤 상황속에) 빠지다)

sich/jn. an A gewöhnen(-에 익숙해지다, -를 -에 대해 익숙하게 하다); gewöhnen
　sich/jn. daran, dass ~ oder ~ zu Infinitiv

jn./et.[4] für A halten(-을 -로 간주하다)

es handelt sich um A(-에 관한 문제이다, -이 중요하다); es handelt sich darum,
　dass ~ oder ~ zu Infinitiv

über A herrschen(= A beherrschen, -을 지배하다)

auf A hoffen(-을 희망하다); hoffen (darauf), dass ~ oder ~ zu Infinitiv

sich für A interessieren(-에 관심이 있다); interessieren sich dafür, dass ~ oder ~
　zu Infinitiv

sich in D irren(-을 혼동하다, 잘못 생각하다)

gegen A kämpfen(-에 반대하여 싸우다); kämpfen dagegen, dass ~

für A kämpfen(-를(사람을) 위하여 싸우다); kämpfen dafür, dass ~ oder ~ zu Infinitiv

um A kämpfen(-을(신념, 사상을) 위하여 싸우다); kämpfen darum, dass ~ oder ~
　zu Infinitiv

es kommt auf A an(-이 중요하다, -에 관한 문제이다); es kommt darauf an, dass/ob ~

sich auf A konzentrieren(-에 집중하다); konzentrieren sich darauf, dass ~ oder ~
　zu Infinitiv

sich um A kümmern(-을 돌보다); kümmern sich darum, dass ~

über A lachen(-때문에 웃다, -을 비웃다); lachen (darüber), dass ~

an D leiden(-에(질병에) 시달리다, 고통 받다); leiden daran, dass ~

unter D leiden(-에(상황, 외적 요인에) 시달리다); leiden darunter, dass ~

es liegt an D(-에 책임이 있다); es liegt daran, dass ~

über A nachdenken(-에 대해 숙고하다); denken darüber nach, dass/wie/wann ~

jm. zu D raten(-에게 -하라고 충고하다); raten jm. (dazu), dass ~ oder ~ zu Infinitiv

auf A rechnen(-을 믿다, 의지하다); rechnen darauf, dass ~

mit D rechnen(-을 계산에 넣다, 고려하다); rechnen damit, dass ~ oder ~ zu Infinitiv

sich/jn. vor D schützen(-를 -로부터 지키다, 보호하다); schützen sich/jn. davor,
    dass ~ oder ~ zu Infinitiv

sich nach D sehnen(-에 대해 동경하다); sehnen sich danach, dass ~ oder ~ zu Infinitiv

für A sorgen(-를 돌보다); sorgen dafür, dass ~

sich um A sorgen(-를 걱정하다, 염려하다)

mit D über A sprechen(-와 -에 대해(어떤 주제에 대해) 이야기하다); sprechen mit
    D darüber, dass/ob/wie/was ~

mit D von D sprechen(-와 -에 대해(어떤 체험에 관하여) 이야기하다); sprechen mit
    D davon, dass/wie/was ~

an D sterben(- 때문에(질병 때문에) 죽다)

für A sterben(-을 위해(사상, 신념을 위해) 죽다)

sich um A streiten(-때문에 싸우다), streiten sich darum, wer/wann/ob ~

an D teilnehmen(-에 참가하다)

mit D etwas/nichts zu tun haben(-와 관계가 있다/없다); haben etwas/nichts damit
    zu tun, dass/wer/was/wann ~

sich mit D über A unterhalten(-와 -에 관하여(비교적 가볍고 일상적인 내용에 관하
    여) 이야기하다); unterhalten sich mit D darüber, dass/ob/wie/was ~

sich auf A verlassen(-을 믿다, 의존하다); verlassen sich darauf, dass ~ oder ~ zu
    Infinitiv

sich in A verlieben(-와 사랑에 빠지다)

sich in A vertiefen(-에 전념하다, 몰두하다)

auf A verzichten(-을 포기하다); verzichten darauf, dass ~ oder ~ zu Infinitiv

sich/jn. auf A vorbereiten(-에 대해 준비하다, -를 -에 대해 준비하게 하다); bereiten sich/jn. darauf vor, dass ~ oder ~ zu Infinitiv

jn. vor D warnen(-를 -에 대해 경고하다); warnen jn. (davor), dass ~ oder ~ zu Infinitiv

auf A warten(-을 기다리다); warten (darauf), dass ~ oder ~ zu Infinitiv

sich über A wundern(-에 대해 놀라다); wundern sich (darüber), dass ~ oder ~
　　zu Infinitiv

an D zweifeln(-에 대해 의심하다), zweifeln (daran), dass ~ oder ~ zu Infinitiv

원칙이라고는 할 수는 없지만 특정한 동사와 결합하는 전치사가 3/4격 지배 전치사인 경우, 전치사의 목적어로는 대부분 4격이 사용된다. 'an'은 예외적으로 주로 3격 목적어와 결합한다. 동사와 결합하는 3/4격 지배 전치사가 3격을 지배하는 경우는 그리 많지 않으므로 이러한 예들을 기억해 두고 그 외의 경우는 4격을 사용하면 될 것이다.

Deine Zukunft hängt davon ab, wie du diese Schwierigkeiten überwindest. – "너의 미래는 네가 어떻게 이 어려운 난관들을 극복하는가에 달려 있다."

Ich bemühe mich um die Zulassung zum Studium SS 2012. – "나는 2012년 여름학기의 학업을 위한 허가서를 받도록 노력한다." SS = Sommersemster(여름 학기), WS = Wintersemester(겨울 학기)

Die Eltern bemühen sich (darum), dass ihr Sohn einen neuen Job findet. – 그 부모님은 아들이 새로운 직업을 구할 수 있도록 노력한다.

Ich bemühe mich (darum), so schnell wie möglich eine neue Wohnung zu finden. – "나는 가능한 한 빨리 새로운 집을 구하려고 노력한다."

Der Wissenschaftler beschäftigt sich mit der Forschung. – "그 과학자는 그 연구에 전념한다."

Ich bitte Sie um Ihr Verständnis für meine Situation. – "나는 당신에게 내 처지에 대한 당신의 이해를 부탁합니다."

Der Busfahrer bittet uns (darum), vor dem Öffnen der Tür nicht auszusteigen. – "버스운전사는, 문을 열기 전에 하차하지 말 것을 우리에게 부탁한다."

Ich danke Ihnen für Ihre Bemühungen und Ihre Freundlichkeiten. – "나는 당신에게 당신의 노고와 친절함에 대해서 감사드립니다."

Der Student entschuldigt sich bei dem Dozent für seine Verspätung. – "그 학생은 강사에게 그의 지각에 대해 사과한다."

Der Student entschuldigt sich bei dem Dozent (dafür), dass er sich beim Seminar etwas verspätet hat. – "그 학생은 강사에게, 그가 세미나에 다소 늦게 온 것에 대해 변명(사과)한다."

Sie erkennt ihn an der Stimmung. – "그녀는 목소리에서 그임을 알아차린다."

Er hat sich im Datum geirrt. – "그는 날짜를 잘못 생각했다."

Er leidet an Kopfschmerzen. – "그는 두통에 시달린다."

Er leidet unter dem Lärm. – "그는 소음에 시달린다."

Ich sehne mich nach der Welt des Mythos. – "나는 신화의 세계를 동경한다."

Er sehnt sich danach, mit seiner Familie auf einer unbewohnten Insel zu leben. – "그는 그의 가족과 함께 무인도에서 생활하는 것을 꿈꾼다."

Er ist an Lungenkrebs gestorben. – "그는 폐암으로 죽었다."

Die jungen Leute sind für die Demokratisierung ihres Vaterlandes gestorben. – "그 젊은이들은 자신들의 조국의 민주화를 위해 죽었다."

Die Dame unterhält sich mit ihrer Freundin über Mode. – "그 숙녀는 친구와 함께 유행에 관해 이야기한다."

Ich bereite mich auf die mündliche Prüfung vor. – "나는 구두시험에 대해 준비한다."

Der Trainer hat den Spieler intensiv auf den Wettkampf im nächsten Monat vorbereitet. – "트레이너는 그 선수를 집중적으로 다음 달에 있는 시합에 대해 준비시켰다."

Wir haben aus Geldmangel darauf verzichtet, in diesem Sommer einen Urlaub auf Ibiza zu machen. – "우리는 돈이 없어서 이번 여름에 Ibiza 섬에서 휴가 보내는 것을 포기했다."

8. 기능 동사구

A in Erfahrung bringen: -을 알다

A in Ordnung bringen: -을 정돈하다

A in Verbindung (mit D) bringen: -을 (-와) 연결하다, 결합하다

A zum Abschluss bringen: -을 끝내다, 마치다

A zum Ausdruck bringen: -을 표현하다

A zu Ende bringen: -을 끝내다

A zur Sprache bringen: -을 화제로 삼다, 안건으로 다루다

A unter Kontrolle bringen: -을 통제하다

einen Beruf ergreifen: 직장을 갖다

die Initiative ergreifen: 주도권을 잡다, 주도하다

die Macht ergreifen: 권력을 잡다

Anwendung finden: 응용되다, 사용되다

Verwendung finden: 사용되다

Zustimmung finden: 동의되다

ein Gespräch führen: 대화하다

ein Leben führen: 살다, 삶을 영위하다

eine Rede halten: 연설하다

ein Referat halten: (강의 시간에) 보고서를 발표하다

die Treue halten: 신의를 지키다

ein Versprechen halten: 약속을 지키다

einen Vortrag halten: 강연하다

zum Einsatz kommen: 투입되다

zum Stillstand kommen: 멈추다, 정지하다

zum Vorschein kommen: 나타나다

D Gesellschaft leisten: -에게 말동무 해주다

Hilfe leisten: 돕다

Wehrdienst leisten: 군복무 하다

Widerstand (gegen A) leisten: (-에 반대해) 저항하다

Abschied (von D) nehmen: (-와) 이별하다

Kenntnis (von D) nehmen: (-에 관해) 알다, 인식하다

Rücksicht (auf A) nehmen: (-에 대해) 고려하다, 배려하다

Stellung (zu D) nehmen: (-에 대한) 입장을 밝히다, 입장을 취하다

A in Anspruch nehmen: -을 요구하다

A in Kauf nehmen: -을 참다, 견디다

A zur Kenntnis nehmen: -을 알다

A in Gang setzen: -을 작동시키다

A in Kraft setzen: -을 실효화하다

A außer Kraft setzen: -을 효력이 없게 하다

A aufs Spiel setzen: -을 걸다

D zur Verfügung stehen: -에게 제공되어 있다.

einen Antrag (auf A) stellen: (-을) 신청하다

eine Frage stellen: 질문하다

A in Frage stellen: -을 의심하다

A zur Diskussion stellen: -을 토론하다

A zur Verfügung stellen: -을 제공하다

eine Auswahl treffen: 선택하다

eine Entscheidung treffen: 결정하다

eine Maßnahme treffen: 조치를 취하다

Kritik (an D) üben: (-에 대해) 비판하다

eine Lehre (aus D) ziehen: (-에서) 교훈을 이끌어내다

den Schluss (aus D) ziehen: (-에서) 결론을 이끌어내다

Die Sekretärin muss Papiere wieder in Ordnung bringen. - “여비서는 서류들을 다
시 정리해야 한다.”

Die Telefonistin hat mich in Verbindung mit dem Sekretariat der Universität
gebracht. - “여자 전화 교환원은 나를 대학 학적과와 연결했다.”

Diese Redewendung findet keine Verwendung mehr. - “이 표현은 더 이상 사용되지
않는다.”

Die Regierungschefs führten ein Gespräch unter vier Augen. - “그 정부 지도자들은

둘이서 은밀하게 회담했다."

Ich muss in der nächsten Woche ein Referat über die wirtschaftliche Ethik halten. – "나는 다음 주에 경제 윤리에 관해 발표해야 한다."

Er hat versucht, in schwierigen Situationen seinem Freund die Treue zu halten. – "그는 힘든 상황에서도 친구에게 신의를 지키려고 했다."

Der Rüstungswettlauf ist noch nicht zum Stillstand gekommen. – "군비 경쟁은 아직도 멈추지 않았다."

Kannst du mir heute abend Gesellschaft leisten? – "너는 오늘 저녁 나에게 말동무 해줄 수 있느냐? (나의 말동무가 되어줄 수 있느냐?)"

In Korea müssen alle männlichen Jugendlichen im Prinzip ihren Militärdienst leisten. – "한국에서 모든 청년들은 원칙적으로 군복무를 해야 한다."

Bei der Reise muss man auf Kinder und Alte Rücksicht nehmen. – "여행할 때 사람들은 어린이와 노약자를 배려해야 한다."

Sie können Umtausch in Anspruch nehmen. – "당신은 교환을 요구할 수 있습니다."

Um die Geisel zu retten, setzt der Geheimagent sein Leben aufs Spiel. – "인질을 구출하기 위하여 그 비밀요원은 그의 목숨을 건다."

Für die Reise steht uns ein Wohnmobil zur Verfügung. – "여행을 위해 우리에게 주거용 자동차가 제공되어 있다."

Er hat einen Antrag auf Zulassung zum Jurastudium gestellt. – "그는 법학 공부에 대한 입학허가를 신청했다."

Die Bank hat mir einen Kredit zur Verfügung gestellt. – "은행은 나에게 신용 대출을 제공했다."

Aus diesen Gründen ziehe ich den Schluss, dass die Firma bald pleite geht. – "이런 이유들에서 나는, 그 회사가 곧 파산할거라는 결론을 이끌어낸다."

독일어 불규칙 동사 변화표

부정형(원형)	직설법		접속법 2식	과거분사	명 령 법
	현재	과거			
backen (빵을)굽다	du bäckst er bäckt	backte buk(고어)	büke	gebacken	back(e)!
befehlen 명령하다	du befielst er befiehlt	befahl	beföhle (befähle)[1]	befohlen	befiehl!
beginnen 시작하다		begann	begönne (begänne)	begonnen	beginn(e)!
beißen (깨)물다	du beißt er beißt	biss	bisse	gebissen	beiß(e)!
bergen 감추다	du birgst er birgt	barg	bärge	geborgen	birg!
bersten 파열하다	du birst er birst	barst	bärste	geborsten (s)[2]	birst!
bewegen[3] 움직이다		bewegte bewog	bewöge	bewegt bewogen	beweg(e)!
biegen 구부리다		bog	böge	gebogen (s/h)[4]	bieg(e)!
bieten 제공하다		bot	böte	geboten	biet(e)!
binden 매다		band	bände	gebunden	bind(e)!
bitten 부탁하다		bat	bäte	gebeten	bitt(e)!
blasen 불다	du bläst er bläst	blies	bliese	geblasen	blas(e)!
bleiben 머무르다		blieb	bliebe	geblieben (s)	bleib(e)!
bleichen 바래다		blich	bliche	geblichen (s)	bleich(e)!
braten (고기를)굽다	du brätst er brät	briet	briete	gebraten	brat(e)!
brechen 깨지다/깨다	du brichst er bricht	brach	bräche	gebrochen (s/h)	brich!

---

1) 괄호안의 접속법 2식 형태는 아주 드물게 사용된다.
2) 완료에서 'sein' 동사와 사용됨을 의미한다. (s)나 (s/h)로 표시하지 않은 동사들은 모두 완료에서 'haben' 동사와
   결합한다.
3) '움직이다'라는 의미일 경우에는 약변화 한다. 강변화 동사의 의미(-하게 하다)로 사용되는 경우는 드물다.
4) 완료에서 'sein' 동사와 사용될 경우도 있고 'haben' 동사와 사용될 때도 있음을 의미한다.

부정형(원형)	직설법		접속법 2식	과거분사	명 령 법
	현재	과거			
brennen 타다		brannte	brennte	gebrannt	brenn(e)!
bringen 가져오다		brachte	brächte	gebracht	bring(e)!
denken 생각하다		dachte	dächte	gedacht	denk(e)!
dreschen 타작하다	du drischst er drischt	drosch	drösche	gedroschen	drisch(e)!
dringen 침입하다		drang	dränge	gedrungen (s/h)	dring(e)!
dünken 여겨지다		dünkte (deuchte)[5]	dünkte (deuchte)	gedünkt (gedeucht)	
dürfen 해도 좋다	ich darf du darfst er darf	durfte	dürfte	gedurft	
empfehlen 추천하다	du empfielst er empfielt	empfahl	empföhle	empfohlen	empfiehl!
essen 먹다	du isst er isst	aß	äße	gegessen	iss!
fahren 가다/몰다	du fährst er fährt	fuhr	führe	gefahren (s/h)	fahr(e)!
fallen 떨어지다	du fällst er fällt	fiel	fiele	gefallen (s)	fall(e)!
fangen 잡다	du fängst er fängt	fing	finge	gefangen	fang(e)!
fechten 싸우다	du fichtst er ficht	focht	föchte	gefochten	ficht!
finden 발견하다		fand	fände	gefunden	find(e)!
flechten 엮다	du flichtst er flicht	flocht	flöchte	geflochten	flicht!
fliegen 날다/조종하다		flog	flöge	geflogen (s/h)	flieg(e)!
fliehen 도망가다		floh	flöhe	geflohen (s)	flieh(e)!
fließen 흐르다		floss	flösse	geflossen (s)	fließ(e)!

---

5) 고어이고 오늘날에는 거의 사용되지 않는다.

부정형(원형)	직설법		접속법 2식	과거분사	명 령 법
	현재	과거			
fressen (동물이)먹다	du frisst er frisst	fraß	fräße	gefressen	friss!
frieren 얼다		fror	fröre	gefroren	frier(e)!
gären[6)] 발효하다		gor	göre	gegoren (s/h)	gär(e)!
gebären 낳다		gebar	gebäre	geboren	gebier!
geben 주다	du gibst er gibt	gab	gäbe	gegeben	gib!
gedeihen 번영하다		gedieh	gediehe	gediehen (s)	gedeih(e)!
gehen 가다		ging	ginge	gegangen (s)	geh(e)!
gelingen 성공하다		gelang	gelänge	gelungen (s)	geling(e)!
gelten 유효하다	du giltst er gilt	galt	gölte (gälte)	gegolten	gilt!
genesen 낫다		genas	genäse	genesen (s)	genes(e)!
genießen 즐기다		genoss	genösse	genossen	genieß(e)!
geschehen 발생하다	es geschieht	geschah	geschähe	geschehen (s)	
gewinnen 얻다, 이기다		gewann	gewönne (gewänne)	gewonnen	gewinn(e)!
gießen 붓다		goss	gösse	gegossen	gieß(e)!
gleichen 같다		glich	gliche	geglichen	gleich(e)!
gleiten 미끄러지다		glitt	glitte	geglitten (s)	gleit(e)!
glimmen[7)] 약하게 불타다		glimmte glomm	glömme	geglimmt geglommen	glimm(e)!
graben 파다	du gräbst er gräbt	grub	grübe	gegraben	grab(e)!
greifen 잡다		griff	griffe	gegriffen	greif(e)!

6) '(감정이) 들끓다'라는 표현으로 사용될 경우에는 약변화하며 완료에서 'haben' 동사와 결합한다.
7) 문어체에서는 불규칙변화 동사로 사용되며, 그 밖의 경우에는 약변화 한다.

부정형(원형)	직설법		접속법 2식	과거분사	명 령 법
	현재	과거			
haben 가지다	du hast er hat	hatte	hätte	gehabt	hab(e)!
halten 잡고 있다	du hältst er hält	hielt	hielte	gehalten	halt(e)!
hängen[8] 걸려 있다		hing	hinge	gehangen	häng(e)!
hauen 때리다, 베다		haute hieb[9]	hiebe	gehauen (s/h)	hau(e)!
heben 올리다		hob	höbe	gehoben	heb(e)!
heißen -라 불리다		hieß	hieße	geheißen[10]	heiß(e)!
helfen 돕다	du hilfst er hilft	half	hülfe (hälfe)	geholfen	hilf!
kennen 알다		kannte	kennte	gekannt	kenn(e)!
klingen (벨이)울리다		klang	klänge	geklungen	kling(e)!
kneifen 꼬집다		kniff	kniffe	gekniffen	kneif(e)!
kommen 오다		kam	käme	gekommen (s)	komm(e)!
können 할 수 있다	ich kann du kannst er kann	konnte	könnte	gekonnt	
kriechen 기다		kroch	kröche	gekrochen (s)	kriech(e)!
laden 싣다	du lädst er lädt	lud	lüde	geladen	lad(e)!
lassen -하게 하다	du lässt er lässt	ließ	ließe	gelassen	lass!
laufen 달리다	du läufst er läuft	lief	liefe	gelaufen (s)	lauf(e)!
leiden 시달리다		litt	litte	gelitten	leid(e)!
leihen 빌려주다		lieh	liehe	geliehen	leih(e)!

---

8) '걸다'라는 타동사의 의미로 사용될 때는 약변화 한다.
9) 문어체에서 사용된다.
10) 지역에 따라서는 'gehießen'으로도 사용된다.

부정형(원형)	직설법		접속법 2식	과거분사	명 령 법
	현재	과거			
lesen 읽다	du liest er liest	las	läse	gelesen	lies!
liegen 놓여 있다		lag	läge	gelegen	lieg(e)!
(er)löschen 꺼지다[11]		löschte erlosch	lösche erlösche	gelöscht erloschen(s)	lisch!
lügen 거짓말하다		log	löge	gelogen	lüg(e)!
mahlen 빻다		mahlte	mahlte	gemahlen	mahl(e)!
meiden 피하다		mied	miede	gemieden	meid(e)!
melken[12] 젖을 짜다	du melkst er melkt	melkte molk	mölke	gemelkt gemolken	melke!
messen 측정하다	du misst er misst	maß	mäße	gemessen	miss!
misslingen 실패하다		misslang	misslänge	misslungen (s)	
mögen 좋아하다	ich mag du magst er mag	mochte	möchte	gemocht	
müssen 해야 한다	ich muss du musst er muss	musste	müsste	gemusst	
nehmen 잡다	du nimmst er nimmt	nahm	nähme	genommen	nimm!
nennen 명명하다		nannte	nennte	genannt	nenn(e)!
pfeifen 휘파람 불다		pfiff	pfiffe	gepfiffen	pfeif(e)!
pflegen[13] 돌보다		pflegte pflog	pflöge	gepflegt gepflogen	pfleg(e)!
preisen 칭찬하다		pries	priese	gepriesen	preis(e)!
quellen[14] (물이) 솟다	du quillst er quillt	quoll	quölle	gequollen (s)	quill!
raten 조언하다	du rätst er rät	riet	riete	geraten	rat(e)!

---

11) 'löschen'은 오늘날에는 '끄다'라는 의미의 타동사로 사용되며 약변화 한다. '꺼지다'라는 의미의 자동사는 'erlöschen'을 사용하며, 위의 도표와 같이 불규칙변화 한다.

부정형(원형)	직설법		접속법 2식	과거분사	명 령 법
	현재	과거			
reiben 문지르다		rieb	riebe	gerieben	reib(e)!
reißen 찢다/끊어지다		riss	riße	gerissen (s/h)	reiß(e)!
reiten 말을 타다		ritt	ritte	geritten (s/h)	reit(e)!
rennen 달리다		rannte	rennte	gerannt (s)	renne(e)!
riechen 냄새가 나다		roch	röche	gerochen	riech(e)!
ringen 격투하다		rang	ränge	gerungen	ring(e)!
rinnen 흐르다		rann	ränne (rönne)	geronnen (s)	rinn(e)!
rufen 부르다		rief	riefe	gerufen	ruf(e)!
salzen 소금에 절이다		salzte	salzte	gesalzen	salz(e)!
saufen (동물)마시다	du säufst er säuft	soff	söffe	gesoffen	sauf(e)!
saugen[15] (젖을) 빨다		saugte sog	söge	gesaugt gesogen	saug(e)!
schaffen[16] 창조하다		schuf schaffte	schüfe	geschaffen geschafft	schaff(e)!
schallen (소리) 울리다		schallte scholl[17]	schölle	geschallt	schall(e)!
scheiden 분리하다		schied	schiede	geschieden (s/h)	scheid(e)!
scheinen[18] 비치다		schien	schiene	geschienen	schein(e)!
scheißen (비어) 똥누다		schiss	schisse	geschissen	scheiß(e)!

---

12) 오늘날에는 직설법 현재형과 명령법에서, 또한 과거형과 과거분사형에서도 규칙 변화하는 것이 일반적이다. 과거에는 'du milkst, er milkt'라는 현재형이 사용되었다.
13) 오늘날에는 대부분 약변화 한다.
14) 타동사로 사용될 경우에는 약변화 한다.
15) 오늘날에는 약변화 동사로도 많이 사용된다.
16) '완성하다, 해내다'라는 의미로 사용될 경우에는 약변화 한다.
17) 약변화형인 'schallte'가 더 자주 사용된다.
18) 지역에 따라서는 약변화 동사로도 사용된다.

부정형(원형)	직설법		접속법 2식	과거분사	명 령 법
	현재	과거			
schelten 꾸짖다	du schiltst er schilt	schalt	schölte	gescholten	schilt!
scheren 자르다		schor	schöre	geschoren	scher(e)!
schieben 밀다		schob	schöbe	geschoben	schieb(e)!
schießen 쏘다/질주하다		schoss	schösse	geschossen (s/h)	schieß(e)!
schinden 가죽을 벗기다		schund	schünde	geschunden	schind(e)!
schlafen 자다	du schläfst er schläft	schlief	schliefe	geschlafen	schlaf(e)!
schlagen 때리다	du schlägst er schlägt	schlug	schlüge	geschlagen	schlag(e)!
schleichen 살금살금 가다		schlich	schliche	geschlichen (s)	schleich(e)!
schleifen[19] 갈다		schliff schleifte	schliffe	geschliffen geschleift	schleif(e)!
schließen 닫다, 잠그다		schloss	schlösse	geschlossen	schließ(e)!
schlingen 휘감다		schlang	schlänge	geschlungen	schling(e)!
schmeißen 던지다		schmiss	schmisse	geschmissen	schmeiß(e)!
schmelzen 녹다/녹이다	du schmilzt er schmilzt	schmolz	schmölze	geschmolzen	schmilz!
schneiden 자르다		schnitt	schnitte	geschnitten	schneid(e)!
schrecken[20] 놀라서 일어나다	du schrikst er schrikt	schrak	schräke	geschreckt (s)	schrick!
schreiben (글을)쓰다		schrieb	schriebe	geschrieben	schreib(e)!
schreien 외치다		schrie	schriee	geschrie(e)n	schrei(e)!

---

19) '바닥으로 질질 끌다'라는 의미로 사용될 경우에는 약변화 한다.
20) '-를 두렵게 하다'라는 의미의 타동사로 사용될 경우에는 약변화 한다.
　'erschrecken'이 '두렵게 하다'라는 의미의 타동사로 사용되면 약변화 하고, '두려워하다'라는 의미의 자동사로
　사용되면 다음과 같이 강변화 한다: erschrecken-erschrack-erschrocken

부정형(원형)	직설법		접속법 2식	과거분사	명 령 법
	현재	과거			
schreiten 걷다		schritt	schritte	geschritten (s)	schreit(e)!
schweigen 침묵하다		schwieg	schwiege	geschwiegen	schweig(e)!
schwellen[21] 부풀다	du schwillst er schwillt	schwoll	schwölle	geschwollen (s)	schwill(e)!
schwimmen 헤엄치다		schwamm	schwömme (schwämme)	geschwommen (s/h)	schwimm(e)!
schwinden 사라지다		schwand	schwände	geschwunden (s)	schwind(e)!
schwingen 흔들다		schwang	schwänge	geschwungen	schwing(e)!
schwören 맹세하다		schwor	schwüre (schwöre)	geschworen	schwör(e)!
sehen 보다	du siehst er sieht	sah	sähe	gesehen	sieh(e)!
sein -이다, 있다	ich bin du bist er ist	war	wäre	gewesen (s)	sei!
senden[22] 보내다		sandte/ sendete	sendete	gesandt/ gesendet	send(e)!
sieden[23] 끓다/삶다		sott siedete	sötte	gesotten gesiedet	sied(e)!
singen 노래하다		sang	sänge	gesungen	sing(e)!
sinken 가라앉다		sank	sänke	gesunken (s)	sink(e)!
sinnen 생각하다		sann	sänne	gesonnen	sinn(e)!
sitzen 앉아 있다		saß	säße	gesessen	sitz(e)!
sollen 해야 한다	ich soll du sollst er soll	sollte	sollte	gesollt	
spalten 쪼개다		spaltete	spaltete	gespalten[24]/ gespaltet	spalt(e)!

---

21) '부풀게 하다, 커지게 하다'라는 타동사의 의미로 사용될 경우에는 약변화 한다.
22) '방송하다'라는 의미로 사용될 경우에는 약변화 한다.
23) 약변화형도 자주 사용된다.
24) 강변화형 'gespalten'은 특히 명사를 수식하는 형용사적 용법에 사용된다.

부정형(원형)	직설법		접속법 2식	과거분사	명 령 법
	현재	과거			
speien 침을 뱉다		spie	spiee	gespie(e)n	spei(e)!
spinnen (실을) 잣다		spann	spönne (spänne)	gesponnen	spinn(e)!
sprechen 말하다	du sprichst er spricht	sprach	spräche	gesprochen	sprich!
sprießen 싹트다		spross	sprösse	gesprossen (s)	sprieß(e)!
springen 뛰어 오르다		sprang	spränge	gesprungen (s)	spring(e)!
stechen 찌르다	du stichst er sticht	stach	stäche	gestochen	stich!
stecken 꽂혀 있다		stak steckte	stäke	gesteckt	steck(e)!
stehen 서 있다		stand	stünde (stände)	gestanden	steh(e)!
stehlen 훔치다	du stiehlst er stiehlt	stahl	stähle (stöhle)	gestohlen	stiehl!
steigen 오르다		stieg	stiege	gestiegen (s)	steig(e)!
sterben 죽다	du stribst er stribt	starb	stürbe	gestorben (s)	stirb!
stieben[25)] 흩어지다		stob	stöbe	gestoben (s/h)	stieb(e)!
stinken 악취가 나다		stank	stänke	gestunken	stink(e)!
stoßen 찌르다	du stößt er stößt	stieß	stieße	gestoßen (s/h)	stoß(e)!
streichen 쓰다듬다		strich	striche	gestrichen (s/h)	streich(e)!
streiten 다투다		stritt	stritte	gestritten	streit(e)!
tragen 나르다	du trägst er trägt	trug	trüge	getragen	trag(e)!
treffen 만나다	du triffst er tirfft	traf	träfe	getroffen	triff!
treiben 몰다		trieb	triebe	getrieben (s/h)	treib(e)!

---

25) 오늘날에는 약변화형도 사용된다.

부정형(원형)	직설법		접속법 2식	과거분사	명 령 법
	현재	과거			
treten 밟다/차다	du trittst er tritt	trat	träte	getreten (s/h)	tritt!
triefen 뚝뚝 떨어지다		triefte troff (문어체)	tröffe	getrieft (s/h)	trief(e)!
trinken 마시다		trank	tränke	getrunken	trink(e)!
trügen 속이다		trog	tröge	getrogen	trüg(e)!
tun 하다		tat	täte	getan	tu(e)!
verderben 망치다/상하다	du verdirbst er verdirbt	verdarb	verdürbe	verdorben (s/h)	verdirb!
verdrießen 불쾌하게 하다		verdross	verdrösse	verdrossen	verdrieß(e)!
vergessen 잊다	du vergisst er vergisst	vergaß	vergäße	vergessen	vergiß!
verlieren 잃다		verlor	verlöre	verloren	verlier(e)!
wachsen 자라다	du wächst er wächst	wuchs	wüchse	gewachsen (s)	wachs(e)!
wägen[26) (무게를) 달다		wog wägte	wöge	gewogen	wäg(e)!
waschen 씻다		wusch	wüsche	gewaschen	wasch(e)!
weben[27) 짜다		wob webte	wöbe	gewoben gewebt	web(e)!
weichen 굴복하다		wich	wiche	gewichen (s)	weich(e)!
weisen 지시하다		wies	wiese	gewiesen	weis(e)!
wenden[28) (방향) 돌리다		wandte/ wendete	wendete	gewandt/ gewendet	wend(e)!
werben 광고하다	du wirbst er wirbt	warb	würbe	geworben	wirb!
werden 되다	du wirst er wird	wurde	würde	geworden/ worden (s)	werd(e)!

---

26) 과거형은 약변화 형태로 사용되기도 한다.
27) 전의적 또는 비유적 표현일 경우에는 대개 강변화 하고, 원래의 의미로 사용될 경우에는 오히려 야변화 한다.
28) '옷이나 어떤 대상을 뒤집다' 또는 '차를 돌리다'의 의미일 경우에는 약변화 한다.

부정형(원형)	직설법		접속법 2식	과거분사	명 령 법
	현재	과거			
werfen 던지다	du wirfst er wirft	warf	wärfe	geworfen	wirf!
wiegen[29) 무게가 −이다		wog	wöge	gewogen	wieg(e)!
winden 감다		wand	wände	gewunden	wind(e)!
wissen 알다	ich weiß du weißt er weiß	wusste	wüsste	gewusst	wisse!
wollen 하고자 하다	ich will du willst er will	wollte	wollte	gewollt	wolle!
wringen (빨래를) 짜다		wrang	wränge	gewrungen	wring(e)!
zeihen 나무라다		zieh	ziehe	geziehen	zeih(e)!
ziehen 끌다		zog	zöge	gezogen (s/h)	zieh(e)!
zwingen 강요하다		zwang	zwänge	gezwungen	zwing(e)!

---

29) '흔들다'라는 타동사의 의미로 사용될 경우에는 약변화 한다.

참고문헌 (Literaturverzeichnis)

김광규: "희미한 옛사랑의 그림자", 민음사, 1995.
백석: "귀머거리 너구리와 백석 동화나라", 웅진주니어, 2006.
장병희: "독일어 문법의 이해와 응용", 문예림, 2025.

Kim, Kwang-Kyu: *Die Tiefe der Muschel*, aus dem koreanischen von Chong Heyong und Matthias Göritz, Pendragon, 1999.
Saint-Exupéry, Antoine de: *Der Kleine Prinz*, ins Deutsche übertragen von Grete und Josef Leitgeb, Düsseldorf 2014.

Klett Verlag: *50 praktische Tips zum Deutsch-Lernen*, München 1991.
Sanssouci Verlag AG: *Mit Sofie durch das Jahr*, Zürich 1999.
Staatliches Koreanisches Fremdenverkehrsamt: *KOREA*, Korea 1996.
TA-Media AG: *du Die Zeitschrift der Kultur*, Heft Nr. 705, Zürich 2000.

독일어 작문과 독해의 이해

Das Verständnis über das Lesen und
Schreiben der deutschen Sprache

초판 1쇄 발행 2026년 3월 27일

지은이 장병희
펴낸이 서덕일
펴낸곳 도서출판 문예림

출판등록 1962.7.12 (제406-1962-1호)
문의사항 카카오톡 문예림 검색
전자우편 info@moonyelim.com
홈페이지 www.moonyelim.com
인스타그램 @moonyelim

ISBN 978-89-7482-947-6(13750)